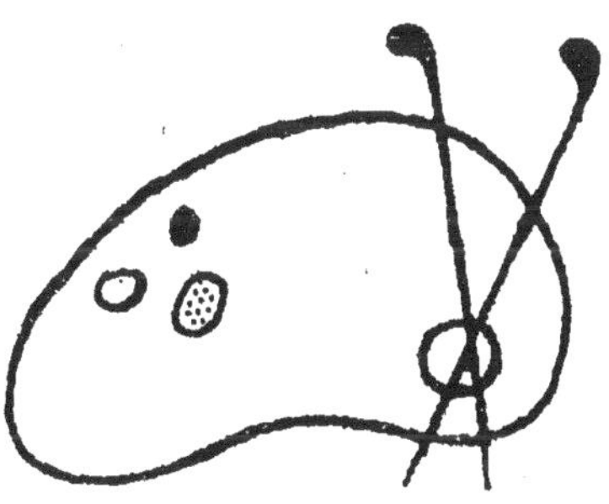

Début d'une série de documents
en couleur

Couverture inférieure manquante

ÉTUDE

SUR LES OPÉRATIONS

DU

Maréchal MACDONALD

Du 22 août au 4 septembre 1813

LA KATZBACH

Par X.

PARIS
LIBRAIRIE MILITAIRE R. CHAPELOT ET Cie
IMPRIMEURS-ÉDITEURS
30, Rue et Passage Dauphine, 30

1910

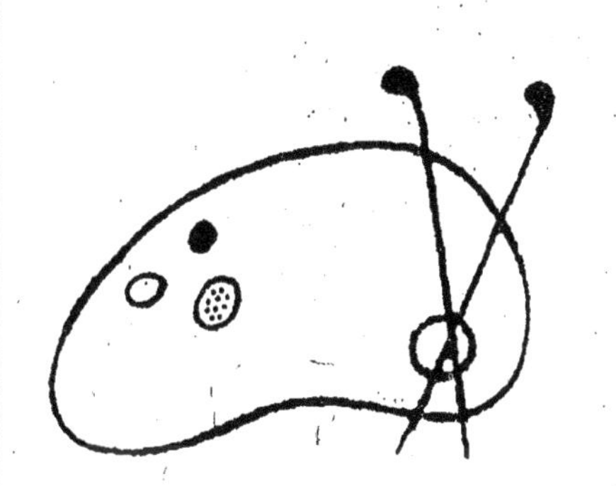

Fin d'une série de documents
en couleur

ÉTUDE

SUR LES

OPÉRATIONS DU MARÉCHAL MACDONALD

Du 22 août au 4 septembre 1813

PARIS. — IMPRIMERIE R. CHAPELOT ET Ce, 2, RUE CHRISTINE.

ÉTUDE

SUR LES OPÉRATIONS

DU

Maréchal MACDONALD

Du 22 août au 4 septembre 1813

LA KATZBACH

Par X.

PARIS
LIBRAIRIE MILITAIRE R. CHAPELOT ET Cie
IMPRIMEURS-ÉDITEURS
30, Rue et Passage Dauphine, 30

1910

PRÉFACE

M. Camille Rousset a fait précéder son édition des *Mémoires de Macdonald* d'une préface où il leur accorde une grande valeur historique (1); et, dans un autre de ses ouvrages, il a tracé du maréchal un portrait enchanteur. Or Macdonald, oubliant que l'Empereur lui avait donné le bâton de maréchal, cette dignité but suprême de tout soldat, puisqu'elle le met au rang de ceux qui ont fondé la patrie, l'a insulté à plusieurs reprises dans ses *Mémoires;* il s'est même vanté d'avoir voulu tirer sur lui (2). *Nul n'a relevé le gant, car, en France, c'est un fait triste à constater, on peut tout se permettre contre la grande mémoire de l'Empereur sauf d'exprimer son admiration envers celui qui a doté notre armée de l'immortel héritage de gloire sur lequel elle vit.*

M. Camille Rousset a véritablement dépassé les bornes en avançant que « sur cette bataille de la Katzbach et sur ses suites, il n'y a pas de témoin

(1) Pages II, LXI.
(2) Page 342.

plus autorisé, plus convaincant et plus sincère que le maréchal Macdonald. On sent, dit-il, qu'on est en face d'un honnête homme qui ne s'attribue pas le droit, n'a pas même la tentation de rien déguiser ni de rien taire, c'est ainsi que la vérité devient une force, et l'histoire un enseignement profitable ».

Les documents publiés dans cette étude prouvent qu'il n'y a pas un mot d'exact dans le récit des *Mémoires*.

Du reste, le maréchal, comme beaucoup, n'aimait pas les vaincus; son éditeur lui a rendu le mauvais service de publier une lettre écrite après Wagram; qu'on compare son admiration d'alors pour l'Empereur, comme général en chef, avec ce qu'il en a écrit après Leipzig.

Je n'entreprends pas ici une réfutation de ces *Mémoires;* je me contente de signaler leur inexactitude complète.

Toutefois, certains passages jettent un jour curieux sur le maréchal: à l'en croire, il aurait répondu à Monsieur, en 1820 : « J'adore la Révolution..., c'est elle qui m'a élevé, grandi; sans elle aurais-je aujourd'hui l'honneur de déjeuner à la table du Roi à côté de Votre Altesse Royale. »

Avoir assisté pendant vingt-trois ans au plus grand des drames de l'histoire moderne, avoir eu la gloire d'y jouer, à côté de César, un rôle tel que son nom soit arraché à l'oubli et parler de la satisfaction d'avoir l'honneur de dîner entre Louis XVIII et Charles X, une telle phrase peint un homme. En tout cas, après cet aveu, il est étonnant de voir ranger le maréchal parmi ces généraux républicains que leur amour de la liberté a rendu opposants à l'Empire.

A plusieurs reprises, j'ai entendu des camarades déclarer nettement l'impossibilité des marches de nuit pour les grosses unités, à plus forte raison pour une armée ; quelques-uns considèrent comme un des grands enseignements de la guerre russo-japonaise la fréquence des opérations de nuit.

Or, on peut le dire, aussi bien du côté français qu'allié, les marches de nuit sont la règle pour toutes les retraites. A ce sujet, qu'il soit permis de rappeler la journée du 27 juillet 1812 : dans la soirée, les deux armées campent à proximité l'une de l'autre, l'armée russe est rangée en bataille ; le lendemain matin, elle a disparu et deux corps de cavalerie, conduits par des généraux illustres, ne parviennent pas à en retrouver les traces dans un pays de plaine.

Il y a un fait qui frappera tous ceux qui auront le temps de parcourir ce travail. Le 2, à en croire le maréchal, l'armée se débande, personne ne veut tenir, il est indigné du peu de zèle et d'intérêt que l'on met au service ; et cependant, le 4, cette armée que Macdonald a encore fait battre en retraite dans la matinée, qui a reçu pour tout renfort le 1er corps de cavalerie (1), reprend subitement l'offensive d'un magnifique élan que constatent les alliés.

« Les Français, écrit un officier prussien, combattirent fort bien, comme toujours à proximité de leur Empereur. L'influence morale extraordinaire que l'empereur Napoléon savait exercer sur ses troupes était réellement extraordinaire ; j'avais déjà eu occasion de m'en apercevoir dans les campagnes de 1806, 1807, 1812. Un nombre double d'ennemis n'était pas aussi dangereux si l'empereur Napoléon était éloigné d'eux, que la moitié lorsqu'il commandait personnellement. Chaque colonne de tirailleurs se lançait deux fois plus vite en avant si elle croyait qu'il l'observait avec sa lorgnette (2). »

Un jour, quelqu'un demandait devant moi à quelle cause tenait cette grande influence de l'Empereur sur la troupe, influence qui, bien loin de s'amoindrir après la chute, se transformera chez les humbles en fanatisme pour le César vaincu.

---

(1) La Garde ne rejoint que le 5.

(2) Un autre vieux soldat allemand a écrit à ce sujet : « On ne pouvait jamais méconnaître sa présence », p. 28.

La raison en est simple : aux uns il a jeté des titres, des grades, des dotations ; à l'heure du désastre, ils l'ont presque tous abandonné ; leur fortune était faite, il fallait la conserver.

A la troupe, l'Empereur a donné la gloire ; il a remplacé chez elle ce culte et cet amour de la liberté qui entraînait les premiers soldats de la République, par celui de la grandeur de l'armée en qui s'incarne la patrie ; en s'adressant à ses soldats, il a toujours fait appel aux plus nobles sentiments de l'homme, il a su faire vibrer chez eux cet enthousiasme pour tout ce qui est grand, privilège de notre race qui se donne et ne s'achète pas, et il en a obtenu ce dévouement absolu réservé à une cause, quelle qu'elle soit, à laquelle on se sacrifie non par intérêt, mais parce qu'elle représente les traditions et que là est le devoir (1).

X...

---

(1) Tous les renseignements concernant l'armée de Blücher sont tirés des ouvrages allemands, principalement de l'*Histoire de l'Armée de Silésie*, de Friederich, de la *Vie de Reyher*, de la *Vie de Gneisenau*, par Delbrück ; de la *Vie de Yorck*, par Droysen ; de *Bogdanowitsch* et des historiques.

ÉTUDE

SUR LES

OPÉRATIONS DU MARÉCHAL MACDONALD

Du 22 août au 4 septembre 1813.

CHAPITRE PREMIER

Du 21 août au soir au 25 août.

Position de l'armée de Silésie le 21 août au soir. — Le 21 août, l'armée de Silésie refusait d'accepter la bataille offerte par l'Empereur. Le soir, elle occupait les emplacements suivants :

Corps de Langeron : le gros à Pilgramsdorf; l'avant-garde, 10e corps, Kapzewitsch à Neuwiese; général Umanetz (4 escadrons) à Probsthayn; général Yussef-fowitsch (2 régiments de cavalerie) à Schönau.

Corps de Yorck : 1re, 2e, 8e brigades et cavalerie de réserve à Neudorf am Gröditzberg, 7e brigade et l'avant-garde à Wilhelmsdorf-Gröditz;

Corps de Sacken à Modelsdorf; l'avant-garde à Altzenau;

Corps de Pahlen à Hirschberg.

Deux corps de partisans agissaient sur les ailes; au Sud, celui du major Boltenstern (1); au Nord, celui du major Falkenhausen (2). Le premier avait pour mission de se jeter sur le flanc droit de l'armée française

---

(1) 3e compagnie du bataillon de chasseurs de la garde; 1 officier et 55 cavaliers du régiment de cavalerie de landwehr de la Nouvelle Marche; 1 officier et 25 Cosaques

(2) Deux escadrons du 3e régiment de Silésie de landwehr.

par Kupferberg, Schreiberhau et Flinsberg; le second de marcher sur Haynau, puis d'intercepter la route Buntzlau-Glogau.

Le 21 au soir, il avait franchi le Bober à Nieder-Leschen et se proposait de se diriger sur Niesky pour inquiéter la route Buntzlau-Berlin (1).

Quartier général de Blücher à Pilgramsdorf.

Le général Blücher, personnellement présent au combat de Löwenberg, avait pu estimer les forces qui attaquaient son centre. A sa droite, le général Sacken lui écrivait de Modelsdorf à 8 h. 30 du soir. « Nous avons eu aujourd'hui une dure journée; l'ennemi nous a attaqués en nombre supérieur avec 40,000 ou 50,000 hommes. On soutient que l'Empereur était lui-même présent. Les ennemis sont revenus à minuit et ce matin sur la route de Görlitz..... L'ennemi nous suit avec une partie de ses forces; le gros de son armée s'avance par Thomaswalde sur Haynau (2). »

Blücher était suffisamment orienté sur la situation générale. Sa première intention, à en croire Pertz (3), aurait été de livrer bataille sur le Bober; les observations de Gneisenau l'amenaient à y renoncer. Conformément aux instructions reçues de Barclay, le 10 août (4), il décidait de ne pas se retirer derrière la Katzbach « avant que l'ennemi n'eût déployé une force considérable en face de lui, bien qu'il cherchât complètement à éviter un combat sérieux (5) ».

La rive droite de la Schnelle-Deichsel lui offrait une première ligne de résistance favorable pour attendre le développement des projets ultérieurs de son adver-

(1) *Armée de Silésie*, p. 88.

(2) Sacken à Blücher, 21 août. *Armée de Silésie*, p. 88.

(3) Pertz, *Vie de Gneisenau*, p. 188.

(4) Friederich, p. 235.

(5) Blücher à Yorck, Pilgramsdorf, 21 août. *Armée de Silésie*, p. 89.

saire. Comme le général Yorck, laissé en pointe à Gröditzberg, lui avait exprimé quelques appréhensions sur sa position, il l'autorisait à envoyer d'avance deux brigades sur la rive droite de cette rivière, avec mission de couvrir la retraite de son corps.

En conséquence, les brigades Steinmetz et Hunerbein se repliaient, le 22 à 2 heures du matin, par Leisersdorf et Ulbersdorf. Le reste du corps suivait à 4 heures et prenait position sur les hauteurs. L'avant-garde reconstituée (1) demeurait sur la rive gauche, la cavalerie à Gröditzberg, l'infanterie à Neudorf.

Position de l'armée française le 21 au soir : décisions de l'Empereur pour le 22. — L'armée française occupait dans la soirée du 21 les emplacement suivants :

IIIe corps : la 8e division, avec deux divisions de cavalerie légère, vers Gros-Hartmansdorf;

La 11e division et une brigade de cavalerie légère à Thomaswalde;

Les 9e, 10e divisions et les cuirassiers de Saint-Germain à Alt-Giersdorf;

La 39e division : deux bataillons et un escadron constituaient la garnison de Buntzlau, deux étaient à la garde des ponts; un sur le mamelon qui domine les routes de Wartha et Thomaswalde; deux bataillons badois en arrière de Loschwitz; trois en avant du village à cheval sur le chemin de Wartha gardant les débouchés des bois (2).

---

(1) Infanterie : 1er et 2e bataillons du leib-régiment, 2e bataillon du régiment de Brandebourg; 1er et 3e bataillons du 12e de réserve, 3e bataillon (Reibnitz) du 15e de landwehr, 1er bataillon (Kempski) et 4e (Gug) du 14e de landwehr. — Cavalerie : brigade de landwehr Bieberstein (3 régiments) ; 2e régiment de dragons de la Prusse orientale, 2e régiment de leib-hussards. — Artillerie : 2 batteries.

(2) *Journal des opérations du IIIe corps.*

VIe corps à Sirckwitz.

Au Ve corps, la division Puthod, à Zobten, éclaire les routes de Hirschberg et de Schönau ; la division Rochambeau est en arrière, la division Maison sur la route de Goldberg à Lauterseiffen avec une brigade de la division Chastel.

Le XIe corps a la 31e division échelonnée de Greiffenberg à Gorisseiffen ; les 35e et 36e de Goldberg à Lauterseiffen.

Les prisonniers faits au combat de Löwenberg avaient probablement renseigné l'Empereur sur les forces des corps d'Yorck et de Sacken. A sa gauche, le maréchal Ney l'informait, à 10 heures du soir, qu'il avait eu affaire au corps de Sacken. « Le corps du général Sacken est, suivant les rapports des prisonniers, fort de trois divisions d'infanterie estimées 10,000 hommes chacune. Sa cavalerie se compose de trois régiments de dragons, trois de hussards et deux de Cosaques. Il a 75 bouches à feu..... Selon eux, l'armée russe est composée de trois corps forts ensemble de 80,000 hommes. L'empereur Alexandre est à la gauche, le général Langeron au centre et le général Sacken à la droite (1). »

Très vraisemblablement l'Empereur était déjà décidé à ne pas se lancer à la poursuite de l'armée de Silésie, car, bien qu'informé à 11 heures du soir de la présence à Sirckwitz du VIe corps (2), il le laisse sans instruction jusqu'au lendemain à 1 h. 30 de l'après-midi.

Le 22, l'Empereur ordonne à 6 h. 30 du matin :

Au maréchal Ney, de « pousser vivement l'ennemi sur Haynau, en suivant la direction qu'il a prise », et

---

(1) Ney à l'Empereur. Documents, p. 1.

(2) Berthier à l'Empereur, Löwenberg, 21 août, 11 heures du soir (A. N. ; Rapports de Berthier, t. II, p. 74.

en tenant une colonne entre Haynau et Goldberg, point sur lequel se dirige Macdonald et où l'ennemi s'est retiré (1);

Au maréchal Macdonald, de « suivre vivement » l'ennemi dans la direction de Goldberg; le XIe corps marchera à la gauche de la route; le Ve à la droite; les deux corps et la division Chastel sont placés sous son commandement; toutefois, on ne lui indique pas la direction donnée au IIIe corps (2).

Le général Ledru avait dû signaler vers le Sud la présence d'un corps important, car l'Empereur confie à 8 h. 30 du matin à la division Ornano, soutenue par deux bons bataillons du Ve corps, la mission de battre le carré entre Löwenberg, Goldberg, Hirschberg, Friedeberg et de s'assurer « qu'entre Löwenberg et les montagnes des Géants, il n'y ait aucun corps d'armée (3) ».

La Garde est arrêtée à Löwenberg; le Ier corps de cavalerie à Plagwitz (4).

Les rapports expédiés dans la matinée par les maréchaux fournissaient à l'Empereur peu de renseignements sur les directions prises par l'ennemi.

Le IIIe corps rectifiait ses positions :

A 9 heures, la division Ricard, avec une brigade de cavalerie légère, était en arrière de Thomaswalde;

La division Souham à Gros-Hartmansdorf ayant

---

(1) Berthier à Ney, Löwenberg, 6 h. 30 du matin. Reg. d'ordres Berthier, t. II, p. 72.

(2) Berthier à Macdonald et à Lauriston, Löwenberg, 6 h. 30 du matin. Reg. d'ordres Berthier, t. II, p. 71.

(3) Berthier à Ornano, Löwenberg, 8 h. 30 du matin. Reg. d'ordres Berthier, t. II, p. 72. — L. N. I., n° 267, lire 8 h. 30 du matin (Orig, A. G.).

(4) Latour-Maubourg à Berthier, 22 août, Plagwitz (A G.).

une brigade à Wartha et gardant par une brigade de cavalerie légère le débouché de Mittelau;

Le général Sébastiani à Gros-Hartmansdorf avec une brigade de cavalerie légère;

Le général Marchand, avec la 39e division, à Buntzlau et à l'est de la ville;

Les divisions Delmas, Albert, le 10e de hussards, les cuirassiers de Saint-Germain, à Alt-Giersdorf.

Vers l'Est, l'ennemi occupait Wolfshayn, à ce qu'il semblait à Ney, avec peu de forces. Le maréchal ne prend néanmoins aucune disposition pour rejeter ce masque; bien qu'il prétende avoir enlevé la veille les positions de l'ennemi au pas de course et qu'il dispose d'une nombreuse cavalerie, son intention est de rester provisoirement sur la défensive. « Au cas où je serais attaqué par des forces supérieures sur Thomaswalde ou sur Wartha, écrit-il à l'Empereur, je réunirais mes forces sur les hauteurs depuis Gros-Hartmansdorf jusqu'à Mühlstein-Bruch, manœuvrant toujours par ma droite pour couvrir Löwenberg et être en mesure de déboucher sur Goldberg ou sur Haynau (1). »

L'ordre de poursuivre lui parvient certainement dans l'après-midi.

Le maréchal Macdonald reçoit vers 9 heures à Lauterseiffen où il a trouvé la division Maison avec une brigade de Chastel, la dépêche de Berthier. « Les Russes, lui répond-il, prennent la direction de Schönau ou Hirschberg; le corps d'Yorck suit la grande route de Goldberg; on assure que c'est Blücher qui est opposé au prince de la Moskowa (2) ».

(1) Ney à Berthier, Alt-Giersdorf, 22 août, 9 heures du matin. Documents, p. 2.

(2) Macdonald à Berthier, Lauterseiffen, 22 août, 9 heures. Documents, p. 4.

Non seulement la liaison n'est pas établie entre le Ve et le XIe corps, mais elle n'existe même pas entre les éléments du Ve, car Maison ne sait pas exactement où se trouve son chef; il est, dit-on, à Zobten.

Macdonald ignore également les directions suivies par les IIIe et VIe corps. Quant au Ve corps, il pourra marcher sur Goldberg. « Toutefois, en éclairant les routes de Schönau et de Hirschberg. »

L'Empereur, comme on s'en souvient, a confié au général Ornano, bien avant la réception de cette dépêche, la mission de couvrir la droite de l'armée, mais le maréchal n'en était pas informé. En fait, à 9 heures, il est en pointe ayant ses deux flancs découverts; néanmoins, il se met en mouvement : la brigade Montbrun et la division Charpentier forment l'avant-garde ; la division Gérard suit; très vraisemblablement il attend l'arrivée du Ve corps pour s'engager avec vigueur (1).

L'Empereur a certainement obtenu d'autres renseignements, probablement par l'interrogatoire des prisonniers ; à 1 h. 30, il est suffisamment orienté sur la répartition des forces de l'armée de Silésie ; il lui attribue trois corps. Celui de Langeron, formé de cinq divisions, fort de 30,000 hommes ; le corps de Sacken, trois divisions, environ 16,000 hommes; enfin un corps prussien, commandé par Yorck et Blücher, de 25,000 à 30,000 hommes ; le tout ne dépasse pas 80,000 hommes. Or, il a déjà près de 100,000 hommes à la poursuite de son adversaire, il juge ces forces suffisantes ; par son ordre, Berthier prescrit à Marmont de laisser reposer le VIe corps et de jeter des ponts sur le Bober « pour pouvoir repasser promptement et sans embarras cette

(1) Macdonald à Berthier, Lautersseiffen, 22 août, 9 heures du matin. Documents, p. 4.

rivière » si l'Empereur voulait le diriger sur une autre direction (1).

L'Empereur s'avance dans l'après-midi jusqu'à mi-chemin de Goldberg, puis il rentre à Löwenberg (2). Le plan formé par Blücher de l'entraîner à sa suite en évitant toute bataille, ne fait plus de doute pour lui. « Il paraît, écrit-il, que leur armée de Silésie ne s'est avancée avec tant de rapidité que d'après le plan général des alliés et la croyance où ils étaient que nous repasserions l'Elbe. Ils croyaient qu'il n'y aurait qu'à poursuivre; car, aussitôt qu'ils ont vu déboucher nos colonnes pour reprendre l'offensive, la terreur les a pris, et l'on a pu se convaincre que les chefs voulaient éviter un engagement sérieux (3). »

Dispositions du général Blücher pour le 22. — La cavalerie du général Sacken opérait très mal dans la soirée du 21 et dans la matinée du 22; elle rendait compte que Thomaswalde était évacué par les Français qui semblaient se porter contre le centre de l'armée alliée (4). Ce renseignement déterminait Sacken à appuyer vers le Sud pour se rapprocher du corps d'Yorck; l'avant-garde restait à Modelsdorf.

Le mouvement signalé par Sacken indiquait peut-être le début d'une offensive générale de l'armée française. Au cas où elle se produirait, Blücher prescrivait à Sacken de se replier par Seifersdorf et Giersdorf sur Schmogwitz; à Yorck, sur Dohnau et Kroitsch; à Langeron, sur Röchlitz et Goldberg.

---

(1) Berthier à Marmont, Löwenberg, 22 août, 1 h. 30 de l'après-midi. Reg. d'ordres Berthier, B., t. II, p. 75.

(2) *Odenleben*, t. Ier, p. 246.

(3) Napoléon au duc de Bassano, 22 août. *Corr.* 20437.

(4) Sacken à Yorck, Modelsdorf, 22 août, 8 heures du matin. *Armée de Silésie*, p. 90.

D'après les écrivains allemands (1), Blücher s'était réservé de donner lui-même l'ordre de la retraite ; au contraire, Langeron prétend avoir été prévenu le 21 par Blücher qu'il voulait se retirer sur Hennersdorf (2).

Combats du 22. — La colonne de Macdonald débouchait de Lauterseiffen vers 10 heures du matin ; elle attaquait l'arrière-garde de Langeron formée par le 10e corps (Kapzewitsch) : « Elle se retirait lentement, en combattant toujours et en profitant de tous les avantages que pouvait lui offrir le terrain » ; elle était recueillie à hauteur de Pilgramsdorf par une partie de la cavalerie de réserve russe. Les 7e et 37e régiments de chasseurs et le régiment de Schlusselburg défendirent énergiquement les hauteurs au Sud du village.

Langeron ordonnait alors au général Kapzewitsch d'arrêter les Français « pour laisser le temps aux autres corps et à l'artillerie de passer les défilés de Goldberg » très longs et très étroits, et il ramenait son corps en arrière de la Katzbach sur Seichau. Blücher était averti de ce mouvement de retraite.

Le général en chef s'était rendu, à 8 heures du matin, auprès de Yorck à Ulbersdorf ; de ce point il pouvait reconnaître tout le terrain. Vers le Nord, les Français ne montraient aucun dispositif d'attaque ; dans la direction de l'Ouest, les rapports des patrouilles de cavalerie signalaient qu'ils demeuraient dans leurs camps.

A 10 h. 30, Katzeler l'informait, d'après des rapports d'espions et de patrouilles, de l'existence d'un corps considérable à Hartmansdorf (3).

---

(1) *Armée de Silésie*, p 91.
(2) Langeron, *Mémoires*, p. 238.
(3) Katzeler à Yorck. *V. de Reyher*, t Ier, p. 152.

A 11 h. 30, il lui transmettait le rapport suivant d'un capitaine :

« Les Français sont encore à Hartmansdorf, Deutmansdorf et Ludwigsdorf. Une partie des troupes qui s'est avancée hier soir jusqu'à Deutmansdorf s'est repliée dans la nuit sur Löwenberg où l'empereur Napoléon doit avoir passé la nuit. Il y a à Lauterseiffen un fort camp ennemi. On ne peut reconnaître si ces troupes ont pour mission d'observer ou si elles doivent s'avancer ; des patrouilles lancées sur la route Buntzlau—Haynau rendent compte que les Russes se sont retirés sur Goldberg, celles sur la route Löwenberg-Goldberg ont établi la liaison entre Lauterseiffen et Neuwiese avec les Russes (Kapzewitsch) (1). »

Enfin, à midi 30, un capitaine rendait compte que les Français pillaient Hartmansdorf, ce qui lui faisait prévoir un prochain mouvement ; le camp français s'y trouvait toujours, seule la cavalerie en était partie (à en croire un homme qui prétendait l'avoir vue) avec une colonne de voitures (2).

Il résultait évidemment de tous ces rapports que l'armée de Silésie n'était pas sérieusement menacée ; par suite, Blücher estimait n'avoir aucun motif de commencer sa retraite.

Il envoyait à Langeron un officier avec ordre de s'arrêter ; lui-même se rendait vers 2 heures à Pilgramsdorf ; à son arrivée, le village était déjà évacué. Kapzewitsch, aussitôt après avoir « reçu avis que les défilés étaient nettoyés », avait suivi le gros de son corps.

Blücher donnait alors, à 2 heures, l'ordre de se retirer. Le corps d'Yorck l'effectuait, à 3 heures, en deux colonnes : la colonne de droite (1re, 7e brigades et

(1) Katzeler à Yorck. *V. de Reyher*, p. 153.
(2) *Ibid.*

réserve de cavalerie) de Leisersdorf par Neudorf-am-Rennweg sur Dohnau; la colonne de gauche d'Ulbersdorf par Kosendau-Riemberg sur Kroitsch. L'arrière-garde de Katzeler se divisait également en deux colonnes; la plus faible commandée par le colonel Weltzien se repliait sur Leisersdorf; la plus forte, commandée par le major von der Goltz, sur Ulbersdorf; le colonel Katzeler marchait avec cette dernière.

Le maréchal Macdonald était certainement maître de Pilgramsdorf, à 4 heures; entre temps, le colonel Bongars lui avait remis copie des instructions données à Ney et à Ornano; à sa droite, le Ve corps s'était avancé par Armenruh sur Steinberg, vraisemblablement dans le but de déborder la gauche de l'ennemi. Lauriston s'y arrêtait; bien qu'il n'eût rencontré aucune résistance dans son mouvement; une reconnaissance lancée sur Schönau y avait découvert deux pulks de Cosaques qui paraissaient flanquer la gauche de Langeron.

L'arrêt du Ve corps réduisait Macdonald à ses propres forces, il le forçait à enlever de front les divers défilés de la route de Goldberg, alors qu'une action énergique du Ve corps, débouchant de Steinberg, aurait contraint l'arrière-garde russe à accélérer sa retraite.

Le maréchal passait la rivière « sous le feu d'une assez vive canonnade et un engagement de beaucoup de tirailleurs », en trois colonnes. Le terrain devenant plus ouvert, il voyait l'armée combinée en bataille et l'estimait forte d'au moins 50,000 ou 60,000 hommes; la retraite de l'ennemi était prononcée sur Goldberg, il se décidait à l'y suivre (1).

(1) Macdonald à Berthier, Pilgramsdorf, 22 août, 4 heures. Documents, p. 5.

De son côté, Blücher, après avoir observé pendant quelque temps les progrès de Macdonald, le seul corps qui l'attaquât, évaluait sa force à environ 20,000 hommes « et ce qui était particulièrement surprenant, l'ennemi ne s'avançait pas avec la vivacité dont il était coutumier, lorsque Napoléon lui-même était présent (1) ». Aucun rapport de la droite ne signalait une offensive française; Blücher, ne se sentant pas menacé, décidait d'arrêter sa retraite. Il ordonnait à Yorck de prendre position là où l'ordre lui en parviendrait et il courait à Goldberg pour reporter le corps de Langeron en avant. A son grand étonnement, il n'y trouvait plus personne ; malgré le premier ordre d'avoir à s'arrêter, Langeron avait continué sa marche jusqu'à Seichau.

Langeron s'est efforcé de justifier, dans son Journal, cet incident qui lui a été vivement reproché par tous les écrivains allemands.

« Je m'étais alors retiré à un mille et demi en arrière de Goldberg vers Seichau ; j'aurais dû rester près de Goldberg, mais la veille le général Blücher m'avait dit qu'il voulait se retirer jusqu'à Hennersdorf. Ce projet était fort sage d'après la nouvelle qu'il avait reçue de la marche du corps de Ney; mais ce corps ayant, comme on l'a vu, quitté sa position, Blücher se décida à rester à Goldberg et je me trouvai alors trop éloigné de lui. Les généraux prussiens désirèrent beaucoup de faire passer ce mouvement pour une faute de ma part, mais il n'y eut pas moyen de me l'attribuer. Du reste, si c'en fut une, elle fut bientôt reparée, car, dans la nuit, je me reportai sur Goldberg (2).

---

(1) *Armée de Silésie*, p. 91.
(2) Langeron, *Mémoires*, p. 238.

Les détachements russes lancés sur sa gauche avaient suivi sa retraite; le général Umanetz était venu à Conradswalde, le général Yusseffowitsch à Blockenhayn. Le corps de Pahlen s'était replié sur Schmiedeberg, laissant son avant-garde (Kaissarof) à Hirschberg.

Le mouvement de Langeron découvrait la gauche de l'armée de Silésie; il forçait Blücher de renoncer à son projet de tenir la ligne de la Katzbach; il expédiait à Yorck et à Sacken un nouvel ordre de continuer le mouvement de retraite; convaincu de l'urgente nécessité de défendre Goldberg (1), il y appelait la colonne de droite de l'avant-garde de Katzeler seule troupe à sa disposition; elle y entrait à 6 heures du soir. L'infanterie, sept bataillons et deux pièces, sous le major von der Goltz, occupaient la ville (2) et les environs. Le 2e régiment de hussards du corps et un

---

(1) La ville de Goldberg était entourée d'un mur haut de 10 à 12 pieds, avec un fossé et un rempart; quatre portes et trois portes auxiliaires y donnaient accès : Selzer-porte, vers Löwenberg et Haynau; Ober-porte, vers Löwenberg et Buntzlau; Friedrichs-porte, vers Schönau et Hirschberg; Nieder-porte, vers Haynau, Liegnitz, Jauer. Trois ponts permettaient d'y franchir la Katzbach. Un pont de pierre sur la route venant de la Selzer-porte; un pont de bois sur la vieille route d'Haynau; un pont de pierre en dehors de la ville, sur la route de la Nieder-porte à Liegnitz.

(2) La garnison était répartie de la manière suivante : *Sil. L. R.*, 3e bataillon (Reibnitz); trois compagnies, faubourg de la Selzer-porte; 4e, la porte. — 12e *régt inf. rés.* : 1er bataillon, Ober-porte. — 12e *régt inf. rés.* : 3e bataillon, tirailleurs, Friedrichs-porte. — *Brandebourg, inf. régt.* : 2e bataillon, une compagnie et demie, les maisons du faubourg de la Nieder-porte; une compagnie, la porte; une compagnie et demie, le cimetière de Nicolaï; 4 pièces russes en position au cimetière. — 4e *Sil. L. R.* : 2e bataillon, place de la ville. — 14e *Sil. L. R.* : 1er bataillon (Gfug), 4e bataillon (Kempski). — 12e *inf. régt.* : 3e bataillon, batterie no 6 de 3 et une demi-batterie de 6, lieutenant Anders, sur le Flensberg. (*Armée de Silésie*, p. 92.)

régiment de landwehr prenaient position à Hohberg, d'où ils couvraient toute la plaine, six autres escadrons avec Katzeler se plaçaient derrière le Flensberg; les bataillons du 7e et 37e chasseurs russes, ayant en arrière la cavalerie de l'arrière-garde russe, se tenaient à l'est de la ville.

La colonne Nord de l'avant-garde de Katzeler rejoignait le corps de Yorck.

Le Ier corps prussien avait attendu pendant de longues heures l'ordre de continuer son mouvement; il atteignait seulement dans la nuit ses emplacements de bivouac à Dohnau et Nieder-Crayn; Yorck et Blücher y établissaient leur quartier général.

Le service d'exploration de la cavalerie de Sacken semble avoir été exécuté dans cette journée avec une grande négligence. Il est impossible d'admettre que ses patrouilles de cavalerie se soient avancées jusqu'à Thomaswalde sans trouver personne comme elles en rendaient compte. Le général Sacken admettait ce renseignement pour vrai; il écrivait dans la soirée qu'une partie des forces françaises s'était repliée sur Buntzlau. Son corps bivouaquait à Schmogwitz, sans avoir été suivi.

En résumé, l'armée française avait disparu devant la droite de l'armée de Silésie; elle ne s'était pas reportée vers le centre, contrairement à la supposition de Sacken, puisqu'il n'y avait pas eu d'attaque le 22. Blücher en concluait qu'elle se repliait réellement et que le mouvement sur Goldberg « était seulement une démonstration pour couvrir la retraite projetée (1) ».

Le maréchal Macdonald arrivait devant Goldberg presque à nuit close; il ne jugeait pas prudent de « s'engager dans ce défilé pour entrer en ville, l'en-

(1) *Armée de Silésie*, p. 93.

nemi étant encore en position en arrière sur les routes de Liegnitz et de Jauer ». Il se contentait de canonner très vivement l'arrière-garde ennemie qui repassait la Katzbach. Le maréchal n'avait pas réussi à se procurer une idée exacte des mouvements de son adversaire. A son avis, la majeure partie des forces ennemies, estimées de 50,000 à 60,000 hommes, se retirait sur Jauer : « Je n'ai pu savoir, ajoutait-il, si Yorck était ici aujourd'hui ; ce qui m'en fait douter, c'est qu'un corps prussien qui était hier dans la plaine de Deutmansdorf et sur les hauteurs d'Hirschberg s'est retiré par Gröditzberg.

« Ce qu'il y a de surprenant, c'est que Blücher a couché à Pilgramsdorf avec Langeron dont le corps s'est rabattu de ce côté. Je n'entends rien à ce chassé-croisé des deux généraux prussiens, à moins que le premier ne soit venu seulement de sa personne à ce village ». Macdonald avait communiqué, dans la journée, avec Ney et l'avait informé de la direction suivie par les XIe et V[e] corps, toutefois il ignorait ce qui s'était passé sur sa gauche ; on n'avait pas entendu le canon dans cette direction.

L'Empereur, à plusieurs reprises, avait envoyé des officiers de sa suite pour se mettre en relations avec lui, entre autres un major saxon, peut-être Odenleben ; les renseignements qu'il lui rapportait nous manquent ; il retenait le colonel Bongars auprès de lui afin de lui en adresser d'autres le 23 au matin.

Le projet du maréchal pour le lendemain consistait à prendre position sur les routes de Jauer et de Liegnitz avec le Ve corps et de faire suivre l'ennemi par une avant-garde en attendant les ordres de l'Empereur (1).

---

(1) Macdonald à Berthier, Hartmansdorf, 22 août, 9 heures du soir. Documents, p. 5.

Mouvements du IIIe corps; emplacement le 22 au soir. — Le IIIe corps, au lieu de battre en retraite comme l'avançaient les rapports de la cavalerie, se mettait en mouvement très tard; la 8e division formait l'avant-garde; elle rencontrait près de Kreybau le corps de cavalerie de Landskoï; ce général avait été relevé le 19 à Polnisch-Lissa par le général Markof; il avait franchi l'Oder le 21 près de Köben; le 22, il avait reçu ordre de Sacken d'entrer à Haynau et de pousser jusqu'à Buntzlau; il disputait le terrain pied à pied. Le combat fut certainement très sérieux, puisque la 8e division éprouvait une perte de 113 tués et de 221 blessés; elle enlevait Haynau à l'improviste vers minuit et coupait à Landskoï sa retraite par la grande route de Liegnitz. Ce général se repliait par Vorhaus et Kaltwasser sans avoir pu rendre compte du combat et de son échec à Sacken.

Deux bataillons de la 8e division gardaient la ville, le reste bivouaquait à l'Ouest. La 39e et les dragons badois prenaient position à Thomaswalde; la 8e, à Modelsdorf; la 9e, à Kreybau; la 10e, à Wolfshayn, avec une division de cavalerie légère. Le flanc droit du IIIe corps était couvert par une brigade de cavalerie légère du 2e corps placée à Wartha qui éclairait vers Goldberg.

Une autre brigade et les cuirassiers étaient à Modelsdorf avec des postes avancés à Woitsdorf et Niederhof.

Le quartier général de Ney s'établissait à Kreybau.

Décision de Blücher pour le 23. — Le général Sacken n'avait pas eu connaissance de l'offensive du IIIe corps dans la soirée du 22. Le matin du 23, Blücher n'avait aucun motif de modifier les projets auxquels il s'était déterminé à la suite des événements de la veille; sa conception de la situation restait la même.

Le corps de Langeron était déjà à proximité de Goldberg ou se mettait en mouvement pour s'y rendre; vers le Sud, il renforçait le général Umanetz, qui couvrait sa gauche avec quatre escadrons à Conradswalde, par les deux régiments de Moscou et de Liebau; ce détachement était mis sous le commandement du général-major Pahlen le jeune. A l'extrême gauche, le général Yusseffowitsch se reportait de Bolckenhayn sur Schönau.

Vers 5 h. 30, Blücher recevait un rapport du major de Goltz; cet officier y signalait le danger que courait son détachement d'être tourné par le Sud. Il ordonnait aussitôt à Kapzewitsch d'y parer; à Yorck, de placer une brigade au delà de la Katzbach; son aile gauche s'appuierait à Zitterau pour empêcher l'ennemi de se jeter entre Goldberg et Röchlitz dans la vallée de la Katzbach (1).

Le général Yorck confiait cette mission à la 2e brigade (prince de Mecklembourg); il lui donnait pour instruction d'établir sa gauche à Niederau, sa droite vers Hohberg; s'il était forcé de battre en retraite par des forces supérieures, le prince l'effectuerait lentement; il repasserait la Katzbach de manière à couvrir Golberg contre un mouvement tournant s'avançant par la vallée de la Katzbach et à protéger le flanc droit du corps de Langeron. La 2e brigade se mettait en mouvement à 7 heures.

Blücher était décidé d'attendre dans sa position actuelle la confirmation de la retraite des Français sur la route Buntzlau—Haynau; des espions, qu'il considérait comme sûrs, la lui apportaient à 7 heures. Il

(1) Blücher à Yorck, Nieder-Crayn, 23 août, 6 heures. *Armée de Silésie*, p. 95.

donnait alors, vers 8 h. 30, la disposition préparatoire suivante :

« La cavalerie légère du lieutenant général Sacken sera poussée de Haynau sur Buntzlau. Le corps de Sacken lui-même marchera de Schmogwitz par Adelsdorf contre le Gröditzberg ; il a pour mission de conserver la défensive et d'arrêter un ennemi qui, débouchant de Löwenberg et de Buntzlau, voudrait tomber sur les derrières du corps de Yorck par Neudorf-am-Gröditzberg.

« Le corps de Yorck marchera contre Ulbersdorf ; il détachera de la cavalerie avec de l'artillerie à cheval d'Ulbersdorf contre Neuwiese afin d'y arrêter un ennemi qui en déboucherait ; il se portera contre l'aile gauche (suivant le cas, les derrières) de l'ennemi, aussitôt que l'aile droite du corps de Yorck arrivera à Pilgramsdorf. Une batterie de 12 et une brigade resteront en réserve sur les hauteurs à l'Est de Pilgramsdorf. Le reste du corps attaquera l'ennemi avec la dernière énergie, sans perdre son temps à une longue canonnade. La réserve de cavalerie demeurera à l'aile droite.

« Aussitôt que la canonnade montrera que le corps de Yorck est en possession de ces hauteurs, le corps de Langeron, qu'il soit lui-même ou non attaqué, se précipitera sur l'aile droite de l'ennemi. Je resterai sur les hauteurs de Goldberg avec le corps du général Langeron.

« La Katzbach demeure la base des opérations. Tous les blessés, les prisonniers seront dirigés sur Jauer où marcheront de suite huit bataillons, douze escadrons et deux batteries venant de Liegnitz (1). »

En conséquence, Yorck donnait ordre à son corps de

(1) Blücher. *Armée de Silésie*, p. 96.

se mettre en mouvement à 11 heures et de se porter sur Ulbersdorf en deux colonnes, celle de gauche (1re, 7e brigade, réserve de cavalerie, réserve d'artillerie) passerait la Katzbach à Dohnau, celle de droite (8e brigade) à Kroitsch.

Vers 8 h. 30, la fusillade commençait devant Goldberg ; à peu près vers la même heure, Blücher recevait un rapport où Sacken lui signalait le débouché de forces françaises vers Seifersdorf et rendait compte du combat de Haynau.

A 9 heures, un rapport de la cavalerie prussienne prévenait de l'approche d'une forte colonne française par Neudorf-am-Rennwege.

Un peu plus tard, le prince de Mecklembourg rendait compte qu'il était attaqué par des forces supérieures.

Le corps français qui avait occupé Haynau, s'il se portait sur Liegnitz, arriverait trop tard pour prendre part à un combat devant Goldberg. Cette considération déterminait Blücher à persister dans son projet offensif. A 11 heures, il adressait un rapport au Roi où il lui exposait les motifs de sa conduite. « Le 22, toute l'armée était concentrée ayant son aile gauche à Pilgramsdorf, sa droite vers Adelsdorf. J'attendais dans cette position une attaque ennemie sur Pilgramsdorf; elle eut lieu vers midi ; l'ennemi déploya environ 15,000 hommes au combat.

« Le corps du général Langeron marcha derrière le défilé de la Katzbach à Goldberg ; j'attendais à chaque instant l'avis d'une attaque sur mon aile gauche, elle n'eut pas lieu. Vers le soir, mes avant-postes m'envoyèrent l'avis que l'ennemi s'était retiré de nouveau avec une partie de ses forces sur Buntzlau.

« J'en attendis la confirmation et je la reçus le 23 par des espions.

« Je donnai alors la disposition ci-jointe.

« Les troupes sont déjà en marche, le bruit du canon à Goldberg montre que l'ennemi attaque la garnison de six bataillons prussiens laissés dans la ville (1). »

Toutefois la présence d'un corps français considérable vers Haynau obligeait Blücher à modifier sa première disposition et à prendre des précautions contre une offensive débouchant de cette ville.

Il ordonnait vers midi à Sacken de marcher sur Seifersdorf; s'il n'éprouvait pas de résistance, de continuer sur Adelsdorf où il couvrirait le corps de Yorck contre un ennemi venant de Haynau et de Buntzlau.

Il adressait à Yorck l'ordre suivant : « Par suite du rapport du prince de Mecklembourg, je vous invite à vous avancer de suite à son secours avec votre corps; attendez, pour attaquer l'ennemi, l'attaque du général baron Sacken ou du moins que sa marche l'ait amené à la même hauteur que vous (2). »

Puis il se rendait à Goldberg auprès du corps de Langeron. Il y recevait une dépêche expédiée à 11 heures de Baben par Sacken.

Ce général y rendait compte qu'un rapport du général Wassiltschikof lui avait confirmé le mouvement d'un corps français, dont il ignorait la force, sur Liegnitz. En conséquence, il avait prescrit à Landskoï de l'attaquer à fond et à Wassiltschikof de tomber sur ses derrières (3).

Vers midi, Sacken se mettait en mouvement sur Adelsdorf; il en informait Yorck (4).

---

(1) Pertz, *Vie de Gneisenau*. Blücher au Roi, Nieder-Crayn, 23 août, 11 heures du matin, t. III, p. 190.

(2) Blücher à Yorck, Nieder-Crayn, 23 août, midi. *Armée de Silésie*, p. 97.

(3) Sacken à Blücher, Baben, 23 août. *Armée de Silésie*, p 97.

(4) Sacken à Yorck, Baben, 23 août. *Armée de Silésie*, p. 97.

L'Empereur remet le commandement à Macdonald. — Dispositions de l'Empereur. — Dans la soirée du 22, l'Empereur décidait de ramener la plus grande partie de ses forces sur Dresde et de confier le commandement des forces laissées en Silésie à Macdonald (1).

Dès le début de la campagne, il avait eu l'intention de mettre ce maréchal à la tête de l'armée du Bober; le 6 août, il le chargeait de reconnaître toute la frontière depuis l'incidence de la ligne de démarcation jusqu'à l'Elbe, en prévision du rôle qu'il aurait peut-être à jouer sur ce théâtre de guerre. « Selon les circonstances, il serait possible, lui disait-il, que je vous charge du commandement de plusieurs corps d'armée sur cette frontière (2) ». Toutefois, le 15 août, le commandement supérieur sur les quatre corps avait été confié, en l'absence de l'Empereur, au maréchal Ney, comme plus ancien; il en résultait de fâcheux dissentiments entre lui et Marmont.

Le 22, l'Empereur revenait donc à ses premières intentions; très vraisemblablement il accordait au maréchal Macdonald plus de qualités pour la défensive, et il se réservait de donner à Ney une mission offensive.

Quelle que soit ma profonde admiration pour l'Empereur, il est impossible de ne pas qualifier ce choix de lamentable; à une époque où il fallait des chefs énergiques, ayant du feu, des nerfs, rien ne désignait Macdonald pour un pareil commandement. En 1794, dans la crise révolutionnaire, seule période de notre histoire militaire *où le commandement fut réellement une responsabilité, ou tout chef vaincu payait de sa tête*

(1) Introduction du *Journal du prince de Wurtemberg.*

(2) L'Empereur à Macdonald, Dresde, 6 août. *Correspondance* n° 20335.

la défaite, il avait eu, à ce qu'il paraît, de beaux moments; depuis, sa vie n'avait été qu'une longue succession de défaites. Vaincu à la Trebbia, il avait disparu des armées de la République et de l'Empire pour reparaître à Wagram. Sa formation d'attaque contre le centre autrichien avait fait détruire son corps d'armée. L'Empereur lui avait donné le bâton de maréchal. En 1812, le corps prussien avait été sous ses ordres. Ses propos avaient été au moins étranges; à en croire un officier prussien, il comprenait ce qu'était l'État prussien pour le bien du monde, il aimait la Prusse et la plaignait. L'appréciation portée sur lui était assez juste; « il était las de la guerre, et lorsqu'il parlait de son beau parc, de ses grands troupeaux de moutons, on sentait à sa chaleur qu'il aurait été heureux d'être en disgrâce pour pouvoir jouir de la richesse acquise (1) ».

Néanmoins l'Empereur ne lui tint pas rigueur de la manière dont il allait conduire les opérations, il conservait son commandement; le 12 mars 1814, son peu d'énergie sauvait les corps d'Yorck et de Sacken. Alors que la grande voix du canon se faisait entendre, qu'il s'agissait du salut de la France, il restait au lit. Dans une situation pareille, d'autres maréchaux s'étaient fait traîner en voiture.

Enfin aux Cent-Jours, avec un cynisme sans égal, il se vante d'avoir voulu tirer sur l'homme à qui il devait tout; nous laissons parler ses *Mémoires.* Il avait compté qu'il serait facile de trouver 20 ou 30 hommes dévoués, ou que déterminerait l'appât du gain ou des récompenses..... « Mon projet, ajoutait-il, était de les placer aux postes avancés en avant des troupes et de me mettre à leur tête et de tirer le premier coup

(1) Droysen, *Vie de Yorck*, t. I.

de fusil. » Dans un autre passage, il l'accuse de lâcheté (1).

Il est difficile de distinguer les motifs qui ont déterminé l'Empereur à le préférer à Ney pour le commandement d'une armée à qui il réservait un rôle défensif; Ney avait à son actif les belles retraites de 1807, d'Espagne, de Russie.

Sur ce corps de fer, la fatigue n'avait pas de prise, jamais l'énergie ne faisait défaut à Ney; il possédait les qualités essentielles d'un général, l'activité physique, le feu qui seul entraîne les Français et rétablit la confiance; enflammés par l'exemple, les soldats comprennent que de tels chefs sentent profondément, se donnent tout entier, sans arrière-pensée, et ils suivent sans plainte.

Macdonald, au contraire, passait pour avoir un grand calme, cette qualité négative qui n'est le plus souvent qu'un scepticisme déguisé, un soin jaloux de se tenir à l'abri de toute responsabilité, de ne pas s'engager. Qui n'a aucune conviction, aucune croyance, aucune tradition ne s'émeut de rien. Du reste la guerre est un acte de force; celui-là seul qui a un caractère violent peut la comprendre et la désirer. Lorsque la défaite fondra sur l'armée, au lieu de trouver, sinon dans son cœur au moins dans ses nerfs, la force de surmonter le désastre, Macdonald s'abandonnera au courant; il acceptera la ruine de son armée avec calme et sang-froid, se décernera des éloges et falsifiera le récit d'une défaite amenée par l'indécision de ses dispositions.

Macdonald se croyait de grandes qualités offensives. Le 24 septembre, il écrira à l'Empereur : « Je me permets de lui rappeler qu'Elle a daigné me promettre de m'employer activement et non passivement. Le genre de guerre qui me convient le mieux et

(1) *Souvenirs*, p. 231-232, 342.

auquel je suis le plus propre est l'offensive. Je ne vaux absolument rien pour la défensive. Votre Majesté a du choix pour ce genre de guerre (1) .... ».

L'exposé de ses opérations permettra à chacun d'apprécier la capacité de Macdonald à mener une grande opération offensive.

L'Empereur retardait jusqu'à 11 heures du matin pour adresser ses instructions à Macdonald. Il avait alors certainement reçu les dépêches du maréchal du 22 à 4 heures et à 9 heures du soir et peut-être les renseignements apportés par le colonel Bongars. Or, Macdonald évaluait l'ennemi de 50,000 à 60,000 hommes; le rapport de Ney du 21, portait le corps de Sacken à 30,000 hommes, il y avait en outre vers le Sud un corps dont on ignorait la force et auquel étaient opposées les divisions Ornano et Ledru. Dans une lettre écrite à Marmont, l'Empereur estimait l'effectif total de l'armée de Silésie à 80,000 hommes, mais il avait l'habitude de diminuer les forces de ses adversaires, et, particulièrement dans cette campagne, il se fera une règle de ce procédé pour relever l'énergie de ses lieutenants. Il opposait à Blücher les IIIe, V^e et XIe corps avec le Ier corps de cavalerie.

Tandis qu'il marche sur Dresde avec le gros de ses forces, la mission de Macdonald consistera à « tenir en échec l'armée de Silésie et d'empêcher qu'elle se porte sur Zittau, pour interrompre nos communications, ou sur Berlin contre le duc de Reggio ».

A cet effet, il continuera le mouvement offensif jusqu'au delà de Jauer et, vers le Sud, le général Ornano, appuyé par la 31e division, entrera à Hirschberg. L'armée française prendra ensuite position sur le Bober. Trois divisions du IIIe corps s'établiront autour

(1) Macldonald à l'Empereur, 24 septembre (A. G.).

de Buntzlau, la 4e en réserve sur la Queiss, trois divisions du XIe à Löwenberg où l'on jettera trois ponts sur le Bober, afin d'être toujours à même d'en déboucher fortement, la 4e sur la Queiss; le Ve corps se placera entre Löwenberg et Hirschberg; deux corps de cavalerie flanqueront l'armée à droite et à gauche (1). « Sa Majesté pense même, écrit Berthier, que si l'ennemi essayait de tourner la gauche, vous devriez réunir votre cavalerie sur votre gauche avec une division de cavalerie et la détacher en corps volant et observer les mouvements sur la gauche; car il importe que l'ennemi ne passe point entre vous et l'Oder pour se porter sur Berlin. »

Au cas où l'ennemi agirait offensivement, sans avoir été renforcé, l'Empereur conseille au maréchal de déboucher par Löwenberg et de le battre. « Dans cette situation, conclut-il, l'ennemi ne peut point passer entre votre armée et les montagnes des Géants, ni entre votre armée et l'Oder pour se porter sur Berlin, sans s'exposer à être coupé par elle. »

Une troisième dépêche datée de midi met le maréchal au courant des projets de l'Empereur pour les journées du 23 et 24. Si l'ennemi ne se décide pas dans ces deux jours à une offensive déterminée, peut-être l'Empereur marchera-t-il sur Prague en prenant dans les premiers jours sa ligne d'opérations sur Zittau ou Bautzen.

« Dès le moment que l'Empereur prendrait ce parti, écrit Berthier, Sa Majesté mettrait Görlitz sous vos ordres; pendant tout le temps qu'elle aurait sa ligne sur Zittau, il est de la plus haute importance qu'en aucun cas l'ennemi ne puisse se porter sur Zittau et, si

---

(1) L'Empereur à Berthier, Löwenberg, 23 août. *Correspondance* n° 20442.

par un mouvement inopiné ou par la perte d'une bataille, vous étiez obligé de prendre la ligne de la Queiss, il faudrait vous y maintenir, et enfin faire votre retraite sur Zittau, puisqu'alors, une fois réunis, on pourra aviser à ce qu'il convient de faire.

« Si l'Empereur se porte sur Prague, la première opération sera de tâcher de prendre sa ligne d'opérations sur Dresde et, dès ce moment, vous serez plus libre de vos mouvements. Si vous étiez obligé de reculer, ou l'Empereur vous appellerait à lui sur Zittau, ou vous vous dirigeriez sur l'Elbe dans le camp retranché (1).

Comme on le verra un peu plus loin, il semble, en outre, que l'Empereur avait dicté à Gourgaud une lettre directe à Macdonald et, d'après un passage d'une lettre du maréchal, qu'il l'avait appelé au quartier impérial (2).

A 11 heures du matin, Berthier expédiait la dépêche suivante à Ney :

Berthier à Ney.

Löwenberg, 23 août, 11 heures du matin (Orig. A. Mos.).

« L'Empereur me charge de vous prévenir, Prince, qu'étant dans l'intention d'entrer en Bohême et ayant besoin de vous auprès de sa personne pour diriger cette opération, Sa Majesté désire que vous laissiez le commandement de votre corps au général Souham et que vous vous rendiez auprès d'elle à Görlitz. Vous êtes cependant autorisé, Prince, à rester vingt-quatre

(1) Berthier à Macdonald. Löwenberg, 23 août. Reg. d'ordres de Berthier, t. II, p. 79. *Correspondance* n° 20443.

(2) *Souvenirs*, p. 203 et Macdonald à Berthier, Goldberg, 25 août, 2 heures du soir. Documents, p. 13.

heures de plus à votre corps si, ce que Sa Majesté ne croit pas, il était engagé ».

En outre, les archives du prince de la Moskowa contiennent une autre dépêche sans heure où Berthier avertit simplement que les trois corps sont mis sous le commandement de Macdonald (1).

A ce qu'il semble, le manque de liaison avait été cause du décousu des opérations et du peu de vigueur de la poursuite pendant la journée du 22 ; on n'avait pas cherché à y remédier. La dépêche adressée à Ney ne lui était pas parvenue le 24 à 6 heures du matin. Celle expédiée à Macdonald a dû lui être remise très tard, à en juger par les faits, car il n'avait pas encore envoyé d'instruction au IIIe corps le 24 au matin.

Le 23, en quittant Löwenberg, l'Empereur n'était pas fixé sur le parti à adopter (2) ; il hésitait entre les deux directions de Dresde et de Zittau. Il se décidait à Görlitz pour la première ; à 6 heures du soir, il dirigeait sur Dresde Vandamme et Victor (3), et il laissait au prince Poniatowski la garde du défilé de Zittau. Cette mission était très délicate ; aussi l'Empereur lui recommandait-il d'agir avec la plus grande prudence et de « masquer » son mouvement le plus longtemps possible.

Le lendemain à 9 h. 30 du matin, l'Empereur augmente le théâtre d'action du VIIIe corps ; il confie à Poniatowski, les deux défilés de Georgenthal et de Gabel ; il insiste de nouveau sur la nécessité de « masquer » le repliement du IIe corps et il lui montre l'importance de ces deux débouchés pour ses opéra-

(1) Registre d'ordres de Berthier, t. II, p. 78.

(2) Prince de Wurtemberg. Introduction, p. 128 et 132.

(3) L'Empereur à Vandamne, Gorlitz. *Correspondance* no 20416 ; — à Victor. L. N. I., no 276.

tions futures. Si l'armée autrichienne se trouve loin de Dresde, peut-être « rebroussera-t-il chemin » sur lui pour marcher en Bohême. « Si au contraire l'armée autrichienne prête à des combinaisons, il tombera dessus. S'il a l'avantage, il entrera en Bohême en le faisant soutenir par un corps d'armée sur les deux rives. »

La défense de ces cols mettra ainsi le prince à même de jouer un grand rôle.

Afin de lui donner confiance, il lui déclare que les Autrichiens « n'ont pas là de forces supérieures aux siennes » et que le maréchal Macdonald est à sa gauche avec 120,000 hommes. Par sa position, il couvre la droite de ce maréchal et il doit entretenir avec lui une correspondance active.

Déjà les partisans, malgré leur faible effectif, commencent à faire sentir leur action sur la ligne de communication entre Buntzlau et Görlitz. L'Empereur ordonne à Macdonald d'occuper Löwenberg et de former une colonne mobile forte de 1,000 hommes d'infanterie, 1,000 à 1,500 chevaux et une batterie d'artillerie pour leur donner la chasse.

De Bautzen, à 5 heures du soir, il prescrit encore au maréchal d'envoyer deux bataillons à Görlitz pour y tenir garnison et, alors que Macdonald a besoin d'une forte cavalerie pour assurer ses derrières contre la nombreuse cavalerie alliée, il lui enlève la division Chastel (1). Toutefois, on ne peut s'en étonner; à la veille d'une action décisive, il est compréhensible que l'Empereur cherche à obtenir la supériorité en cette arme appelée à mener la poursuite (2).

(1) L'Empereur à Berthier, Gorlitz, 24 août, 9 h. 30 du matin. *Correspondance* n° 20450.

(2) Registre d'ordre de Berthier, t. II, p. 89.

Mouvement du IIIe corps le 23 août. — Le 23, le maréchal Ney met son corps en mouvement de bon matin. La 8e division part à 6 heures; elle se dirige par Woitsdorf, Baudmansdorf et Gohlsdorf sur Steudnitz; elle y prend position et sert de pivot à la conversion que le IIIe corps va exécuter; une brigade de cavalerie légère forme l'avant-garde et la flanque sur la droite; les cuirassiers la suivent.

La 9e part à 8 heures de Kreybau; elle marche sur Michelsdorf; après avoir dépassé Haynau, elle est couverte par une brigade de cavalerie légère; le quartier général et le 10e de hussards marchent avec elle.

La 39e s'ébranle à 5 heures; à l'apparition de sa tête de colonne, la 10e quitte son camp suivie de la batterie de réserve et du grand parc; toutes deux serrent sur Haynau où la 11e division garde son emplacement. La 2e brigade de la division de cavalerie légère Roussel assure leur droite.

La 11e division prend sa place après la 10e en traversant Haynau.

Le soir, le IIIe corps est placé :

La 8e division sur deux lignes, sa droite en arrière de Pahlwitz, sa gauche vers Liegnitz;

La 9e division, en arrière de Neudorf, route de Jauer;

La 10e division, à Waldau;

La 11e division, à gauche de la 8e division; un régiment tient garnison à Liegnitz;

La 39e division, à Fellendorf.

Une brigade de cavalerie légère occupe Neudorf, poussant des reconnaissance sur Jauer, Neumarck, Goldberg.

Une division, établie à Fellendorf, détache, à gauche de Liegnitz, six escadrons à Pfaffendorf et Gros-Beckern.

Les cuirassiers sont à Schmogwitz ayant en avant d'eux le 10e hussards.

Ney a éprouvé très peu de résistance dans sa marche. Lors du passage de la Katzbach, une canonnade d'une heure s'engage, sur les hauteurs de Lindenbusch, entre lui et la cavalerie du général Landskoï qu'un ordre de Sacken a dirigé de Liegnitz sur Haynau ; elle se retire par Liegnitz sur la route de Jauer. A droite, il rencontre également les troupes du général Wassiltchikof qui se sont avancées en avant de la Katzbach ; celles-ci se retirent sur Hochkirch.

Dispositions de Macdonald. — Combat au Nord de Goldberg (1). — Il est impossible d'indiquer quelles ont été les occupations de Macdonald dans la journée du 23 et l'endroit où il s'est tenu ; il n'a pas assisté aux engagements ; comme on l'a déjà fait remarquer, un passage d'une de ses lettres permet de supposer qu'il s'est rendu auprès de l'Empereur. Le 22 au soir, Macdonald et Lauriston avaient cru à l'abandon de Goldberg par les alliés ; les reconnaissances du 23 au matin signalant que cette ville est encore occupée, Lauriston se décide à l'attaquer. Au lieu d'user ses forces dans un combat de front, il préfère agir par les deux flancs. Il dirige les divisions Puthod et Rochambeau sur le Wolfsberg, la division Gérard avec la cavalerie Chastel et Montbrun sur Niederau ; la division Maison reste en réserve à Steinberg pour observer les routes de Falckenhayn et de Schönau ; une brigade de la division Maison tient les positions de Grimmenberg, l'autre garde le défilé de Hermsdorf et attaque le faubourg de Goldberg.

Le major de Goltz avait placé quatre bataillons dans

(1) *Armée de Silésie*, p. 97-104. — *Friederichs*, t. I.

la ville et trois sur le Flensberg; en arrière, se trouvaient les six escadrons de Katzeler.

A la suite de l'ordre de Blücher, daté de 6 heures, le général Langeron envoie les 22e et 45e bataillons de chasseurs et les régiments de la vieille Ingrie et d'Arkangel sur le Wolfsberg.

La brigade du prince de Mecklembourg quitte ses cantonnements à 7 heures; elle franchit la rivière à Röchlitz où elle laisse un bataillon (Fischer, 6e régiment de landwehr) au cimetière pour assurer sa retraite; les 1er et 2e escadrons de hulans forment son avant-garde et couvrent son déploiement (1); deux bataillons (bataillons de fusiliers des 1er et 2e régiments de la Prusse orientale) s'avancent sur Niederau par le lit de la rivière, le reste de la brigade par le plateau. Le bataillon de fusiliers du 1er régiment va occuper Niederau comme point d'appui de gauche ayant celui du 2e régiment en arrière en réserve. Ces deux bataillons sont sous les ordres du major Sjoholm.

Le combat était déjà engagé à Golberg, lorsque, vers 9 heures, la division Gérard débouche en trois colonnes. Le prince prescrit de former sa brigade sur deux lignes en intercalant les bataillons de landwehr entre les régiments de ligne. Cette prescription est mal comprise; la ligne se forme, la gauche au bord escarpé du ravin, dans l'ordre suivant : en première ligne, bataillon de landwehr Dobrowolski, Rostken, 1er et 2e bataillons du 2e de la Prusse orientale; en deuxième ligne, bataillon de landwehr Kempski, 1er et 2e bataillons du 1er régiment de la Prusse orientale; les tirailleurs de ce bataillon sont lancés sur Hohberg, où se trouvent les deux régiments de la

(1) *Historique du 3e régiment de hulans*, p. 158.

réserve de cavalerie ; les hussards de Mecklembourg sont en arrière de l'artillerie répartie par demi-batterie aux deux ailes ; dans la vallée, les deux bataillons de fusiliers, avec trois escadrons (deux de hulans de Brandebourg et un de landwehr), ont pris position à la ferme de Reissig.

Le prince avait espéré que les deux régiments de cavalerie de l'avant-garde soutiendraient sa droite ; leur chef, se croyant menacé par une colonne venant de Seifersdorf, s'y refuse ; deux escadrons de hussards de Mecklembourg se rendent alors vers la droite pour la couvrir. Un grand camp de baraques construit durant l'armistice par les Français existait en avant de la gauche prussienne ; il constituait le seul couvert dans cette plaine.

Les tirailleurs du 2e bataillon de fusiliers du 2e de la Prusse orientale et du bataillon Kempski se portent en avant pour occuper ce point d'appui ; ils y sont devancés par les tirailleurs de la division Gérard et ne réussissent pas à s'en rendre maître ; un escadron de hulans couvre leur retraite.

L'artillerie française ouvre de suite son feu avec une batterie de 25 à 30 pièces ; elle écrase la demi-batterie prussienne de droite et met le feu à Hohberg ; les tirailleurs prussiens évacuent cette localité, sous la protection des hussards de Mecklembourg. Une première attaque sur la gauche prussienne est repoussée ; l'artillerie française concentre alors son feu sur l'infanterie du centre, elle y cause de grands ravages dans ses rangs serrés que ne masque aucun abri. Le chef de bataillon de landwehr Dobrowolsky, ayant voulu soustraire son bataillon aux pertes qu'il éprouve, le ramène en arrière. Ce mouvement occasionne, à en croire l'*Armée de Silésie*, un vif désordre dans les deux autres bataillons et entraîne même le bataillon de ligne ; toute la première ligne se replie. Au contraire, le major Friederich avance que, seul, le bataillon Dobrowolski se débandait, les autres tenaient bon. Quoi qu'il en soit, la première ligne prussienne, renforcée par le bataillon Kempski se reformait.

Vers le Sud, les tirailleurs français parviennent à atteindre les bords de la Katzbach ; ils prennent de flanc la demi-batterie de gauche dont une pièce était démontée et l'obligent à se retirer; le major Sjoholm les contient. Afin de les chasser et de s'emparer du camp de baraques, il demande le concours des deux bataillons de landwehr; il lui est accordé. Son attaque est d'abord couronnée de succès; il réussit à s'en emparer, mais lorsqu'il veut en déboucher avec des bataillons épuisés par l'effort qu'ils viennent de produire, il est rejeté.

Une charge des hulans de Brandebourg, renforcés par les Cosaques d'Issaev II, permet aux bataillons prussiens de se rassembler et protège leur retraite.

Vers le Nord, deux colonnes françaises fortes de 1,000 à 1,200 hommes s'étaient dirigées sur la droite prussienne. Le colonel Lobenthal tire de la deuxième ligne les deux bataillons du 2e régiment de la Prusse Orientale; le 1er bataillon se déploie; le 2e reste formé en colonnes; l'attaque française échoue.

Le mouvement vers la gauche du colonel Sjoholm avait occasionné un vide dans la ligne prussienne, le prince de Mecklembourg fait alors appuyer les quatre bataillons de la droite pour le remplir; la cavalerie française veut saisir cette occasion pour le charger, elle est repoussée.

Néanmoins le prince se décide à ordonner la retraite; il est vivement poursuivi par la cavalerie française, les pièces restantes sont même sur le point d'être enlevées, elles sont sauvées par le 2e bataillon du 1er régiment de la Prusse Orientale que le prince conduit lui-même un drapeau à la main. La brigade prussienne se reforme sur les hauteurs de Brucken-kretscham ; cette conversion en arrière est couverte par le 1er bataillon de la Prusse Orientale ; sa gauche a été soutenue par les 7e et 37e régiments russes que Kapzewitsch a envoyés à son secours.

Combat de Wolfsberg. — Les deux divisions françaises Puthod et Rochambeau enlèvent de bon matin le Wolfsberg qui était certainement peu occupé ; l'arrivée de la 22e division permet aux Russes de le reprendre ; la cavalerie de l'avant-garde de Rudzewitsch se place à gauche du Flensberg, celle de Kapzewitsch à droite.

Le reste du 10e corps russe, établi sur les hauteurs de Kopatsch, a pour mission d'interdire aux Français de passer entre l'avant-garde et la ville. Tout le corps de Langeron se tient à Prausnitz.

Vers 10 heures, une seconde attaque des Français chasse les Russes du Wolfsberg qu'ils couronnent d'une forte artillerie. La situation paraît assez sérieuse pour qu'un bataillon prussien (Wunck) soit détaché avec une demi-batterie au secours de la 22e division russe (1).

Le combat se déroule alors dans la plaine avec des alternatives changeantes ; tous les efforts des Français pour se rendre maîtres du Flensberg échouent ; ils s'en approchent très près, car les deux bataillons prussiens et l'artillerie demeurés sur la colline, trouvent occasion d'intervenir.

Attaque de Goldberg. — Au centre, la garnison de Goldberg avait repoussé avec une grande bravoure, toutes les attaques ; vers 2 heures, Katzeler l'avertissait de la perte du Flensberg, qu'elle était menacée

(1) Journal de Katzeler.

d'être coupée, « et qu'il était grandement temps d'évacuer la ville », le major de Goltz en ordonnait l'abandon ; la retraite n'était pas encore effectuée, lorsqu'un renseignement du major Oppen l'informait « que le prince de Mecklembourg semblait se maintenir à Niederau, et qu'il était de la plus haute importance de conserver Goldberg ». Il y rentrait et ne l'abandonnait que sur un ordre formel de Kapzewitsch. Toutes ses munitions étaient consommées. Quelques maisons du faubourg de Goldberg commençaient à brûler (1).

En résumé, vers 2 heures, la brigade de Mecklembourg battait en retraite, le major von der Goltz tenait toujours Goldberg ; à gauche, Kapzewitsch, après avoir perdu le Wolfsberg, tenait Lauriston en échec devant le Flensberg ; les Français avaient certainement en arrière de cette colline des forces considérables dont on ne pouvait évaluer l'importance par suite de la nature du terrain. La situation était tout autre qu'à midi ; à en juger par les forces françaises mises en ligne, Blücher était certain d'avoir affaire à une armée entière, d'autant plus que tous les prisonniers signalaient la présence de Napoléon ; un capitaine soutenait même l'avoir vu dans la matinée. Pour reprendre le Wolfsberg, Blücher aurait dû engager une action sérieuse, il préférait rompre le combat à son grand regret « bien que l'affaire, écrivait-il au Roi, eût vraisemblablement eu une issue heureuse, si la liaison du tout, la nature des circonstances et encore plus l'instruction du Roi (1) » n'eût exigé cette résoution.

Il ordonnait : à Langeron de se retirer sur Hennersdorf; à York, sur Schlaupe ; à Sacken, sur Jauer, où serait également établi le quartier général.

---

(1) Friedrich, p. 282.

(2) Blücher au Roi, 23 août, 0 heures du soir. Pertz, t. III, p. 191.

Cette décision parvenait à Langeron à 3 heures; elle lui causait un vif mécontentement. Il plaçait la 9e division Olsoufieff sur les hauteurs de Prausnitz pour y arrêter les progrès des Français, la 15e division et l'avant-garde prirent la route de Seichau par Prausnitz; Kapzewitsch et la garnison de Goldberg le grand chemin de Jauer. La réserve de cavalerie Korf, contint la cavalerie du XIe corps.

Le général Lauriston, qui avait aperçu une forte colonne venant de Liegnitz, poursuivait très faiblement son adversaire. Langeron vante le calme avec lequel son mouvement s'effectua en échelons. « On pouvait se croire à une manœuvre en temps de paix, sur un terrain parfaitement connu; l'ordre qui y régna fut vraiment admirable; il n'y eut pas une faute de faite, pas un bataillon, ni un escadron ne perdirent ni leur direction, ni leur alignement; l'infanterie passait rapidement les ravins et les défilés, se reformait et se déployait ensuite plus rapidement sur les hauteurs qui dominaient ces ravins. L'artillerie plaçait ses batteries avec célérité, leur feu protégeait la retraite de la cavalerie et des tirailleurs et, lorsque l'ennemi arrivait en force, on recommençait le même mouvement avec le même ordre; quatre fois cette manœuvre fut répétée avec le plus grand succès; nous ne perdîmes pas un canon, pas un caisson, pas un blessé et même nous n'eûmes pas de prisonniers (1). »

Sans prétendre diminuer le mérite des troupes russes, il semble qu'elles eurent peu de difficultés à surmonter, puisque les Français ne dépassaient pas Prausnitz.

Rudzewitsch s'arrêtait avec l'avant-garde à Seichau, le reste du corps à Hennersdorf.

---

(1) Langeron, *Mémoires*, p. 242.

Après être entré à Hennersdorf, Langeron y recevait un rapport de Saint-Priest (1) daté de Schmiedeberg, le 22. Ce général y signalait un rassemblement considérable de troupes françaises à Lahn ; il leur supposait l'intention de l'attaquer et demandait la conduite à tenir, « car, observait-il, si je me retire derrière la ville de Landshut, les défilés de la Bohême seront ouverts aux Français. »

En prévision d'une retraite de ce corps et pour couvrir le flanc gauche de l'armée de Silésie, Langeron détachait deux régiments de cavalerie, deux bataillons d'infanterie et quatre pièces à Conradswalde sous le général Pahlen le jeune (2).

Sur la droite, la brigade prince de Mecklembourg tenait le passage de Röchlitz.

Yorck recevait à une lieue de Goldberg l'ordre de s'arrêter ; il laissait à Laasnig la 8e brigade pour y recueillir la 2e; les deux autres brigades se replièrent par Arnoldshof sur Schlaupe; de sa personne il se rendait sur la droite. Un avis de Sacken l'avait averti qu'il avait ordre de gagner Malitsch et l'on entendait une canonnade dans la direction de Liegnitz, c'était celle du combat engagé entre Landskoï et le IIIe corps. Il rassemblait alors son corps entre Oder, Nieder-Weinberg et Bellwitzhof dans le but de se réunir avec le corps de Sacken et de s'opposer au mouvement d'un corps français qui déboucherait de Liegnitz vers le Sud. Il ne cachait pas son mécontentement de ces perpétuels ordres et contre-ordres; il lui semblait, disait-il, que l'on jouait à « des jeux d'enfants » avec les forces et même la vie des hommes (3).

Vers le soir, Sacken l'informait qu'il venait de rece-

(1) Ce général avait remplacé Pahlen.

(2) Langeron à Blücher, Hennersdorf. *Armée de Silésie*, p. 105.

(3) Droysen, t. II, p. 127.

voir ordre de ramener son corps jusqu'à Jauer; en réponse, Yorck le priait de ne pas hâter son mouvement jusqu'au moment où les instructions le concernant lui seraient parvenues. A 6 heures, le comte de Moltke lui remettait l'ordre suivant de Blücher :

« Je vous informe que le comte Langeron a établi son camp entre Hennersdorf et Seichau, et je vous prie de vouloir bien prendre le vôtre à Galgen. »

A ce qu'il paraît, dans son irritation, Yorck considérait comme une méchanceté la forme sous laquelle il lui était donné; il ne le faisait pas voir à son entourage (1).

Le corps prussien exécutait sous une pluie battante sa quatrième marche de nuit en six jours. Était-ce un effet de son mécontentement, Yorck négligeait, avant la mise en marche, de faire connaître aux brigadiers le point sur lequel on se dirigeait. Le corps s'avançait en deux colonnes, celle de droite (1re et 7e brigades) formée en colonne de peloton à travers champs au Sud de la route Brechelshof—Alt-Jauer : les 2e et 8e et la réserve d'artillerie sur la route même; la réserve de cavalerie formait l'arrière-garde.

Cette marche de nuit fut épouvantable; le général Langeron avait renvoyé ses bagages dans la soirée par Jauer sur Schweidnitz; les bagages de Sacken avaient également pris Jauer pour direction; il en résultait un croisement des colonnes; le chef de la 2e brigade ayant appuyé trop à gauche sur la route Liegnitz—Jauer, y rencontrait les bagages de Sacken; il faisait masser sa brigade, s'ouvrait un passage et allait cantonner à Profen; une partie de sa colonne perdait le contact dans la nuit; le reste rencontrait

(1) Les *Mémoires* d'un officier de l'état-major de Yorck, portent : « Ordres verbaux par le comte de Moltke. » (Droysen, p. 127.)

enfin les 2e, 7e et 8e brigades au Galgenberg où elles étaient venues successivement camper de minuit au matin dans un assez grand désordre; l'artillerie de réserve avait également rencontré les bagages de Sacken, elle rejoignait dans la matinée; le quartier général de Yorck s'établissait à Profen; la cavalerie de réserve demeurait à Alt-Jauer.

Le corps de Sacken campait à Profen ; son avant-garde était demeurée à Malitsch.

Un extrait d'un rapport de Blücher au Roi nous donne l'idée qu'il se faisait dans la soirée de sa situation :

« On a fait des prisonniers des IIIe, IVe, Ve, VIe et XIe corps. Presque tous disent que l'Empereur français est à l'armée, pourtant j'en suis encore complètement incertain. Cinq corps d'armée de l'ennemi et une réserve de cavalerie formeraient au moins 100,000 hommes; l'ennemi n'en a pas montré autant et ses attaques n'étaient pas assez vives pour une telle force. Il est possible que, pour me tromper, l'ennemi n'ait laissé qu'une partie de chaque corps d'armée.

« J'espère en donner bientôt avis à Votre Majesté, parce que j'ai une position telle que l'ennemi doit se déployer devant moi (1). »

Le danger d'un mouvement tournant opéré sur sa gauche par les Français était de nature à augmenter encore les craintes de Langeron ; on devait s'attendre à ce qu'il y vit un nouveau motif de ne pas conserver sa position. Blücher, pour y remédier par avance, et de crainte qu'une retraite intempestive de Langeron ne le forçât de nouveau à modifier ses projets, lui expédiait, à 8 heures du soir, l'ordre positif de résister sur place :

(1) Blücher au Roi, Jauer, 23 août, au soir. Pertz, t. III, p. 142.

« Puisque les routes de Conradswalde et de Schönau sont observées par votre corps d'armée, vous ne pouvez absolument pas être tourné par votre flanc gauche. Vous ne devez absolument pas quitter votre position, avant que l'ennemi se soit déployé avec force devant votre front et que j'aie donné des ordres précis ultérieurs à ce sujet.

« Votre Excellence m'avertira à temps de ce qui se passe sur son front et son flanc.

« Vous placerez une batterie de 12 sur les points de votre position principale favorisés par la nature. Au premier coup de canon qui se fera entendre sur votre front, je monterai à cheval pour être promptement avec vous.

« L'ennemi n'a comparativement déployé aujourd'hui que de faibles forces contre notre armée, et nous ne pouvons prendre la responsabilité envers nos souverains de nous retirer sans nécessité devant une faible force (1) ».

Il ordonnait à Saint-Priest, s'il était repoussé, de se jeter dans les retranchements de Landshut, et, si les Français entraient en Bohême sans l'attaquer, d'y attendre de nouveaux ordres (2).

Blücher avait deviné juste, car à 9 heures du soir, Langeron insistait pour une retraite immédiate :

« Tout est tranquille ici et toutes les troupes sont au camp. J'ai envoyé sur le chemin de Conradswalde le général major comte Pahlen avec quatre bataillons et quatre canons ; le général Umanetz est à Conradswalde de même avec quatre escadrons et le général Grekof en avant avec quatre régiments de Cosaques.

(1) Blücher à Langeron, Jauer, 23 août, 8 heures du soir, *Armée de Silésie*, p. 105.

(2) Blücher, ordre. *Armée de Silésie*, p. 105.

« J'ai assuré par là notre retraite et votre quartier général.

« Sommes aussi tranquilles du côté de Liegnitz et ne pourrait-on pas, de là, venir sur Schweidnitz? Il n'y a que 4 milles et un bon chemin. Je crois, mon général, que nous ferions bien de nous rendre dans le camp de Schweidnitz après-demain. Il n'y a que 3 milles 1/2 de Gros-Rosen. Comme l'artillerie aurait eu de la peine à passer par les villages où il y a des défilés, je me suis décidé à passer par Jauer. Je pars à 4 heures du matin et moi-même je précéderai la colonne et aurai l'honneur de vous voir à Jauer. Mon arrière-garde partira à 6 heures. Je supplie Votre Excellence d'ordonner que le trajet soit libre par la ville et que je ne sois pas empêché par des voitures, car ce serait très gênant (1). »

De nouveau, Langeron tentait d'entraîner le général en chef, de le mettre en présence du fait accompli.

A la réception de l'ordre de Blücher, il déclarait sans détour à son officier d'ordonnance « qu'il ferait ce qu'il pourrait, mais se tenait pour obligé, suivant les circonstances, d'agir d'après ses propres vues »; et il le renvoyait à Gneisenau avec une lettre où il lui exposait ses motifs.

Détermination de Blücher pour le 24. — Le 24 au matin, Blücher était encore incertain sur la conduite à tenir, lorsqu'un officier français du 148e, interrogé par Müffling, lui déclarait avoir vu deux fois Napoléon dans ces trois journées; le 21 à Löwenberg, le lendemain entre Lövenberg et Goldberg; six régiments de garde l'accompagnaient. Blücher ordonnait alors à Langeron de marcher par Jauer et Herzogswalde

(1) Langeron à Blücher, Hennersdorf, 9 heures du soir. *Armée de Silésie*, p. 105.

sur Gros-Rosen; à Yorck et Sacken de se rendre à Kohlhöhe.

Un rapport où le colonel Jurgass annonçait de bon matin que les Français débouchaient de Liegnitz et de Goldberg n'avait pas été confirmé. Yorck, qui se méfiait des renseignements du quartier général (1), lançait le 2e Leib-hussards sur Kloster-Wahlstadt avec mission de s'en assurer.

Mais, avant midi, on apprenait avec certitude au quartier général l'évacuation de Liegnitz par les Français. Blücher décidait de rester de sa personne à Jauer jusqu'à ce que cette nouvelle surprenante eût été éclaircie; il ordonnait à Langeron de maintenir son avant-garde à proximité de Jauer où elle laisserait deux bataillons comme garnison et de couvrir l'armée de Silésie vers le Sud; à cet effet, le général Pahlen le jeune viendrait à Falkenberg; le général Yusseffovitsch à Bolckenhayn pour assurer la liaison avec le comte de Saint-Priest.

Le général Yorck constituait une nouvelle avant-garde sous les ordres de Katzeler (2); elle relevait, après 5 heures du soir, à Jauer, la réserve de cavalerie qui se retirait sur Profen.

Le soir, les corps avaient occupé les emplacements prescrits. L'avant-garde de Sacken se portait, à ce qu'il semble, de Mahlitsch jusqu'à Rothkirch; le général Karpof avec ses Cosaques au delà de Liegnitz sur Haynau; la cavalerie de l'avant-garde de Katzeler s'éta-

---

(1) Droysen, t. II, p. 129.

(2) Trois compagnies de chasseurs, — bataillon de grenadiers de Silésie. — *Rég. inf. de Brandebourg*, 1er bataillon, — bataillon de Thuringe. — 5e *rég. Land. de Silésie*, 3e bataillon. — 14e *rég. Land. de Silésie*, 4e bataillon. — Batt. de 6, n° 24. — *Rég. de dragons de Lithuanie.* — *Rég. de hulans de Brandebourg.* — 5e *rég. cav. Land.* de la Nouvelle Marche. — *Batt.* à cheval n° 2.

blissait à Jauer où revenait également la réserve de cavalerie, lorsque la retraite des Français fut constatée.

L'avant-garde de Langeron était à Peterwitz couverte par des Cosaques maintenus à Seichau.

Le corps de Saint-Priest s'était replié de Smiedeberg sur Landshut, son avant-garde de Hirschberg sur Schmiedeberg; un corps volant autrichien placé à Schatzlar assurait la liaison avec la division Neipperg démeurée à Liebenau et Böhmisch-Aicha.

Toute une série de rapports parvenus dans la journée avait complètement éclairci la situation; nous les reproduisons intégralement.

Sacken; Barsdorf, 1 heure après-midi (1).

On vient d'amener un sous-officier de hussards fait prisonnier; il a porté les dépêches du maréchal Ney de la route de Liegnitz à Goldberg; il a été pris à son retour par les Cosaques. Il dit que l'Empereur français s'est rendu hier de Goldberg à Liegnitz; il a fait connaître à son armée la paix avec l'Autriche et il base sur ce motif les mouvements de ses troupes. Le hussard dit que l'Empereur est arrivé à Buntzlau le jour de l'offensive, mais qu'actuellement il est retourné de sa personne à Lauban. J'ai l'honneur de vous envoyer son interrogatoire puisqu'il pourrait avoir de l'intérêt.

Sacken; Kohlhöhe, 24 août, 3 h. 15.

Le général Wassiltchikof, commandant mon avant-garde, vient de me faire le rapport que l'ennemi a quitté Liegnitz et se retire sur Haynau. J'ai donné ordre à ce général de le suivre avec toute sa cavalerie.

Sacken; Kohlhöhe, 6 heures soir.

J'annonce à Votre Excellence que je reçois un second rapport de Wassiltchikof qui confirme le précédent; le général Karpof qui commande les extrêmes avant-postes m'en expédie

(1) *Armée de Silésie*, p. 112 et 113.

un rapport écrit que le général Wassiltchikof m'envoie à part. Il porte que l'ennemi retire en hâte sur Haynau toutes les troupes qu'il a poussées hier sur Liegnitz. Lorsque ce premier rapport partit, ma réponse de le poursuivre avec de la cavalerie n'était pas encore arrivée, actuellement il est certainement en plein mouvement.

A 4 heures de l'après-midi, Katzeler lançait de Profen une patrouille sur Liegnitz ; à 11 h. 30 du soir, il adressait à Blücher le rapport suivant daté de Jauer :

« Le lieutenant Butzke a été à une demi-lieue de Liegnitz ; il y a appris avec certitude que, hier, des Français s'étaient portés sur la route de Liegnitz à Neumarck, et s'étaient avancés jusqu'à une lieue de ce dernier endroit.

« Ils ont reçu subitement un contre-ordre et sont revenus en arrière. Aujourd'hui ils se retirent de Liegnitz sur Haynau et sont poursuivis par les Cosaques..... »

Enfin, à l'extrême gauche, le lieutenant de Scharnhorst envoyé pour reconnaître ce qui se passait dans la direction d'Hirschberg, écrivait de Schönau à 8 h. 30 :

« Je n'ai trouvé aucun ennemi à Schönau ; il ne fait aucun mouvement de Goldberg sur Hirschberg.

« Un escadron de cavalerie française se trouve à Geiersberg au Sud de Goldberg ; il a ses avant-postes à Neukirch et à Herrmannswalde ; beaucoup de troupes qui ont été hier à Geiersberg se meuvent sur la route de Goldberg à Jauer. »

Cette dépêche parvenait encore dans la nuit.

Les renseignements concernant Liegnitz avaient été confirmés par le 2e Leib-hussards qui n'avait rencontré personne à Liegnitz.

Ces rapports clairs et précis, prouvaient avec certitude que l'armée française exécutait un mouvement de retraite. Afin d'en découvrir les motifs et la direction, Blücher ordonnait à la cavalerie des réserves et des avant-gardes d'exécuter le lendemain des reconnaissances avec de l'artillerie à cheval ; celle de Sacken sur Liegnitz, de Yorck entre Goldberg et Liegnitz, de Langeron sur Goldberg et Schönau ; si ces localités étaient abandonnées, elles rechercheraient l'ennemi.

L'armée devrait avoir mangé la soupe à 8 heures.

Si l'armée française était restée dans les montagnes pour pénétrer en Bohême, l'armée de Silésie prendrait cette direction ; si elle se retirait en Saxe, elle la suivrait.

De sa personne, Blücher attendrait à 8 heures les rapports des reconnaissances à Jauer.

A l'extrême gauche, le corps de Pahlen s'était replié sur Landshut ; son avant-garde, commandée par le général Bistram (1) avait gagné Schmiedeberg, de là, elle lançait avec le major Boltenstern, des partis de Schreiberhau par Warmbrunn et Hirschberg sur Kupferberg.

Mouvements des corps français dans la journée du 24 et du 25. — On avait admis jusqu'à nos jours que la dépêche adressée par Berthier à Ney, le 23 à 11 heures avait amené la retraite du IIIe corps sur Görlitz.

Ceci est absolument inexact : le 24, le maréchal Ney échelonne son corps sur Görlitz, bien qu'il connaisse la retraite de Sacken sur Jauer.

Il rend compte à 6 heures du matin, par ces termes très précis, des motifs qui ont provoqué son mouvement :

« J'ai reçu ce matin, par l'intermédiaire du duc de Tarente, l'avis de me porter sur Görlitz (2). »

---

(1) Il avait remplacé Kaisarof.

(2) Ney à Berthier, Rothkirch, 24 août, 6 heures du matin. Documents, p. 8.

Le maréchal Macdonald n'est pas moins affirmatif Il écrit de Golberg, à midi :

« Le prince de la Moskowa m'accuse réception de la copie par triplicata de la lettre que m'a écrite M. Gourgaud par ordre et sous la dictée de l'Empereur. Ce prince n'ayant pas reçu les ordres de Votre Altesse qui l'appellent de sa personne au quartier général, s'est attaché à la lettre de M. Gourgaud et s'est mis en marche avec son corps et celui du général Sébastiani pour se porter sur Buntzlau. Cette cruelle méprise nous découvre ; aussi j'expédie en toute hâte au prince et au général Sébastiani pour arrêter les deux corps et leur faire reprendre leurs positions (1) ».

Le mouvement de retraite du IIIe corps a donc été occasionné par une dépêche de Macdonald. Que contenait-elle ? Malheureusement l'original n'a pas été conservé ; elle devait être assez mal rédigée et confondre le départ du corps avec celui du prince de la Moskowa. C'est là une simple hypothèse ; toutefois elle paraîtra assez vraisemblable d'après ce passage d'une dépêche postérieure de Macdonald.

« Le premier ordre de Votre Majesté, expédié par le major général, n'était point parvenu au prince de la Moskowa lorsqu'il a reçu le second que j'ai été chargé de lui transmettre pour presser son départ. Le prince, en m'accusant réception, m'a fait dire qu'il partait à l'instant même avec toutes les troupes sous ses ordres. Jugeant alors qu'il n'avait pas connaissance des dispositions arrêtées par Votre Majesté le 23, je me suis hâté de lui expédier des partis sur toutes les directions (2) ».

---

(1) Macdonald à Berthier, Goldberg, 24 août, midi. Documents, p. 9.

(2) Macdonald à Berthier, Goldberg, 25 août, 2 heures du soir. Documents, p. 13.

La 39e division avait quitté son camp vers midi et avait été s'établir sur les hauteurs à l'Ouest de Buntzlau, sur la rive gauche du Bober ; la 9e division se plaçait à l'Ouest de Thomaswalde ; la 10e à Wolfshayn ; la 9e partait à 11 heures et se dirigeait sur Kreybau, elle laissait sur la ligne les dragons de Bade avec ordre de se lier au 10e de hussards en position à Schmogwitz ; la batterie de 12, le parc, les équipages militaires marchaient avec cette division et poussaient jusqu'à Thomaswalde.

La 8e division levait son camp après le départ des autres divisions ; elle ralliait chemin faisant, les deux régiments de cavalerie. Le quartier général se rendait à Wolfshayn.

Le mouvement était en pleine exécution, lorsque Ney recevait dans cette dernière localité l'ordre qui l'appelait auprès de l'Empereur.

Il remettait le commandement au général Souham. « Le duc de Tarente, lui écrivait-il, désire que vous occupiez la position que vous avez quittée ce matin ; il vous en adressera sans doute l'ordre ainsi qu'au général Sébastiani (1) ».

Ney a donc dû être informé de la nouvelle mission que lui confiait l'Empereur par une dépêche que lui apporta un officier de Macdonald, et ce dernier l'aura mis au courant des intentions de son chef.

Le départ de Ney causa « la sensation la plus désagréable au IIIe corps qui avait placé sa juste confiance dans le maréchal et sous la conduite duquel il se croyait invincible (2) ».

Le IIIe corps se reportait alors sur Liegnitz par une marche de nuit : « On y murmura beaucoup, et l'on

---

(1) Ney à Souham, Wolfshayn, 24 août. Documents, p. 8.

(2) *Journal des opérations du IIIe corps*, p. 54.

n'attribua ce mouvement qu'à la bizarrerie qui signale l'arrivée de certains hommes au commandement. »

Le maréchal Macdonald avait déjà donné ordre de se porter en avant, lorsqu'une dépêche de Ney lui apprenait la marche rétrograde du IIIe corps ; il arrêtait son mouvement et expédiait de suite des contre-ordres à Sébastiani et à Souham. L'officier porteur de ces dépêches atteignait la division d'arrière-garde du IIIe corps à Haynau ; il était 4 heures du soir, Ney était déjà parti pour Kreybau, l'officier l'y suivait. Il semble donc qu'à ce moment l'invitation adressée par Ney à Souham de remarcher sur Liegnitz ne lui était pas parvenue.

Le 25, à 2 heures de l'après-midi, Macdonald ignorait encore si « ses instances et les détails historiques » dans lesquels il était entré avaient suffi pour déterminer Ney à remettre le commandement à Souham et à lui prescrire de revenir à Liegnitz, soit que Souham eût négligé de l'en informer, soit que les nombreux détachements de Cosaques qui battaient la campagne eussent enlevé les partis envoyés pour communiquer. Par ordre de l'Empereur, il avait dû renvoyer sur Dresde les divisions Chastel et Ornano ; les seules brigades de corps des Ve et XIe corps restaient à sa disposition ; au contraire, le IIIe corps possédait tout le 2e corps de cavalerie.

Le Maréchal, à juste titre, était très mécontent que Souham n'eût pas adopté des mesures propres à le tenir avec certitude au courant de ses mouvements et il signalait le fait à l'Empereur : « Je ne comprends pas que le IIIe corps se reportant en avant, l'on ne m'ait point envoyé d'avis d'Haynau avec une escorte de quelques mille chevaux, cela était assez important. »

Dans cette incertitude, le Maréchal hésitait encore sur le parti à adopter ; si le IIIe corps rejoignait, il exécuterait, le 26 « une démonstration » sur Jauer ;

dans le cas contraire il se replierait sur le Bober, sauf à reprendre l'offensive lorsque l'armée serait réorganisée.

Vers 4 heures, Macdonald apprenait avec certitude l'arrivée du IIIe corps. Cette nouvelle le remplissait de joie; sa confiance dans la victoire était absolue. « Quelles que soient les forces qui me sont opposées, écrivait-il, j'en ferai peu de cas, et je marcherai à elles sans hésiter (1) ».

Dans la journée, on avait aperçu beaucoup de cavalerie ennemie sur le front des Ve et XIe corps. Macdonald n'en concluait pas à une offensive prochaine. « L'ennemi, qui devait supposer que les deux autres corps se seraient aussi retirés, mandait-il à l'Empereur, a fait une reconnaissance sur ma ligne avec beaucoup de cavalerie. Nous ayant trouvés disposés à bien le recevoir ou à marcher à lui, il s'est retiré. »

De toute part on lui signalait des Cosaques. Or, l'instruction de l'Empereur attachait une grande importance à la liberté des communications. Cette circonstance le déterminait à laisser dans ses positions de Kemnitz et de Berthelsdorf la 31e division (2) et, comme le départ de la division Ornano découvrait sa droite, lui aussi opérait un mouvement rétrograde; il ramenait sur la rive gauche de la Katzbach la division Puthod à Steinberg d'où elle gardait les débouchés de Steinkirchen, Probsthayn et Falckenhayn avec 100 chevaux de la brigade Dermoncourt (3).

A 11 heures du soir, il donnait, pour le lendemain, l'ordre de mouvement suivant :

(1) Macdonald à Berthier, Goldberg, 25 août, 4 heures du soir, p. 15.
(2) Macdonald à l'Empereur, Goldberg, 25 août. Documents, p. 14.
(3) *Précis des opérations de la 17e division*, p. 184.

Ordre de mouvement.

Goldberg, 25 août 1813.

Le général Gérard enverra au général Ledru, commandant la 31e division du XIe corps, l'instruction qui lui est remise pour la réunion demain de cette division à Spiller, Berthelsdorf et Kemnitz. Cette division, partira de ses positions le 27, à 7 heures du matin pour se porter sur Hirschberg, d'où elle chassera l'ennemi ; elle sera favorisée dans cette attaque par la division Puthod, qui marchera sur cette ville en deux colonnes, l'une partant de Schönau, l'autre de Kleppelsdorf, près Lahn. L'une et l'autre se mettront en route à 4 heures du matin, une troisième colonne de cette division partira de Schönau à la même heure pour se diriger sur Jauer; elle fera halte sur les hauteurs de Jägernsdorf et donnera avis de son arrivée au général Lauriston à Jauer qui lui enverra de nouveaux ordres.

Le général Lauriston réunira demain la division Puthod à Schönau, moins cependant les deux bataillons qui sont à Kleppelsdorf, auxquels le général Puthod enverra l'ordre par une ou deux compagnies d'escorte de marcher le 27 à 4 heures du matin, pour opérer sa jonction avec sa division près d'Hirschberg. Le général Lauriston fera exécuter, en ce qui concerne sa division, le premier paragraphe de cet ordre de mouvement. Le général Lauriston, avec les deux autres divisions du Ve corps, partira à 7 heures du matin pour se diriger sur Jauer par Prausnitz et Seichau ; il laissera un bataillon et un détachement de cavalerie à Golderg, pour la police, la garde et la sûreté des communications.

Le général Gérard, avec les deux divisions du XIe corps, partira à la même heure pour suivre la direction de Jauer par Röchlitz et Seichau, il laissera un bataillon à Pilgramsdorf et un autre à Lauterseiffen avec chacun un détachement de cavalerie pour la sûreté des communications avec Löwenberg.

Le général Souham, commandant le IIIe corps, se mettra en marche demain à 7 heures du matin pour suivre l'ennemi dans la supposition où il se retirerait sur Jauer, mais dans le cas où il aurait pris une ou plusieurs directions, le général

Souham se bornera à faire des démonstrations avec partie de son corps d'armée, et autant que possible avec des troupes en proportion des forces ennemies, et avec le reste il menacera Jauer, en se dirigeant vers cette ville par la route ordinaire de Liegnitz. Le général Souham, devant sentir l'importance d'être toujours en communication, se tiendra lié avec le général Sébastiani et les troupes qu'il jugera convenable de laisser à Liegnitz et en opposition de celles de l'ennemi.

Le général Souham s'échelonnera et s'entendra avec le général Sébastiani pour les forces de cavalerie qu'il serait à propos de faire passer à la gauche du IIIe corps stationnant ou marchant pour le flanquer et le couvrir.

Le général Sébastiani, après avoir fourni au général Souham la cavalerie nécessaire pour le double objet dont il vient d'être parlé, partira à 7 heures du matin pour se porter sur Jauer par Kroitsch, route de Buntzlau à Jauer; ce général restera lié par des partis avec les généraux Gérard et Souham. Si le général Sébastiani a des défilés à passer, le général Souham lui fournira quelques bataillons pour le protéger.

Si cet ordre de mouvement est susceptible de quelques observations ou modifications, MM. les généraux commandants m'en feront part immédiatement.

Dans le cas où l'ennemi serait en force et réuni, il est convenable qu'on n'engage pas d'affaires isolées.

Il m'en sera donné promptement avis pour que je règle et détermine les points d'attaque. Je suivrai le mouvement du XIe corps.

MACDONALD.

En résumé, le maréchal Macdonald se portait sur Jauer en deux colonnes concentriques reliées par le 2e corps de cavalerie. Il employait, on ne sait pourquoi, une division et demie à une attaque secondaire sur Hirschberg où il n'y avait plus personne, ce dont un service de renseignements convenablement organisé aurait pu l'avertir. A la vérité, l'Empereur avait bien indiqué qu'il devait être en possession de cette ville, mais ses instructions étaient générales; la division Ornano avait quitté l'armée et Macdonald restait absolument libre d'apprécier si, au moment d'aborder une armée d'un effectif égal à la sienne, il convenait de se priver d'une division et demie d'infanterie, c'est à-dire *de l'ossature d'une armée, de l'arme qui seule se dévoue pour tous, gagne les batailles et assure la victoire.*

Le maréchal était décidé dès le 25 à 4 heures, à prendre l'offensive, pourtant son ordre de mouvement était certainement adressé très tard aux commandants de corps et sa transmission très mal assurée.

Le 26, à 2 heures du matin, Puthod était averti par le commandant du parc qu'il venait de lui être prescrit de s'avancer sur la route de Jauer en avant de Goldberg. Le général, craignant que l'officier, porteur des ordres qui lui étaient expédiés, ne se fût égaré, envoyait son officier d'ordonnance au quartier général de Lauriston. A 5 heures, l'ordre de mouvement suivant lui parvenait :

Le général de division Puthod partira avec sa division et cent chevaux de sa division de Steinberg, demain 26, à 7 heures du matin, pour se rendre à Schönau. Aussitôt son arrivée à Schönau, le général Puthod enverra deux compagnies à Deppelsdorf, en avant de Lahn, porter l'ordre au 134e régiment d'en partir le 27, à 4 heures du matin, pour se diriger sur Hirschberg. Le 27, à la même heure (4 heures du matin), le général Puthod fera partir de Schönau le 146e régiment et le 3e étranger, pour se rendre également à Hirschberg, avec trois pièces de 6 et un obusier. La division Puthod marchant, ainsi qu'il est dit ci-dessus, en deux colonnes de Lahn et de Schönau sur Hirschberg, a pour but de soutenir la division du général Ledru du XIe corps, dans son attaque sur cette ville, pour en chasser l'ennemi et s'en emparer.

A la même heure (4 heures du matin), le général Puthod partira de Schönau avec les 147e et 148e régiments et le reste de son artillerie, pour se rendre à Jauer.

Le général de division Puthod marchera de sa personne

avec les 147e et 148e régiments, et arrivé sur les hauteurs de Jägernsdorf, il y prendra position, et de suite il aura soin d'envoyer à Jauer un officier d'état-major, pour y prendre des ordres du général en chef.

Les troupes, avant leur départ, recevront tous les vivres qu'il sera possible de leur donner, et M. l'ordonnateur enverra à chaque division les caissons du parc des vivres, pour en faire la distribution, afin de pouvoir remplir ensuite les mêmes caissons de farine ou de grains.

P.-S. — D'après de nouveaux renseignements donnés par le général de division Maison, le général Puthod n'opérera point son mouvement et restera dans sa position de Steinberg, jusqu'à ce qu'il reçoive l'ordre de se mettre en marche.

Pour le Général chef de l'état-major général :

Le chef de bataillon,
LHUILLIER.

A 10 heures du matin, un officier adjoint d'état-major lui apportait un ordre verbal de Lauriston d'avoir à l'exécuter. A la même heure arrivaient 31 caissons de biscuit. Pendant la distribution, Puthod envoyait l'ordre aux deux bataillons détachés à Wolfsdorf de rentrer ; ils rejoignaient à midi 30. A 1 heure, la division était en pleine marche par le chemin de Neukirchen et de Falckenhayn. D'après l'heure tardive de son départ, il semble qu'avec un service de liaison bien établi, le maréchal aurait été à même de l'arrêter s'il avait eu le moindre doute sur l'issue de l'affaire engagée.

Reconnaissance de la cavalerie alliée le 25. — Décisions de Blücher. — Les différentes phases par lesquelles est passé le commandement de Blücher dans la journée du 25 sont des plus intéressantes ; aussi reproduisons-nous l'ensemble des dépêches qui ont servi à établir ses résolutions.

Toute la cavalerie de l'armée de Silésie se mettait en mouvement de grand matin ; celle de Sacken par Profen et Malitsch sur Liegnitz ; celle de la réserve de cavalerie prussienne se portait de Brechelshof sur Kroitsch où était celle de Katzeler; la cavalerie de l'avant-garde de Langeron s'avançait de Peterwitz sur Hennersdorf, la réserve de cavalerie russe s'y dirigeait du même point ; le tout était commandé par Korf.

Dès 4 heures, Katzeler rendait compte de Brechelshof qu'une patrouille d'officiers de hulans de Brandebourg avait rencontré l'ennemi à 2 heures à Röchlitz et remarqué beaucoup de feux à Goldberg.

A 7 heures du matin, il écrivait de Kroitsch : « D'après le dire des habitants de cette localité, 30 chasseurs y ont rôdé; actuellement Kroitsch n'est plus occupé par l'ennemi. Je viens d'y arriver en ce moment, et j'ai lancé des patrouilles vers Ulbersdorf. L'officier de la patrouille de gauche vient de me faire annoncer que les vedettes ennemies se trouvaient sur la route de Jauer à Goldberg à l'est de Prausnitz. Les paysans viennent d'entendre une canonnade venant de la direction de Haynau. Les habitants ont également vu, dans la nuit passée, beaucoup de feux de camp entre Prausnitz et Goldberg. Ce que j'apprendrai venant d'Ulbersdorf déterminera mes mesures ultérieures (1) »

De la gauche, un rapport expédié de Gros-Rosen par Langeron annonçait la retraite de Saint-Priest sur Landshut et Schmiedeberg.

Enfin, de Poischwitz, Pahlen le jeune signalait la retraite des Français.

« Le général Yusseffowitsch m'informe que la ville de Schönau n'est pas encore occupée par l'ennemi

(1) Katzeler, 25 août, 5 heures. *Vie de Reyher*, p. 161.

et que, de là à Probsthayn, on n'a pas remarqué la moindre trace d'ennemis. Le 23, les avant-postes furent occupés par le 2e lanciers, actuellement, ils le sont par des chasseurs. On peut en conclure, ainsi que par les rapports venus de gens qui ont été sur la position ennemie, que l'ennemi fait un mouvement général et se retire de notre aile gauche. L'ennemi a abandonné la position de Probsthayn et Armenruh jusqu'à Lahn; elle a été occupée le 23 et continuellement depuis la bataille de Goldberg par un corps considérable (1). »

Ces deux rapports confirmaient Blücher dans la conception qu'il s'était faite, le 24 au soir, de la situation : Macdonald retirait ses deux ailes en maintenant deux corps ou un devant Goldberg. Il donnait l'ordre de mettre l'armée en marche.

Dispositions pour le 25.

Le corps du général baron Sacken passera la Katzbach à Dohnau.

Le corps de Yorck à Kroitsch.

Le corps de Langeron à Goldberg, si cette ville est alors abandonnée par l'ennemi.

Si tel n'est pas le cas, le corps de Langeron arrêtera l'ennemi à Goldberg. Le corps de Yorck, avec celui de Sacken, marchera, ainsi qu'il est dit dans la disposition du 23, pour attaquer et tourner l'ennemi. Dans ce cas, si les corps de Yorck et de Sacken parviennent dans la vallée de la Katzbach; ils y resteront en colonnes, s'y reposeront huit heures et continueront leur marche de manière à avoir passé la Katzbach au point du jour.

Si l'ennemi n'attend pas l'attaque à Goldberg, les

(1) Général-major Pahlen. *Armée de Silésie*, p. 114.

avant-gardes le suivront et resteront continuellement en contact ?

Dans ce cas, on exécutera la disposition du 18 et, puisqu'il est de la plus haute importance que l'armée suive l'ennemi avec la plus grande énergie, j'espère du zèle et de l'activité des commandants de corps, qu'ils feront tout leur possible pour remplir les ordres de Sa Majesté.

Deux projets différents de l'ennemi ont échoué ; il a ainsi perdu un temps très précieux pour lui, si nous le suivons promptement et agissons avec énergie, son dernier projet échouera également.

La direction des corps est la suivante :

Le corps de Sacken passera le Bober à Gros-Walditz, sa cavalerie légère suivra l'ennemi par Buntzlau.

Le corps de Yorck passera le Bober à Sirckwitz.

Le corps de Langeron à Löwenberg, les détachements de son aile gauche à Lahn et entre Lahn et Löwenberg.

Ces détachements se dirigeront sur Kloster-Liebenthal et Greifenberg où l'on peut facilement couper l'ennemi qui a poussé sur Hirschberg.

Mon quartier général sera aujourd'hui à Nieder-Crayn (1).

A 10 heures les trois coups de canon se faisaient entendre ; l'infanterie de Sacken se dirigeait de Kohlhöhe par Profen et Herzogswalde sur Malitsch ; le corps de Langeron, de Gros-Rosen sur Jauer et Peterwitz suivi par celui de Yorck.

Brusquement toute une série de rapports modifiait complètement la situation.

Sacken écrivait de Profen à 11 h. 30 :

« Le général Wassiltchikof rend compte de Roth-

---

(1) Blücher, dispositions pour le 25. *Armée de Silésie*, p. 114.

kirch, aujourd'hui à 6 heures du matin, qu'il a vu cette nuit un grand bivouac sur les deux côtés de Goldberg, que l'ennemi est à Haynau, que le général Karpof se trouve à une demi-lieue de Haynau et a ordre de reconnaître sa force. J'ai reçu la disposition de Votre Excellence, d'aujourd'hui, et me dirige sur Malitsch (1). »

Katzeler, rendait compte de Kosendau, à 10 h. 30.

« J'ai vu confirmer mon rapport précédent. L'ennemi est entre Prausnitz et Röchlitz. L'officier que j'ai envoyé hier vers Ulbersdorf rapporte qu'il y a un camp d'environ 3,000 cavaliers ennemis à Roth-Brünnig. Je ne vois encore rien de la colonne russe qui doit marcher sur Goldberg. Je me suis donné toute la peine pour attirer l'ennemi dans la plaine ; il reste dans la forêt où des tirailleurs se montrent. Si Votre Excellence ordonne que j'aille plus loin, pendant ce temps le terrain devrait être couvert ici par de l'infanterie. Les troupes ennemies qui occupent le camp entre Prausnitz et Röchlitz sont estimées à trois bataillons et quelque cavalerie. D'après le rapport d'un vieux sous-officier sûr, qui vient d'arriver, il y a beaucoup de troupes ennemies entre Goldberg et Ulbersdorf et, d'après un avis de paysans, il se trouve aussi à Haynau un fort corps ennemi. Le général de Sacken peut vous en rendre un rapport exact (2). »

A midi et demi, Blücher recevait un second rapport de Sacken daté de Profen à 11 h. 45.

« Je viens de recevoir un rapport du général-lieutenant Wassiltchikof daté d'aujourd'hui ; il se fonde sur un rapport du général Karpof que l'ennemi s'avance

---

(1) Sacken à Blücher, en marche sur Profen, 23 août, 11 h. 30 *Armée de Silésie*, p. 115.

(2) Katzeler, Kosendau, 10 h. 30. *Vie de Reyher*, p. 162.

en grand nombre et en plusieurs colonnes sur la route de Haynau à Liegnitz. Je resterai à Malitsch et y attendrai les ordres ultérieurs (1). »

A la même heure, ce renseignement était confirmé par un rapport de Jurgass expédié des hauteurs de Kroitsch :

« Je viens de recevoir le rapport suivant apporté par le lieutenant Schwerin ; il doit assurer la liaison avec le général Sacken.

« J'ai trouvé le général Wassiltchikof sur les hauteurs entre Rothkirch et Schimmelwitz ; il venait de recevoir avis que l'ennemi s'avançait en grande force sur la route de Haynau à Liegnitz, il peut avoir 10,000 hommes et se trouve déjà à Steudnitz. Le général Wassiltchikof a seulement 2,000 hommes d'infanterie et veut se retirer sur Rothkirch au cas où il serait très vivement pressé ; Liegnitz est encore occupé par les Russes. »

Cette marche offensive d'un corps français sur Liegnitz, dont on ne pouvait plus douter, modifiait complètement la situation.

Macdonald attendait peut-être qu'il fût arrivé à sa hauteur pour déboucher lui-même de Goldberg.

En prévision d'une offensive française, Blücher arrêtait ses trois corps, Sacken à Malitsch ; Yorck à Jauer, où demeurait le quartier général ; Langeron à Peterwitz (2). Ce dernier était poussé jusqu'à Hennersdorf, à la réception d'un rapport où le général Korf rendait compte que les Français demeuraient immobiles à Goldberg.

« Je viens de recevoir du général Emmanuel, commandant la cavalerie de l'avant-garde, que j'avais

(1) Sacken, Profen, midi 30. *Armée de Silésie*, p. 115.
(2) Blucher (ordre), Jauer, midi. *Armée de Silésie*, p. 115.

lancé pour reconnaître l'ennemi, le rapport suivant :

« Il y a deux colonnes au village de Prausnitz sur les deux côtés du défilé, chacune d'elles peut se composer d'un régiment. Le débouché du défilé vers Seichau est occupé par des tirailleurs.

« Derrière Prausnitz, au pied de la hauteur dénuée, à droite sur le chemin de Goldberg, il y a un régiment avec des canons sur la hauteur, et plus à droite un bataillon d'infanterie.

« Une colonne d'infanterie avec huit canons est montée derrière la forêt sur la montagne où notre flanc gauche se retira avant-hier.

« On voit très peu de cavalerie ; il semble que derrière la montagne, il se trouve encore des troupes, comme on peut le conclure de la fumée qui en sort.

« Je viens moi-même de reconnaissance, et j'ai l'honneur de vous rendre compte que j'ai trouvé confirmé tout ce que le général-major Emmanuel rapportait, sauf que de grandes batteries sont établies derrière le vilage de Prausnitz sur le Wolfsberg dont le général Emmanuel ne parle pas dans son rapport. Puisque l'ennemi montre si peu de cavalerie dans ce terrain, je considère toute la position comme défensive. Jusqu'à présent il a été occupé avec mes flanqueurs et les a rejetés avec des tirailleurs. Mais comme je menaçais ses flancs avec une masse de cavalerie, il s'est retiré de nouveau sur ses anciens points. Les paysans disent que depuis avant-hier, non seulement aucune troupe ennemie n'est partie, mais même que des renforts sont arrivés hier de Prausnitz (1) ».

Le corps de Yorck avait atteint Jauer lorsque l'ordre de s'arrêter lui parvenait ; il s'établissait la gauche

(1) Katzeler, Obèr-Weinberg, 4 h. 45. *Vie de Reyher*, p. 162.

vers Liegnitz, la droite vers Grogersdorf, le quartier général à Jauer.

L'intention du colonel Katzeler avait d'abord été de rester pendant la nuit à Kroitsch avec la cavalerie; mais apprenant que, sur sa droite, l'avant-garde de Sacken avait été rejetée de Steudnitz par deux divisions d'infanterie et était venue à Baben, que, sur sa gauche, celle de Langeron était à Seichau, il se repliait également à Ober-Weinberg; une chaîne de cavalerie restait le long de Katzbach. A 4 h. 45 l'infanterie de l'avant-garde l'avait certainement rejoint. Le major Klux occupait la Neisse de Schlauphof à Schönau avec les compagnies du régiment de chasseurs de la Prusse Orientale, 300 tirailleurs et un détachement de chasseurs volontaires. Il était recommandé aux patrouilles laissées sur les bords de la rivière de ne pas perdre l'ennemi de vue, et cela avec d'autant plus de raison que les rapports signalaient l'entrée des Français à Rothkirch. Elles rendaient compte dans la soirée que les bivouacs ennemis s'étendaient de ce village jusqu'à Dornbusch devant Liegnitz; les villages situés à l'est de cette ligne n'étaient pas occupés (1).

Un rapport de Sacken venait également confirmer dans la soirée l'occupation de Rothkirch par les Français.

« Le général Wassiltchikof vient de me rendre compte qu'il est campé à Baben; l'ennemi est à Rothkirch, il a occupé les hauteurs de Liegnitz et Liegnitz même. Il estime la force de l'infanterie ennemie à 10,000 hommes, il a moins de cavalerie qu'avant-hier (2) ».

(1) Friedrich, p. 288.

(2) Sacken, Malitsch, 6 h. 30 du soir. *Armée de Silésie*, p. 117.

État d'esprit de l'armée de Silésie. — Que faut-il penser de la manière dont les opérations avaient été menées jusqu'à ce moment.

Delbruck, *civil à la vérité*, la déclare magistrale (1).

Tel n'était pas l'avis de Yorck. Dès le 20, dans une lettre à Blücher il disait : « Yorck fait des représentations sur cette manière de suivre l'ennemi, au moindre bruit de sa retraite, avec l'armée entière. Puisqu'il était dans le plan du général en chef d'éviter une bataille générale, marcher avec toutes ses forces devait occasionner une aussi rapide contremarche et ruiner l'armée par des marches. En laissant une avant-garde assez forte contre l'ennemi jusqu'au moment où ses mouvements auraient été complètement éclairés, alors l'armée reposée aurait pu dans une forte marche rattraper l'ennemi (2). »

L'opinion contraire a été soutenue par deux écrivains *officiers de carrière*, Höpfner (3) et plus récemment par le major Friedrich.

Dans cette question de grande stratégie, mon avis aurait peu de valeur ; je me bornerai à rappeler qu'en six jours le corps de Yorck a eu quatre marches de nuit, et à observer que presque tous les ordres de marche de Blücher ont été soumis à une juste critique par le major Friedrich (4).

Le mécontentement de Langeron s'était fait sentir à plusieurs reprises ; celui de Yorck n'était pas moins grand. Le 25 août, il demandait au Roi de le relever

---

(1) Pertz. *Vie de Gneisenau*, t. III, p. 187.

(2) Droysen, *Vie de Yorck*, t. II, p. 120, avance que ce passage est dans une lettre de Yorck. Höpfner, au contraire, qu'il est contenu dans une vue d'ensemble sur les opérations de Yorck, p. 119.

(3) Höpfner. *Armée de Silésie*, p. 119.

(4) Friedrich, p. 288.

de son commandement « déclarant son intelligence peut-être trop bornée pour comprendre les vues géniales qui dirigeaient l'état-major du général Blücher (1) ».

Yorck, véritable soldat, était sans doute d'un caractère très difficile, *mais la raideur de caractère envers les supérieurs n'est jamais un défaut; c'est même une qualité assez rare pour qu'on la respecte.* Or Nostitz, officier de l'état-major de Blücher, dévoué corps et âme à son chef, le reconnaît lui-même : « L'état-major de l'armée de Silésie n'observait pas toujours les formes auxquelles le général Yorck avait droit de prétendre par ses services précédents. » Les deux généraux en chef s'estimaient, mais les prétentions de l'état-major de Blücher, ses immixtions continuelles dans les affaires de son corps énervaient Yorck.

Le 25 au matin, il se présentait au quartier général de Blücher, et il s'engageait une vive dispute dont le bruit s'entendait jusque dans la rue (2). Blücher la terminait par ses mots : « Il y a une différence entre nous, je commande et tu obéis; j'ai à porter la responsabilité des ordres donnés et non toi (3) ».

Blücher lui-même n'était pas plus satisfait des résultats obtenus; il songeait à remplacer Gneisenau par Katzeler (4).

Il se rendait dans la journée auprès de Sacken qu'il ne connaissait pas personnellement, afin de le féliciter de sa conduite et de lui faire connaître ses vues sur la

(1) Yorck au Roi, 25 août. Droysen, t. II, p. 130.

(2) Langeron, *Mémoires*, p. 247.

(3) Nostitz. *Journal*, p. 55-56. — Droysen, t. II, p. 130. — Pertz, t. III, p. 200, d'après un récit de Gneisenau. — Le major Friedrich, p. 289.

(4) Friedrich, p. 288.

situation de l'armée de Silésie. Il avait la satisfaction de le trouver parfaitement d'accord avec lui (1).

Le manque de confiance était donc général. Seule, une grande victoire pouvait rétablir la foi dans le succès; Blücher s'y décidait; c'est bien à lui seul qu'est due la solution de cette crise, à son énergie de fer, à sa confiance dans le succès. Cette certitude de l'issue finale, elle ne lui fera jamais défaut; dans la circonstance la plus critique de sa vie, à Vauxchamp, sur le point d'être fait prisonnier, il dira à Gneisenau : « Puisque je n'ai pas été tué aujourd'hui, là où je l'aurais tant désiré, je saisis de nouveau et plus fort que jamais l'espoir que tout cela finira bien et heureusement (2). »

Une dépêche de Langeron nous montre combien cette résolution de livrer bataille lui était étrangère. En apprenant, par ses avant-postes, la retraite des troupes de Sacken, il écrivait à Gneisenau : « ..... On vient de prendre un sous-officier français de chasseurs à cheval. Il dit que la Garde française est à Löwenberg et que l'empereur Napoléon, à ce qu'il croit, est venu aujourd'hui à Goldberg, que le maréchal Ney est à Liegnitz avec son corps et un autre qu'il ne peut nommer pour tourner notre flanc droit. Les Français ont occupé toutes les hauteurs en avant de Goldberg et paraissent vouloir s'y défendre.

« Si le général Sacken devait être forcé de se retirer, j'attends dans ce cas un ordre du général Blücher m'indiquant si je dois me retirer de nouveau sur Gros-Rosen et quand je dois le commencer (3).

---

(1) *Histoire de l'armée de Silésie*, par Müffling, p. 27.

(2) Nostitz. *Journal*, p. 98.

(3) Langeron, Hennersdorf, 25 août. *Armée de Silésie*, p. 117.

Blücher se décide à livrer bataille le 26. — A 10 heures du soir, Blücher faisait connaître à l'armée son intention de livrer bataille le lendemain.

Il ordonnait à Yorck de se mettre en marche le 26, à 5 heures du matin, et de venir se placer masqué en colonnes à Schlauphof de manière à s'intercaler à la hauteur des deux autres corps; Katzeler et l'avant-garde russe devaient alarmer les postes français pendant la nuit.

De sa personne, il se tiendrait le 26, à 9 heures du matin, à Brechelshof.

Le colonel Katzeler confiait cette mission au major Stutterheim et au major de Stiern.

Le premier se dirigeait avec le régiment de hulans de Brandebourg, le 1er régiment de cavalerie de landwehr de la Nouvelle Marche, une pièce et deux escadrons du régiment de dragons de Lithuanie par Crayn, Kroitsch et Wildchütz sur Rothkirch; la surprise ne réussissait pas. Ce village était fortement occupé, les vedettes attentives et, au premier coup de fusil, on battait la générale. Le bois en avant de Rothkirch était fortement tenu par de l'infanterie, de la cavalerie se tenait à proximité ; elle ne se laissait pas entraîner dans la plaine. Le major remarquait en outre deux colonnes ennemies qui se portaient de Rothkirch sur Goldberg; l'obscurité l'empêchait d'apprécier leur force (1).

Le major de Stiern, avec 40 chevaux, se mettait en embuscade à Hohendorf où il attendait la coopération des Russes venant de Bomberg; ceux-ci ne paraissant pas, il tentait un coup de main sur le village; il était reçu par un vif feu d'infanterie et il échouait également.

(1) Katzeler, Crayn, 26 août, 4 h. 30 matin. *Vie de Reyher*, p. 164.

Katzeler en rendait compte à 6 h. 30; il joignait à sa dépêche l'interrogatoire d'un officier du IIIe corps fait prisonnier près de Rothkirch.

« Le maréchal Ney, qui a commandé ici, est parti hier pour Görlitz sans emmener de troupes. Le IIIe corps est actuellement sous les ordres du comte Souham et se trouve de Goldberg jusqu'au delà de Rothkirch. Ce corps doit se composer de 30,000 hommes d'infanterie et d'environ 6,000 hommes de cavalerie. Il y a, à Rothkirch même, de 13,000 à 14,000 hommes. L'officier dit de plus qu'aujourd'hui 500 hommes d'infanterie avec 250 de cavalerie et deux canons ont été détachés sur Goldberg pour y apporter une lettre.

« Ce seraient là les colonnes que le major Stutterheim a vues d'après son rapport précédent et qui, comme le major le dit expressément, lui paraissaient plus fortes que l'officier ne le lui a indiqué. Une partie de la cavalerie doit avoir été envoyée à Liegnitz occupé par 9,000 à 10,000 hommes.

« A en juger d'après cela, l'ennemi aurait placé de Goldberg à Liegnitz de 40,000 à 50,000 hommes. L'exactitude de ses paroles relativement à la soi-disant importante lettre ne paraît pas douteuse (1). »

Le même officier, interrogé par Sacken, procurait encore des renseignements plus précis. « Le mouvement rétrograde du corps de Ney, qui avait été dirigé sur Liegnitz, a été causé, comme on le raconte même dans le corps, par un malentendu. Le corps de Lauriston se trouve à Goldberg d'après ce qu'il sait... On se racontait dans l'armée française qu'on n'avait pas l'intention de nous attaquer, mais de nous contenir (2). »

(1) Katzeler, Crayn, 26 août, 6 h. 30. *Vie de Reyher*, p. 165.

(2) Sacken à Blücher, 26 août, 8 h. 30 du matin. *Armée de Silésie*, p. 122.

Le général Wassiltchikof n'avait reçu l'ordre de Sacken qu'à 11 h. 30, bien qu'il eût été expédié à 9 heures. Il le déclarait inexécutable; il avançait divers prétextes pour s'excuser: Rothkirch était entouré de murs, quelques-uns de ses régiments étaient à Neudorf, personne ne connaissait l'ordre de l'ennemi, d'ailleurs une telle opération exigeait une grande expérience du terrain (1).

---

(1) Sacken, Malitsch, 26 août, 3. h. 30 du matin. *Armée de Silésie*, p. 118.

CHAPITRE II

Bataille de la Katzbach, le 26 août.

Mouvements du corps de Yorck dans la matinée du 26. Dispositions de Blücher à 11 heures. — A 5 heures, le corps de Yorck se dirigeait en deux colonnes sur Schlauphof en suivant les hauteurs de la rive droite de la Neisse.

La colonne de droite, 1re et 2e brigades, laissant Alt-Jauer et Brechelshof à l'Ouest, marchait sur Weinberg; la colonne de gauche, 7e et 8e brigades et réserve d'artillerie, s'avançait par Jauer, Alt-Jauer, Brechelshof, également dans la même direction. Yorck arrêtait son corps à 10 heures, à l'abri des vues, entre Brechelshof et Bellwitzhof, en colonnes de marche serrées; la réserve de cavalerie s'étendait jusqu'à la ferme de Christianshöhe. La marche avait été très pénible, la pluie jetait le vent au visage et beaucoup de soldats perdirent leurs souliers dans ce sol déjà détrempé. Le général Blücher arrivait à Brechelshof environ à 10 h. 30; il ordonnait de faire la soupe et accordait un repos jusqu'à 2 heures; à 11 heures, il donnait l'ordre de mouvement pour la journée du 26 :

Brechelshof, 11 heures.

Les détachements du général Langeron, qui sont à Schönau et Conradswalde s'avanceront sur les routes de Goldberg et attaqueront l'ennemi pour attirer son attention sur eux.

L'avant-garde du général Langeron demeurera sur la défensive.

Le corps du général Langeron fera à droite, passera la Katzbach à Riemberg, ou, s'il est possible, à Röchlitz et se formera en colonnes sur les hauteurs de Kosendau et Hohberg, la cavalerie poussera vers la Schnelle-Deichsel.

Le corps de Yorck passera la Katzbach à Kroitsch et s'avancera sur Steudnitz, laissant Rothkirch à droite pour couper à Haynau le corps ennemi qui est à Liegnitz et l'attaquer sur ses derrières.

Le corps de Sacken maintiendra le front du corps ennemi qui est à Liegnitz, en se tenant au corps de Yorck ; il le suivra peu à peu au delà de la Katzbach, se jettera sur le flanc droit de l'ennemi et l'attaquera vivement.

Le général Sacken est libre, s'il se sent assez fort pour cela, d'envoyer de la cavalerie légère au-dessous de Liegnitz, sur Rustern, pour prendre le flanc gauche de l'ennemi et lui couper sa retraite sur Glogau.

Je resterai à la tête des colonnes prussiennes.

J'attends, lors de la retraite de l'ennemi, que la cavalerie agisse avec hardiesse. L'ennemi doit apprendre qu'il ne sortira pas de nos mains sans dommage.

P.-S. — Au coup de 2 heures, toutes les colonnes se mettront en mouvement (1).

A en croire Langeron, Blücher lui aurait fait connaître que son intention était d'attaquer l'armée française avec sa droite (2), le corps russe constituant le pivot de la manœuvre ? L'ordre de mouvement dit absolument le contraire. Blücher voulait briser le centre français en lançant Yorck sur Steudnitz, puis tomber sur les derrières d'un ennemi que l'on supposait en marche de Haynau sur Liegnitz ; Sacken le maintiendrait de front et Langeron couvrirait les derrières du corps prussien face à Goldberg.

(1) Blücher, ordre de mouvement, Brechelshof, 26 août, 11 heures. *Armée de Silésie*, p. 126.

(2) Langeron, *Mémoires*, p. 250.

Ce projet d'attaque était pris d'après une idée préconçue. A l'heure où cet ordre de mouvement était donné, le corps de Langeron était déjà engagé avec le Ve corps français depuis plus d'une heure.

Dispositions de Langeron. — A 9 h. 45, Langeron avertissait que son avant-garde était aux prises à Seichau avec l'ennemi; il n'avait pu obtenir de rapports précis sur sa force, parce que les bois empêchaient de le voir exactement et de l'apprécier avec exactitude (1).

Vers 11 h. 30, voyant que l'effort de Lauriston se portait de plus en plus vers le Sud, Langeron ordonnait au général Rudzewitsch de quitter les hauteurs de Seichau; il l'établissait entre les bois et le village d'Hermannsdorf dans une plaine qu'une offensive française pouvait facilement utiliser pour déborder sa gauche qui n'était appuyée à rien. A en croire Langeron, ce mouvement fut fort utile, un retard d'une demi-heure aurait permis à Lauriston de le tourner et l'aurait obligé à quitter sa position.

A midi, son corps occupait les emplacements suivants : Avant-garde de Rudzewitsch : deux bataillons du 44e chasseurs défendaient le ravin de la Plinz ayant en arrière, en soutien, le 2e régiment de chasseurs à droite de la route Jauer-Goldberg, le régiment d'Arkangel et celui d'Alt-Ingermannland (4 bataillons) à gauche; le 2e régiment de Cosaques de l'Ukraine couvrait l'extrême droite; le régiment de Kiew dragons (5 escadrons), deux escadrons de chasseurs à cheval de Livonie et le 3e de l'Ukraine assuraient la gauche.

---

(1) Langeron à Blücher, Hennersdorf, 26 août, 9 h. 30 matin. *Armée de Silésie*, p. 123.

La batterie de Cosaques du Don n° 12 prenait position au Nord-Est d'Hermannsdorf.

Le gros du corps occupait : le 6e corps d'infanterie avec trois bataillons de la 7e division et la batterie de 12 n° 34 le Breitenberg ; cinq bataillons de la 18e le Kirchberg, les 11e et 36e bataillons de chasseurs de la 7e division Schlaupe ; le 28e et le 32, les hauteurs entre ce village et Hennersdorf. L'artillerie était en avant du front.

Le 9e corps (9 bataillons des 9e et 15e divisions) était en arrière du Weinberg sur deux lignes ayant les 10e et 38e chasseurs à Hennersdorf; le 22e à Hermannsdorf, le 12e au Nord-Ouest du village près du ruisseau. La cavalerie de réserve (7 escadrons) et les deux régiments de Cosaques du Don en 3e ligne.

Le 10e corps se tenait, au commencement de l'action, en réserve derrière l'aile droite.

D'après les écrivains allemands, Langeron aurait renvoyé dès le début de l'action son artillerie de réserve à Jauer. Il s'en défend dans son Journal : « Pendant la bataille, écrit-il, lorsque les ennemis occupèrent le Weinberg, le général Weszelizki, commandant mon artillerie, excellent officier d'ailleurs, mais partageant au plus haut degré la faiblesse qu'ont en général les artilleurs russes de regarder comme un grand déshonneur la perte d'un canon, croyant la bataille perdue (il ignorait les succès de notre droite) et prévoyant que la pluie pourrait rendre les chemins impraticables, se hâta de faire retirer, sans mes ordres, toutes les batteries de réserve jusqu'à Jauer où leur arrivée causa les plus vives alarmes (1). »

L'officier, porteur de l'ordre de mouvement donné par Blücher, à 11 heures, rejoignait Langeron vers

---

(1) Langeron, *Mémoires*, p. 253.

midi. Cet ordre était écrit sur une feuille de papier très mince que la pluie avait réduit en un morceau de pâte, il était devenu impossible de le lire. Langeron demanda à l'officier s'il en connaissait le contenu; celui-ci lui répondit qu'il l'avait entendu dicter « et ne pouvant le lui faire écrire, ajoute Langeron, je le lui fis répéter plusieurs fois devant témoins. Je ne pouvais pas ne pas employer beaucoup de précautions avec un homme tel que Gneisenau qui, en fait, commandait notre armée et qui voulait un Allemand et non un Français pour commander mon corps. »

Quoi qu'il en soit, il refusait net de se conformer aux prescriptions de l'ordre de mouvement : « Votre général est bon sabreur, mais voilà tout », observait-il au porteur de l'ordre, et, comme celui-ci lui exposait la difficulté de la situation, il ajoutait : « Il nous faut de la prudence et, vous l'avouerez, la prudence n'est pas le fait du général Gneisenau. »

Toujours à en croire son Journal, il répondait à Blücher « que le projet visible des ennemis de tourner sa gauche ne lui permettait pas de quitter sa position, pour marcher sur sa droite, sans ouvrir le chemin de Jauer, mais il l'assurait qu'il ne perdrait pas un pouce de terrain (1). »

La dépêche originale a été publiée par l'*Histoire de l'armée de Silésie* :

« Deux colonnes se dirigent sur mon flanc gauche vers le bois et trois autres les suivent. En outre, on voit des colonnes déboucher de Seichau pour attaquer l'avant-garde. Si j'exécute le mouvement ordonné, l'avant-garde sera de suite forcée de se retirer sur Jauer, car elle est attaquée par une force ennemie supérieure. L'ennemi a occupé Seichau (2). »

(1) Langeron, *Mémoires*, p. 250.
(2) Langeron à Blücher, 26 août. *Armée de Silésie*, p. 127.

La composition de cette dépêche donnait lieu à une scène curieuse. Le général Langeron dictait au colonel Ende : « Deux fortes colonnes ont tourné ma gauche. » Le colonel lui demandait très nettement sur quoi se basait l'expression « fortes ». L'officier, porteur du renseignement, répondait qu'il y avait au plus deux bataillons. — « Eh bien, disait le général, écrivez : *deux colonnes* » ; le colonel observait qu'il n'était pas dit *ont tourné*. — « Eh bien, écrivez : veulent tourner », corrigeait Langeron (1).

Jusqu'à nos jours, cette détermination de Langeron a été vivement critiquée.

Le colonel Freytag-Loringhoven a exprimé une opinion absolument contraire. « Il ne pouvait, au point de vue général, rien y avoir de mieux que de repousser d'abord l'ennemi avec l'aile gauche de l'armée de Silésie, comme cela devait se prouver dans la suite (2). »

La conclusion du major Friedrich est encore plus affirmative. « On doit considérer comme un bonheur que les circonstances aient rendu inutile l'exécution des intentions de Blücher (3). »

Attaque des Français. XIe et 2e corps. Dispositions de Macdonald. Débouché du 2e de cavalerie et de la division Charpentier sur le plateau. — Le XIe corps se mettait en mouvement à 6 heures du matin ayant à sa gauche le 2e corps de cavalerie et à sa droite le Ve ; il se dirigeait sur Jauer par Seichau et Röchlitz.

Le 2e corps s'ébranlait à 7 heures, il dépassait Giersdorf à 9 heures, puis continuait sur Kroitsch, la

(1) *Armée de Silésie*, p. 127.
(2) Freytag-Loringhoven, p. 81.
(3) Friedrich, t. I, p. 297.

division Roussel s'avançait en colonne par escadron à la droite de la route, la division Exelmans à la gauche, les cuirassiers en arrière du centre des deux divisions. A ce qu'il semble, on avait négligé de faire reconnaître ce village; à cinquante pas de la lisière, la tête de colonne était accueillie par des coups de fusil tirés par l'avant-garde de Katzeler; celui-ci avait jugé utile d'occuper avec de l'infanterie les villages au Nord de la Katzbach afin de procurer un soutien à ses grand'gardes de cavalerie.

Son avant-garde était répartie : à Kroitsch et à Wildschutz, trois compagnies de chasseurs de la Prusse Orientale et 100 tirailleurs du régiment de Brandebourg ; à Schimmelwitz, 50 tirailleurs et le détachement de chasseurs du bataillon de grenadiers de Silésie; à Nieder-Crayn, 50 tirailleurs de ce bataillon et 100 tirailleurs du bataillon de Thuringe. Le 1er bataillon du régiment de Brandebourg occupait : la 4e compagnie le moulin de Nieder-Weinberg, les 3e, 2e le pont de la Neisse à Nieder-Crayn, la 1re la rive au-dessous du pont. Le bataillon de Thuringe se plaçait : la 1re et la 3e compagnie à droite et à gauche de Nieder-Weinberg, la 2e en avant, la 4e occupait Schlauphof. Les deux bataillons de landwehr et le bataillon de grenadiers de Silésie constituaient la réserve sur les hauteurs à l'Est de Weinberg ayant la batterie de 6 n° 24 Barenkampf à la droite sur la route de Nieder-Crayn à Jänowitz.

Les quelques fantassins postés dans le village de Kroitsch empêchèrent le 2e corps de cavalerie de déboucher malgré l'appui de son artillerie légère jusqu'au moment où la tête du XIe corps arrivait à Laasnig. Le général Gérard, entendant le canon sur sa gauche, s'y portait de sa personne; ayant aperçu une douzaine d'escadrons dans la plaine (cavalerie de Katzeler), il faisait avancer trois bataillons de la

36e division avec deux pièces et, à en croire son rapport, il allait les placer à demi-portée derrière la ligne ennemie ; la pluie qui tombait à verse avait mouillé les poudres ; il partit à peine 40 coups. Cette décharge avertissait la cavalerie prussienne du danger qu'elle courait, elle se repliait en toute hâte sur Weinberg.

Le Maréchal donnait ordre à Gérard d'ouvrir au 2e corps de cavalerie la route Weinberg—Ober-Crayn et à Sébastiani de se former en avant de Kroitsch, puis de passer avec toutes ses troupes le défilé de Weinberg aussitôt que le général Charpentier aurait couronné le plateau avec son artillerie et son infanterie. Le gros du XIe corps, appuyait sur la droite et se liait avec le Ve, déjà engagé contre Langeron.

Le général Gérard lançait trois bataillons de la brigade Charpentier à l'attaque des villages de Nieder-Crayn et de Weinberg ; la batterie Barenkampf tentait de les canonner, mais avec peu de succès ; ses pièces, tiraient de haut en bas, et, à ce qu'il semble, l'infanterie prussienne nous cédait facilement ces villages.

Vers 1 h. 30 les trois autres bataillons de la brigade Meusnier renforçaient les premiers ; elle conversait à droite, et s'établissait à une portée de fusil des bois de Bellwitzhof, face à à Brechelshof. La batterie de 12 montait également sur le plateau, les deux batteries de la division prenaient position entre Bellwitzhof et Brechelshof.

Le 2e corps de cavalerie, la division Roussel en tête, s'engageait dans le défilé en colonne par deux, dès que le général Charpentier eut rendu compte de sa prise de possession du plateau ; au fur et à mesure qu'un escadron était formé il se plaçait à la gauche de l'infanterie. La division Roussel s'établissait sur trois lignes : la 1re composée des 11e, 12e chasseurs et

2e lanciers ; la 2e des 4e lanciers et 5e hussards ; la 3e du 9e hussards. Toute l'artillerie légère (24 pièces) avait mis en batterie entre la cavalerie et la division Charpentier.

A en croire certains auteurs, l'encombrement du défilé par l'infanterie aurait retardé la marche du 2e corps. Les six bataillons de la division Charpentier et deux ou trois batteries, c'est-à-dire les troupes qui avaient forcé le passage à Crayn, se trouvaient seules sur le plateau, lorsque la cavalerie commençait à y prendre pied ; le IIIe corps était en arrière. La cavalerie n'eut d'autres difficultés à vaincre que celles causées par les défilés mêmes de Kroitsch et de Crayn. Le rapport de Sébastiani est formel. D'ailleurs il aurait été trop content de rejeter son échec sur l'infanterie.

Si l'on tient compte de l'effectif des forces françaises en action et de la difficulté de gravir un débouché aussi long et escarpé que celui de Weinberg sans l'appui de l'artillerie, il semble que l'avant-garde de Katzeler, qui possédait les trois armes, aurait été suffisante pour nous en interdire l'accès ; et l'on doit considérer sa retraite comme une chance heureuse pour l'armée prussienne.

Tandis que le bataillon de Thuringe défendait pendant quelque temps les deux villages de Nieder et de Ober-Weinberg, l'infanterie de l'avant-garde de Katzeler se formait en deux lignes sur le plateau ; elle se retirait par échelons de cent pas sur Bellwitzhof, l'aile gauche en avant, de manière à s'appuyer au ravin ; la batterie Barenkampf se plaçait par moitié aux deux ailes et utilisait habilement le terrain, l'artillerie française la canonnait vivement ; elle démontait une pièce et un obusier à la portion de batterie en action sur la droite.

Le général Jurgass, au premier coup de canon, avait

formé la réserve de cavalerie entre Christianshöhe et la route de Weinberg à Bellwitzhof; elle protégeait, sur la droite, la retraite de Katzeler dont la cavalerie le rejoignait, ses deux batteries à cheval (1re et 2e) entraient en action contre l'artillerie française.

Durant cet engagement préliminaire, Macdonald était resté « près de la route de Liegnitz à Jauer, attendant d'un moment à l'autre l'arrivée du IIIe corps ».

Sur le plateau, quelques bataillons ennemis battaient en retraite; au contraire, vers le Sud, Lauriston et Gérard étaient vivement engagés; le Maréchal crut que l'action se passerait de ce côté; il se portait alors vers la droite. En chemin, il rencontrait le général Souham qui lui « annonçait l'arrivée du IIIe corps mais à la suite du 2e de cavalerie ».

Arrivée du IIIe corps, décision de Macdonald. — L'officier, porteur de l'ordre de mouvement donné par Macdonald pour le 26, quoique parti le 25 à 11 heures du soir, n'avait rejoint Souham à Rothkirch, que le 26, à 9 h. 30, c'est-à-dire avec un retard de 2 h. 30 sur l'heure fixée pour la mise en mouvement du IIIe corps. Il en employait encore deux pour se rassembler; il était prêt à 11 h. 30.

Le IIIe corps avait deux bataillons à Liegnitz depuis le 25; néanmoins, quoique ayant une rivière devant le front, on n'avait pris aucune disposition pour en reconnaître les points de passage et rétablir les ponts. On s'en occupait seulement à cet instant critique; le témoignage de Souham est formel. « J'ai pris sur les débouchés de la Katzbach tous les renseignements que j'ai pu me procurer dans ce court intervalle de temps, qui ne permettait pas de faire de reconnaissance. J'ai appris que les ponts de Liegnitz avaient tous été rompus, et que le seul qui existait vis-à-vis la position, était à Kroitsch (1). »

Ces renseignements avaient été fournis par le colonel du génie Cossigny.

Souham se décidait alors à diriger le IIIe corps sur Kroitsch, moins la 39e division, qu'il appelait à Liegnitz pour en constituer la garnison ; il ordonnait d'y rétablir le pont. Le IIIe corps s'ébranlait à midi, la droite en tête, par un temps affreux. L'absence de pont a été la véritable cause de la détermination de Souham ; les deux motifs qu'il a invoqués après la défaite, le désir de se lier avec le 2e corps, et de ne pas agir isolément, semblent avoir été allégués plus tard, uniquement pour justifier sa conduite.

La 8e division atteignait Kroitsch à 2 h. 30, lorsque le 2e corps achevait d'en déboucher. « Un nombre considérable de voitures encombrait la route, et, quelque effort que l'on fît pour la dégager, on fut obligé de renoncer à y faire passer l'artillerie (2). »

Une chance inespérée de réparer le malentendu causé par le faux mouvement du général Souham s'offrait à Macdonald. Au général en chef seul, il incombait de ne pas laisser s'accumuler au défilé de Kroitsch le IIIe corps et le 2e de cavalerie. Ne devait-il pas y veiller de sa personne.

Le Maréchal se bornait à des conseils : « Il engageait Souham à porter une division sur la hauteur et à la tourner par les deux autres, tandis que la 4e serait en réserve », puis il se rendait alors à la droite. Telle est la version du Maréchal.

Le Journal des opérations du IIIe corps écrit de même. « Le Maréchal ayant été témoin des progrès de

---

(1) Rapport de Souham, p. 27. Documents.
(2) Journal des opérations du IIIe corps, p. 55.

l'ennemi sur la droite à l'instant où débouchait le IIIe corps, dépêcha vers 3 heures le général Tarayre aux 9e, 10e et 11e divisions qui suivaient la 8e pour leur ordonner une attaque sur la gauche qui fît diversion et dégageât ce qui se trouvait aux prises avec tant de désavantage dans le défilé de Kroitsch (1). »

Il ne nous appartient pas de caractériser cette décision stratégique du Maréchal qui allait éparpiller tout le IIIe corps. Si la gauche ennemie placée en avant de la Wuthende-Neisse faisait des progrès, pourquoi ne pas diriger contre elle le IIIe corps ? Blücher aurait été forcé de déboucher par les défilés de Crayn ou de Schlaupe pour venir au secours de Langeron. Un coup d'œil jeté sur la carte permet de se rendre compte des difficultés qu'il aurait rencontrées au cas où nous aurions tenu la ligne marquée par Ober-Crayn et les mamelons au sud de ce village.

En outre, comment pouvait-il espérer que les divisions du IIIe corps engagées sur une seule route, la tête atteignant Kroitsch à 3 heures, arriveraient à temps sur le plateau pour intervenir avec force.

Au point de vue tactique, nous laissons à tout militaire le soin d'apprécier la possibilité qu'il y avait pour ces divisions de franchir la Katzbach et d'enlever, sans le soutien de l'artillerie, les hauteurs de Schönau, Dohnau, Schweinitz au cas où les ennemis les auraient tenues.

Il ne restait pas une réserve sur toute la ligne de bataille.

Mise en mouvement du corps de Yorck. Nouvelles dispositions de Blücher. Attaques de l'ennemi sur le plateau. — A la réception de l'ordre de 11 heures, le

(1) Journal des opérations du IIIe corps, p. 56.

général Yorck donnait ordre à son corps de se mettre en mouvement à 2 heures. Il le formait en deux colonnes : celle de droite (cavalerie, 1er bataillon de la 7e brigade, batterie de 12, 7e brigade, 1er bataillon de la 8e brigade, artillerie, cavalerie) s'avancerait par Schlauphof, Nieder-Kroitsch sur Steudnitz en laissant Rothkirch, où se trouvait l'ennemi, à gauche ; celle de gauche (cavalerie des 1re et 2e brigades, 1er bataillon de la 1re brigade, batterie de 12, batterie de la brigade, 1er bataillon de la 2e brigade, batterie, 2e brigade, réserve de cavalerie) passerait par Jänowitz, en laissant, si possible, le village à gauche, Dohnau et Steudnitz.

L'avant-garde était également partagée en deux colonnes. Le bataillon de fusiliers du régiment de Brandebourg était dirigé sur Schlaupe pour assurer la liaison avec le corps de Langeron.

Le bruit du canon et de la fusillade ainsi que les avis de Langeron ne laissaient plus de doute sur l'imminence d'une action sérieuse. Blücher se rendait au corps de Yorck, Gneisenau et Müffling à l'avant-garde de Katzeler, ils rencontraient son infanterie à la Christianshöhe ; la plaine limitait la vue à 800 ou 1,000 pas. A leur arrivée, Katzeler qui avait retiré tous ses flanqueurs, était hors d'état de leur fournir aucune indication, sinon que l'ennemi les suivait sur les talons. Les Français n'avaient, de leur côté, poussé aucun flanqueur ; ils pouvaient donc s'être retirés ou s'avancer en masses serrées. Müffling offrait d'aller s'en assurer ; il montait un cheval couleur souris et portait un manteau noir qui le rendait invisible à 100 pas. Il se portait sur le Kuhberg ; de ce point, il n'apercevait rien dans la plaine vers Jänowitz et Klein-Tinz, mais il entendait du bruit dans la vallée vers Ober-Weinberg. Il continuait sa route et arrivait à la sortie est du village de Jänowitz ; là, il se trouvait brusquement sur le prolongement d'une ligne de cavalerie déployée qu'il estimait être forte de 3,000 hommes, quelques batteries la suivaient; de l'infanterie gravissait la route, sa tête atteignait déjà le plateau.

Cette situation amenait Müffling, à ce qu'il prétend, aux conclusions suivantes :

Le corps de Yorck, en marchant rapidement et en maintenant sa gauche appuyée au ravin, pouvait atteindre en une heure le point où le chemin creux de Nieder-Crayn monte sur le plateau. A ce moment, les forces françaises, obligées de suivre un étroit chemin de ravin, ne dépasseraient pas 10,000 à 12,000 hommes; or, Yorck en comptait au moins 20,000. Si une seconde colonne française débouchait par Dohnau, ce que l'on ne pouvait encore reconnaître, les forces de l'ennemi s'élèveraient à 35,000 ou 40,000 hommes, total inférieur à l'effectif des corps de Yorck et de Sacken.

L'opération ne présentait aucun danger tant que l'on possédait Schlaupe et Bellwitzhof et que l'on s'appuyait au ravin de la Neisse.

En conséquence, Müffling soumettait à Blücher de porter de suite en avant deux brigades du corps de Yorck; une brigade suivrait en réserve, sa gauche au ravin; la moitié de la 4e brigade tiendrait la lisière Ouest du ravin; l'autre occuperait Schlaupe, Schlauphof et assurerait la liaison avec Langeron. Sacken se dirigerait sur Eichholz (1).

Blücher approuvait ces dispositions et chargeait Müffling de conduire le corps d'Yorck. Ses ordres étaient à peine donnés qu'une batterie ouvrait le feu du Taubenberg.

L'état-major prussien la prenait d'abord pour une

---

(1) Müffling, *Aus meinem Leben*, p. 62.

batterie ennemie; peu après il apprenait qu'elle appartenait au corps de Sacken (batterie de 12 Brams).

L'ordre de Blücher était reçu avec joie par Sacken. « Répondez, hurrah! à votre général », disait-il à celui qui l'apportait.

D'après Droysen (1), à la suite des rapports où Hiller (2) rendait compte qu'il était forcé de se retirer, Yorck avait révoqué sa première disposition et mis ses colonnes en marche. Il recevait assez mal le capitaine de Brunneck chargé de lui porter les ordres de Blücher qui les lui transmettait sous cette forme : « Le général Blücher ordonne que le général Yorck laisse monter autant d'ennemis sur le plateau qu'il croit pouvoir en battre, puis d'attaquer. » Les manières prétentieuses de cet officier irritaient Yorck, qui lui répondait : « Retournez auprès de lui et dites-lui que, par cette pluie, je ne puis plus compter mes doigts. »

Le corps prussien avait commencé son mouvement dans l'ordre où il se trouvait; on ignore les motifs qui déterminaient Yorck à modifier verbalement la composition des colonnes; en chemin il prescrivait de constituer celle de droite avec les 7e et 1re brigades; celle de gauche avec les 8e et 2e; ce qui est encore moins explicable, tous les chefs de brigade n'avaient pas été prévenus de cette disposition.

En arrivant à la hauteur de la ligne Bellwitzhof—Christianshöhe, Yorck ordonnait de prendre la formation de combat; il en résultait un croisement entre la 7e et la 2e brigade qui retardait sensiblement la formation de la 7e brigade. L'opération achevée, la première ligne se composait des 7e et 8e brigades, la deuxième de la 2e brigade; la 1re demeurait en ré-

(1) Droysen, p. 135.

(2) Commandant l'infanterie de l'avant-garde.

serve. Chaque brigade était placée sur deux lignes en colonne sur le centre.

Entre temps Yorck avait reçu des nouvelles importantes. Le bataillon de Schlaupe « rendait compte que l'ennemi s'avançait en deux fortes colonnes contre le village (1) » et un avis du major Oppen de l'état-major portait « que la force de l'ennemi sur le plateau ne s'élevait pas à plus de quatre bataillons, huit pièces et quelque cavalerie ».

Yorck, justement préoccupé de conserver le village de Schlaupe, qui lui assurait la liaison avec Langeron, y envoyait successivement le 4e bataillon du 14e régiment de Silésie et le bataillon de grenadiers de Silésie avec ordre de conserver ce point d'appui dans tous les cas. On croyait si peu rencontrer une forte résistance sur le plateau, que le général Hunerbein (2) prenait le commandement de ces trois bataillons. La batterie de 6 n° 3 allait se placer à côté de la batterie Brams; la batterie de 12 n° 1 et la batterie de 6 n° 15 rejoignaient sur la hauteur au Nord-Ouest de Christianshöhe la batterie à cheval de l'avant-garde.

L'ordre de Blücher portait d'attaquer en colonne afin de gagner du temps; cette mesure semblait assez justifiée d'après le peu de forces françaises que signalait le rapport du major Oppen. Müffling essayait vainement d'y décider Yorck. Le général, irrité vraisemblablement de cette perpétuelle immixtion de l'état-major dans la conduite de son corps, s'y refusait net; il préférait s'avancer en ligne afin d'éviter les pertes. D'autres considérations motivaient cette formation.

---

(1) Müffling, *Aus meinem Leben*, p. 61-62. — Repété textuellement par Friedrich, p. 303-304.

(2) 8e brigade.

A la vérité, l'inexpérience de la landwehr rendait difficile une marche de front, mais cet inconvénient était largement compensé par l'avantage de procurer à ces bataillons peu exercés la possibilité d'occuper le front qui leur était affecté; en outre, les bataillons de la seconde ligne trouvaient facilement leur place exacte derrière les intervalles de la première (1). Müffling se rendait auprès de Blücher et en rapportait l'ordre formel écrit d'attaquer en colonne (2). « L'irascible général s'y soumettait mais obéissait avec des gestes furieux. ». Peu de temps après, Blücher, accompagné du prince Auguste, passait devant le front des troupes et les enflammait par ses paroles.

La marche en avant du corps prussien s'effectuait sans ensemble; la 8e brigade s'avançait seule; il lui était particulièrement recommandé de tenir sa gauche au ravin et de maintenir la liaison avec le corps de Langeron; la 7e brigade, retardée par son croisement avec la 2e brigade, n'était pas encore ployée en colonne, l'infanterie de la réserve se rangeait à sa gauche; la cavalerie passait à travers les intervalles de l'artillerie et se placait : les 5e et 10e régiments de Silésie à la droite de l'artillerie pour la couvrir; le régiment de hulans de Brandebourg recevait pour mission d'assurer la liaison avec Sacken; le reste de la cavalerie se formait en arrière de la ligne; les batteries Barenkampf et à cheval-n° 1 se tenaient à la gauche de la ligne d'artillerie.

La 8e brigade, par suite du retard de la 7e, se trouvait bientôt isolée; sa cavalerie (deux escadrons des hussards de Brandebourg) avait été maintenue au Sud

---

(1) *Vie de Yorck*, t. II, p. 137.

(2) D'après l'*Armée de Silésie*, la première ligne de la 8e brigade attaquait en ligne (p. 131).

de Bellwitzhof pour soutenir, en cas de besoin, le général Hunerbein.

Elle était disposée de la gauche à droite dans l'ordre suivant :

Première ligne : 2e bataillon (12e Res. Reg.) ; 3e bataillon (14e Land. Reg.); 2e bataillon (2e Brandebourg Reg.).

Deuxième ligne : 3e bataillon (12e Res. Reg.); 1er bataillon (12e Res. Reg.); 2e bataillon (14e Sil. Land. Regt.).

Les pelotons de tirailleurs étaient en avant, mais ils restèrent groupés, leurs fusils ne pouvant faire feu. La pluie était si violente qu'ils n'apercevaient pas les Français (1).

La 8e brigade, en se portant sur le Kreuzberg, avait beaucoup à souffrir du feu de l'artillerie française établie sur ce monticule ; à hauteur du ravin qui descend sur Weinberg elle rencontrait trois bataillons de la brigade Meunier et les rejetait en leur enlevant quatre pièces; faute de cavaliers toute poursuite était impossible ; le major Borcke établissait ses bataillons sur la hauteur ; comme les combats de cavalerie avaient déjà commencé, ceux de la deuxième ligne formaient des carrés.

Pendant ce combat, les Russes avaient renforcé leur artillerie sur le Taubenberg ; les Prussiens faisaient également entrer en ligne deux nouvelles batteries (batterie de 12 n° 2 et batterie de 6 n° 12).

Les quatre bataillons de l'avant-garde s'étaient avancés sur une ligne en arrière de ces batteries ayant la 7e brigade à leur droite que sa cavalerie prolongeait vers l'extrême droite; la réserve de cavalerie suivait en arrière. La 2e brigade constituait le dernier échelon.

(1) Historique du 12e régiment, p. 53-61.

Les Français avaient reçu quelques renforts. La brigade Wathier était venue se former sur le plateau à la sortie du défilé en colonnes par escadron, la brigade Maurin la suivait. La division Exelmans avait éprouvé les plus grandes difficultés à gravir la route de Weinberg ; le sol déjà foulé par les chevaux de la 2e division, était devenu si glissant, que les cavaliers durent mettre pied à terre (1). Pour s'opposer aux progrès des colonnes russes qui menaçaient la gauche française vers Eichholz, le général Roussel établissait sa seconde ligne en potence face au village.

La tête de colonne de la 8e division du IIIe corps commençait à atteindre le plateau.

Le major de Brandebourg étant venu annoncer les succès de la 8e brigade, le colonel Jurgass croyait le moment venu de charger ; il se portait en avant avec six escadrons (1er régiment de la Prusse Orientale, deux escadrons des dragons de Lithuanie), trois autres l'accompagnaient en échelon sur la gauche (1er et 2e escadrons et détachement de chasseurs du régiment national de cavalerie).

Avant même qu'il eût dépassé l'artillerie, un officier d'Yorck apportait l'avis au chef des échelons de gauche qu'une colonne française apparaissait par la route Nieder-Crayn—Weinberg ; ils conversaient à gauche, tombaient en effet sur le parc de réserve du XIe corps et y mettaient un désordre indescriptible (2).

La 1re brigade de la 8e division se formait en masses par bataillon ; le 4e bataillon du 34e s'appuyait au parc et faisait feu sur les cavaliers ennemis

---

(1) Marbot, *Mémoires*, t. III, p. 285.

(2) Il n'est pas exact que le défilé ait été bouché, puisque le *Journal du IIIe corps* dit que les escadrons continuèrent à l'utiliser.

que chargeaient quelques escadrons de la brigade Wathier (1); ils se retiraient. Le reste de la cavalerie de Jurgass avait continué la charge; à en croire les écrivains allemands, elle aurait enlevé quatre batteries avant d'être rejetée par la brigade Wathier, celle-ci forçait la gauche de la ligne d'artillerie prussienne à reculer, elle lui enlevait neuf pièces, puis elle attaquait l'infanterie de la réserve qui s'était portée jusqu'à la hauteur des pièces; le major Hiller laissait le 1er bataillon du régiment de Brandebourg comme soutien de l'artillerie et conversait à gauche avec les trois autres; il aurait fini par être écrasé si le général Yorck n'avait porté en avant la 2e brigade; quatre bataillons (1er et 2e régiments de la Prusse Orientale) remplissaient l'intervalle entre la 8e brigade et l'infanterie de la réserve, quatre autres appuyaient la 8e brigade.

Telle est du moins la version de l'*Armée de Silésie*. Au contraire, d'autres auteurs attribuent le mouvement en avant à l'influence de Gneisenau. Au moment où la cavalerie prussienne était rejetée, Müffling aurait été trouver le général en chef à Brechelshof; l'aurait informé « que les choses n'allaient pas bien ». Blücher chargeait Gneisenau de se rendre auprès de Yorck; le chef d'état-major revenait une heure plus tard, et rendait compte « qu'à la vérité, lorsqu'il était arrivé auprès de Yorck, les choses n'allaient pas particulièrement bien. Yorck, mécontent des journées précédentes, était de mauvaise humeur et lui disait que l'armée éprouverait encore aujourd'hui une

---

(1) Marbot reproche amèrement à Sébastiani d'avoir fait appuyer la 2e division vers l'Est : Il était tout naturel qu'il dégageât la sortie du défilé et qu'il s'efforçât de s'opposer au mouvement tournant des Russes. *Au point de vue d'histoire militaire, son récit est sans valeur.*

défaite ». Gneisenau s'efforçait de réfuter cette opinion et insistait sur l'ordre de Blücher d'attaquer, Yorck y obéissait (1).

Il est certain qu'il se produisait une scène violente entre les deux généraux. Gneisenau y fait allusion dans ce passage d'une lettre à Clausewitz : « Yorck tenait de nouveau tout pour perdu ; nous sommes perdus! criait-il. Chacun veut se cueillir des lauriers, nous allons à notre ruine, la victoire me fut arrachée des mains et bien d'autres discours de cette sorte. Pourtant toute notre infanterie était encore dans le plus bel ordre. La marche de derrière Jauer ne devait pas être faite, on fatigue les troupes sans but (2) ».

Le colonel Katzeler, avec le régiment de hulans de Brandebourg et un régiment de hussards russes, exécutait une attaque heureuse sur le flanc gauche de la cavalerie française et l'arrêtait. Le général Exelmans formait alors sa cavalerie sur trois lignes face à Brechelshof.

L'infanterie de Sacken était arrivée à Eichholz ; Wassiltchikof ordonnait au général Landskoï (3) de tomber sur le flanc gauche de la ligne française, qui s'étendait vers Klein-Tinz, en laissant Eichholz sur sa gauche ; tandis que le général Karpof avec les Cosaques la prendrait de dos par Klein-Tinz, le général Jurkowitsch la chargerait de front (4) ; la division Newerowski soutenait cette attaque ; elle était remplacée dans la première ligne par la division Lieven (5).

De son côté, Blücher donnait le signal d'une offensive générale. La cavalerie de Jurgass, après avoir été

(1) Pertz, *Vie de Gneisenau*, t. III, p. 206-207.
(2) Gneisenau à Clausewitz, Goldberg, 28 août ; Pertz, t. III, p. 227.
(3) Régiments de hussards Achtyr et de la Russie Blanche.
(4) Régiments de hussards Alexandria et Mariempol.
(5) Rapport de Sacken sur la bataille de la Katzbach.

rejetée, s'était ralliée derrière la 2e brigade d'infanterie, elle se reportait en avant, renforcée par les 5e et 10e régiments de cavalerie de landwehr de Silésie, le 1er de la Nouvelle Marche, et le régiment de hulans de Brandebourg. Elle appuyait sur la droite vers Jänowitz afin de se lier avec la cavalerie russe.

Le 2e corps de cavalerie était attaqué de trois côtés à la fois par des forces supérieures. Sébastiani appelait à son aide la 8e division ; le récit de Koch est très embrouillé, il semble que cette division s'est partagée en deux groupes ; la 1re brigade se portait en avant pour soutenir la cavalerie, la 2e restait en arrière, la gauche au ravin.

Le 2e corps de cavalerie ne retirait aucun appui de son infanterie ; il n'y eut pas 100 fusils à partir ; vers 6 h. 30, il était rejeté, après une lutte acharnée, dans la vallée de la Neisse.

La position du général Brayer était des plus difficiles ; sa gauche était découverte, sa droite était battue par une batterie de quinze pièces ; deux fortes colonnes d'infanterie avec douze pièces s'avançaient de front. Brayer réunissait sa division sur la crête de la hauteur et essayait de tenir quelques instants pour protéger la retraite du 2e corps, mais les deux colonnes ennemies vinrent prendre position à portée de fusil de l'infanterie française « lui firent essuyer à bout portant plusieurs décharges de son artillerie qui la forcèrent à se retirer dans le taillis qui couvre le penchant de la montagne (1) ».

Les relations prussiennes parlent d'une déroute complète sur le plateau.

Les rapports français disent tout le contraire.

A en croire Souham, « la 8e division a opéré sa retraite en repoussant toujours avec ordre et fermeté

(1) *Journal du IIIe corps*, p. 59.

les tentatives que faisait l'ennemi pour l'entamer et mettre le désordre dans nos rangs; la nuit mit fin au combat ». Le général Gérard, qui a reproduit le rapport de Charpentier (1), soutient également que la retraite s'effectua en bon ordre. « Le général Sébastiani, malgré les plus grands efforts, ne pouvant résister à l'ennemi, fit son mouvement en arrière. Dès lors, l'infanterie du général Charpentier n'ayant plus d'appui se retira jusqu'aux bois dans le plus grand ordre; il traversa le bois et le ravin près d'Ober-Crayn et vint se reformer sur les hauteurs voisines où une division du général Souham s'était mise en position ». Müffling parle également de trois bataillons qui se sont retirés en bon ordre (2).

Un fait est certain, la résistance a certainement été très énergique; il y a trois kilomètres de Brechelshof à Bellwitzhof, et de ce dernier endroit à Crayn moins de deux. Le corps de Yorck a employé près de cinq heures pour gagner cet espace de terrain, il a eu affaire à la brigade Meunier, à une partie de la 8e division, à deux divisions du 2e corps et à trente-six pièces; cependant l'intervention de tout le corps de Sacken a été nécessaire pour briser notre résistance.

La Wuthende-Neisse et la Katzbach étaient devenues des rivières profondes et d'un fort courant, difficiles à franchir en dehors des ponts. Si l'on jette un coup d'œil sur la carte, il semble qu'un corps de près de 15,000 hommes précipité en désordre des hauteurs de la rive droite et ayant renoncé à toute résistance ne se serait pas écoulé si facilement. En outre, en admettant pour exacte la débandade dont parlent les auteurs allemands, on ne comprend pas comment

(1) Ce rapport manque.

(2) *Aus meinem Leben*, p. 71.

toute la cavalerie allemande et russe n'a pas utilisé cette chance pour charger à fond les débris français. En présence de cette inaction, Gneisenau, toujours *prêt à rejeter sur les corps de troupes les fautes du commandement*, écrira « que la cavalerie ne sait plus son métier » Mais, n'était-ce pas le rôle de l'état-major de l'armée de Silésie de la lancer, de l'entraîner. A la guerre, tout vient du chef. L'histoire présente un cas semblable, celui de Montereau. Qu'on compare !

Toutes les voitures françaises qui avaient gravi le plateau, y restaient abandonnées.

Les deux corps de Yorck et de Sacken, lorsqu'ils atteignirent le versant Ouest des hauteurs, étaient si étroitement serrés qu'une partie passait de suite en réserve (2).

Yorck ne poursuivait pas sérieusement; la batterie à cheval nº 12, les obusiers de la batterie de 12 nº 2 et une batterie de 12 russe canonnaient des hauteurs nos troupes en retraite. Deux bataillons prussiens (1er et 2e de Brandebourg) avec le 2e leib-hussards, entraient à Nieder-Crayn et l'évacuaient à la nuit.

Le général Souham, à ce qu'il prétend, avait l'intention de déborder la droite de l'ennemi; il gravissait le plateau à Dohnau certainement très tard; son artillerie ne pouvait gravir les pentes. La 9e division était reçue par un vif feu d'artillerie « sa mousqueterie ne pouvait lui être d'aucun secours par le temps qu'il faisait; il ne lui restait qu'à charger à la baïonnette, mais le général Delmas, si plein de vigueur, crut que ce serait une imprudence; la ligne ennemie étant trop forte pour espérer l'enfoncer sans crainte de retour »; il se contentait de manœuvrer pour se soustraire au feu de l'artillerie ennemie; six pièces

(1) Lettre d'un officier, citée par Droysen, p. 141.

qu'on parvenait à monter sur le plateau, étaient presque de suite démontées. Delmas, ne voyant rien apparaître sur sa gauche, certain de l'insuccès de la droite, se repliait et allait garder le défilé de Kroitsch où était restée la division de cuirassiers et de carabiniers.

Les deux autres divisions, 10e et 11e, rencontrées à la hauteur de Schmochwitz par le général Tarayre franchissaient la Katzbach au-dessous du village. « Ce passage s'effectua sous les yeux de l'ennemi, sans qu'il y apportât d'obstacles, ne se doutant sans doute pas qu'on entreprît une attaque sérieuse de ce côté ou peut-être encore trop fortement occupé sur la droite pour y faire attention ». Elles se formèrent en masses par brigades dans la plaine, l'artillerie au centre. Le général Ricard qui commandait sur ce point, comme plus ancien, ignorait complètement la situation; il voyait une colonne filer sur la crête des montagnes et la prenait pour la division Delmas; presque aussitôt on apercevait dans la plaine plusieurs escadrons, « nouveau motif de croire que la colonne découverte était de chez nous ». On envoya les reconnaître, c'étaient des hussards prussiens.

L'intervention des deux divisions aurait-elle pu changer le sort de la bataille? Il ne nous appartient pas de trancher cette question. En tout cas, tout était préférable à une retraite sans combat. Koch, à notre avis, a parfaitement jugé la situation. « Dans la position où se trouvaient ces deux divisions, il fallait qu'elles attaquassent promptement »; le moment était critique. « Nos masses étaient arrivées au pied de la montagne, l'artillerie ennemie ni la nôtre ne pouvaient plus rien ». Il y avait une responsabilité très grave à prendre; sur ce point comme partout, personne ne commandait; le général Souham n'y était certainement pas; le général Ricard hésita, « il désira avoir des nouvelles de ce qui se passait à sa droite, l'entreprise lui parut trop hasardeuse pour se charger de la responsabilité à tout événement. Il resta donc près de trente minutes dans cette position où, pour l'instant, il était à couvert du feu de l'ennemi. On s'aperçut de son irrésolution, l'infanterie ennemie descendit jusqu'à mi-côte, l'artillerie obliqua à gauche pour venir prendre nos masses à revers, nos tirailleurs avaient été ramenés jusque dans leurs intervalles, nous allions être chargés, si nous ne chargions nous-mêmes ». Au même instant Koch arrivait, apportant la nouvelle du désastre de la droite.

Un homme énergique aurait tenté une attaque à fond, le général Ricard y vit un motif de battre en retraite. De tout le IIIe corps, une seule division, la 8e, a été engagée sérieusement; le total de ses pertes monte à près de 8,000 hommes. On se demande ce qui aurait pu arriver de pire au cas où Ricard aurait attaqué énergiquement.

La retraite des 10e et 11e divisions s'effectua sans être inquiétée par Sacken, elles passèrent en bon ordre le gué de Schmochwitz et se mirent en mouvement sur Kroitsch. La 11e, formant tête de colonne, s'égara plusieurs fois et campa entre 1 heure et 2 à la ferme située à l'embranchement des routes de Goldberg, Haynau, Buntzlau, Liegnitz; la 10e perdit le contact au bout d'une demi-heure; après avoir battu la plaine jusqu'à minuit, elle campa en arrière de Schmochwitz.

Combat du Ve corps et d'une partie du XIe corps contre Langeron. — Nous avons laissé le général Langeron aux prises avec le Ve corps et la plus grande partie du XIe. Gneisenau lui a vivement reproché d'avoir évacué le ravin de la Plinz (1). Il

(1) Gneisenau à Munster, 26 août. — Le général Langeron avait une

avance dans ses Mémoires, pour expliquer ce mouvement rétrograde, que les Français voulaient tourner sa gauche.

Tous les historiens allemands le nient. Le plus récent écrit : « Langeron semble n'avoir eu ni l'intention d'attaquer, ni celle de se tenir défensivement.

« L'ennemi dirigea une forte colonne à travers Seichau ; elle se partagea en plusieurs petites colonnes au Sud du village et s'avança ensuite sur un large front contre le ravin de la Plinz ; cette nouvelle était inexacte. Langeron voulait seulement justifier (begründen) la retraite qu'il projetait sur Jauer et Striegau (1). »

Les rapports français confirment les Mémoires de Langeron. Le Ve corps avait quitté ses positions (2) à 7 heures du matin ; ses éclaireurs rencontraient au village de Seichau une ligne de Cosaques qu'ils chassaient. Tandis que la division Rochambeau se déployait devant le ravin de la Plinz, toute la division Maison appuyait vers le Sud. Lauriston expose en ces termes cette première partie du combat. « Lorsque j'entendis les premiers coups de canon du XIe corps, je commençai l'attaque par le passage du ravin. J'avais fait placer une batterie de six pièces de canon et deux obusiers de six pouces qui prit en écharpe les ennemis. J'établis aussi des batteries dans des positions avantageuses. Le général Maison fit avancer des troupes avec sa vigueur ordinaire, en les faisant descendre à couvert du canon et en tournant la gauche de l'en-

---

position extrêmement forte, et pourtant il ne voulait pas se battre. Il perdit une partie de cette position par inhabilité et indécision ; nous le sauvâmes en tombant sur les derrières de l'ennemi qui s'était avancé. (Pertz, t. III, p. 219.)

(1) Friedrich, p. 301.

(2) Maison à Prausnitz ; Rochambeau à Prausnitz et au Flensberg.

nemi. On eut perdu beaucoup de monde en l'attaquant de front ; d'ailleurs je n'eusse pas trouvé des positions au centre favorable pour mon artillerie.

« Lorsque les troupes du général Maison furent toutes parvenues sur les hauteurs, ce général forma son attaque de manière à déborder l'ennemi ; il fallut longer des bois. »

Successivement la plus grande partie du XIe corps se déployait à la gauche de la division Rochambeau ; sur l'ordre de Macdonald, Gérard enlevait Hennersdorf et occupait le Steinberg ; les 32e et 28e chasseurs russes se repliaient derrière le ruisseau, sur Schlaupe ; les 10e, 12e et 38e régiments passaient en seconde ligne derrière le Weinberg.

A droite, la 16e division éprouvait les plus grandes difficultés à déboucher ; Maison dirigeait deux colonnes sur la gauche vers l'origine du ruisseau afin de faire tomber cette résistance en tournant la ligne ennemie vers le Sud, une troisième marchait sur Hermannsdorf ; le général Emmanuel contenait les deux premières avec la cavalerie russe de l'avant-garde ; le général de Wit la troisième avec les Cosaques de l'Ukraine. Cette cavalerie montrait une grande vigueur ; elle revenait plus de dix fois à la charge. Lauriston le constate lui-même, son infanterie, que la pluie privait de son feu, ne pouvait tenir. Enfin un dernier effort de la division Maison, soutenu par une attaque sur le centre russe exécutée par une brigade de la division Rochambeau, permettait de rejeter l'ennemi et de le déborder ; une grande batterie de quarante pièces entrait en action entre Seichau et Hennersdorf, contre le centre des Russes. Sous son appui, le général Gérard enlevait le Weinberg ; malheureusement ce succès n'était pas secondé sur la droite par les troupes de Lauriston, presque toutes engagées vers les Buschhäuser. A ce qu'il semble, Gérard n'était pas instruit des progrès du

V^e corps, car il avance dans son rapport que Lauriston restait immobile; se sentant en pointe, il arrêtait également son mouvement.

Il était 6 heures, le maréchal se trouvait sur les lieux. A la droite, il y avait un commandant en chef; malheureusement, à ce moment critique, on apprenait le désastre du centre.

La responsabilité de la décision pèse donc tout entière sur Macdonald. En résumé, son centre était enfoncé, mais l'ennemi ne pouvait poursuivre bien vivement son succès, puisqu'il avait laissé le IIIe corps arrivant sur la rive droite de la Katzbach. L'heure était trop avancée pour permettre aux corps russe et prussien de déboucher sur la rive gauche de la Neisse par les défilés dont on connaissait les difficultés et de venir se rabattre sur son flanc gauche. A la droite, on était supérieur en forces à l'ennemi, on était victorieux, il restait peut-être une heure de jour, le temps de risquer une dernière tentative. Plus tard, Macdonald l'écrira lui-même : « l'échec essuyé par la cavalerie était peu considérable ».

Que convenait-il de faire? Nous nous contentons de poser la question. Le maréchal partait chercher des renseignements.

Il est toujours extrêmement périlleux pour un officier appartenant à une armée battue de présenter une opinion sur la conduite du général commandant l'armée victorieuse; néanmoins, il semble impossible de ne pas présenter quelques réflexions sur les actes de l'état-major de l'armée de Silésie.

D'après les termes mêmes de l'*Histoire de l'armée de Silésie*, lorsque le corps de Sébastiani eut été rejeté du plateau « Blücher n'avait reçu aucun avis de Langeron, mais on pouvait s'apercevoir que les Français faisaient des progrès contre son corps ». Pour des motifs qui nous paraissent injustes, Blücher se défiait de la bonne volonté et de l'énergie de Langeron ; dès l'instant où il ne voulait pas descendre les pentes de la rive droite de la Neisse avec toute son armée, la conduite à tenir semblait toute tracée ?

La 1re brigade, quatre bataillons de la 2e brigade et les trois bataillons envoyés à Schlaupe avec le général Hunerbein n'avaient pas combattu, et restaient à la disposition de Blücher. Il dirigeait la 1re brigade sur Schlaupe et se contentait d'adresser des railleries à Langeron.

Le colonel Müffling et d'autres officiers du grand quartier général allèrent annoncer très triomphalement l'heureux succès obtenu au général Langeron, pour le punir en quelque sorte : « Nous avons pris 20 canons. Le général Sacken est un brave général. La brigade Steinmetz va attaquer l'ennemi sur son flanc gauche, car autrement il n'y aurait rien de fait, etc.... » (1). Il est hors de doute que l'intervention d'un chef aussi énergique que Blücher aurait donné à l'attaque de Steinmetz un autre caractère. Puisque le général en chef était inquiet de ce qui se passait au corps de Langeron, là était sa véritable place; il y aurait trouvé une belle occasion d'intervenir en lançant la 1re brigade par Schlaupe sur la gauche du XIe corps et de rétablir au corps russe le combat qu'il prétendait perdu par les fausses mesures de son chef.

A en croire Langeron, vers 6 heures, lorsque l'attaque française s'arrêtait, il songeait à reprendre l'offensive. Müffling avance au contraire qu'il le trouvait prêt à évacuer sa position.

« Au nom de Dieu, général, lui criait-il, vous battez en retraite, pendant que nous avons remporté

---

(1) Observation latérale du *Journal des opérations* de Blücher, citée par Droysen, t. II, p. 140.

une victoire brillante. Délivrés de notre ennemi, nos réserves sont en pleine marche pour passer la Neisse et pour prendre en revers tout ce que vous avez devant vous. »

« Colonel, répondait Langeron, vous êtes mon sauveur », et il l'embrassait.

Müffling continuait : « Allons, attaquons sur-le-champ, je resterai avec vous; il me faut être témoin de votre gloire, comme je l'ai été de celle du général Sacken. »

Le colonel Ende aurait alors repris : « Nous n'avons plus ici que l'arrière-garde, 100 canons sont déjà partis depuis longtemps. »

« Faites tout revenir, s'écriait Müffling et attaquez avec ce que vous avez. »

Tout le monde l'approuvait; pourtant Langeron soulevait une dernière objection : « Colonel, êtes-vous sûr que le général en chef ne dispose de mon corps que pour couvrir sa retraite? »

« Je suis sûr, mon général, reprenait Müffling, que le général en chef passera la Neisse (1) pour écraser l'ennemi qui vous attaque, ainsi il faut tenir ferme, il faut réparer les erreurs et intimider les présomptueux, les attaquer tambour battant. »

Le général Langeron se décidait alors à exécuter une vigoureuse offensive. Convient-il d'écrire avec le major Friedrich : « qu'il aurait alors compris que par sa conduite il aurait mis l'armée dans un grand péril ou risqué le succès du jour. »

Langeron en donne un autre motif qui, à défaut de preuves contraires, semble acceptable : « Cette hauteur (le Weinberg) était la clef de ma position ; la

(1) Il semble qu'on pourrait s'étonner de la manière dont cette promesse a été exécutée.

bataille était perdue de mon côté, si je ne parvenais pas à le réoccuper. »

Il ordonnait au général Olsouvief de reprendre le Weinberg (coûte que coûte). Les régiments de Rascheboug, de Riask et de Jakutsk, sous les ordres du général Udom, enlevaient la hauteur en colonnes serrées et se portaient sur le village dont ils s'emparaient en partie, d'après Langeron.

Ce premier succès obtenu, Langeron prescrivait au prince Tscherbatof, qui avait parfaitement contenu les efforts de la gauche de Gérard, de prendre l'offensive en appuyant vers la droite de manière à se lier avec les Prussiens, car, d'après les promesses de Müffling, il attendait l'arrivée de la brigade Steinmetz par Schlaupe.

Le général Tscherbatof se portait en avant ayant sa gauche vers Hennersdorf, et, à sa droite, la garnison de Schlaupe. Les chasseurs réussissaient à enlever le Steinberg ; maître de cette hauteur, Tscherbatof y plaçait une batterie qui enfilait la grande batterie française et la forçait de se retirer. A l'extrême droite, le colonel Steinmetz avait dirigé quatre bataillons sur Schlauphof, trois sur Schlaupe; lui-même passait la rivière à gué avec deux bataillons et enlevait les hauteurs de la rive gauche ; son mouvement était appuyé par la batterie de sa brigade, la demi-batterie à cheval n° 1, le bataillon de grenadiers leur avait été affecté comme couverture.

En fait, l'appui prêté par la brigade Steinmetz se réduisait à deux bataillons. Gneisenau n'avait donc nullement le droit de se vanter d'avoir sauvé Langeron en se jetant sur les derrières du corps français qui l'attaquait. Cette opinion est néanmoins encore soutenue par l'état-major allemand (1).

(1) *Journal de Nostitz*, p. 57. Note O. (Il parle ici de la brigade Stein-

Cette contre-attaque, d'après le témoignage même de Macdonald, a certainement été couronnée de succès et a ébranlé le XIe corps ; pourtant, s'il faut ajouter foi aux rapports français, on n'avait pas dans nos rangs le sentiment d'une défaite. Lauriston écrit : « Notre position à la chute du jour était très belle, nous étions maîtres des hauteurs et pouvions y rester. »

Le combat durait jusqu'à 11 heures autour d'Hennersdorf.

Mécontentement de l'état-major de l'armée de Silésie au sujet de Langeron. — On fut très mécontent à l'état-major de l'armée de Silésie du rôle joué par Langeron. L'opinion de Gneisenau est connue. Blücher la partageait ; quelques jours plus tard, lorsque le temps permettait de juger les choses plus froidement, il adressait à son souverain un véritable réquisitoire contre la conduite tenue par ce général dans la bataille :

« A la suite de mon invitation au comte Langeron d'attaquer l'ennemi, il me fit rendre compte que la supériorité de l'ennemi ne le lui permettait pas ; il se retira dans la belle position d'Hennersdorf ; sans le colonel Ende qui lui était adjoint et qui, voyant qu'aucune représentation n'avait d'effet, lui dit les choses les plus dures, il se serait retiré pendant la bataille jusqu'à Jauer où il avait déjà envoyé toute sa grosse artillerie.

« La fortune attribua à son corps les fruits de notre victoire à laquelle il n'avait vraiment aucune part, et après quelques pourparlers sérieux où Langeron

metz qui, en passant la Neisse et par sa marche victorieuse entre Schlaupe et Schlauphof, obligea les Français à abandonner le corps de Langeron.)

avoua toutes ses fautes et dit : « qu'il était à un haut degré très mécontent de lui-même », je crus que cela irait mieux à l'avenir (1) ».

Le lecteur est à même d'apprécier la valeur de ces reproches en ce qui concerne la Katzbach ; la suite de ce travail montrera l'injustice de ce jugement sur la poursuite menée par Langeron.

Mouvements de la division Marchand. — A l'extrême gauche, la division Marchand laissait le 1er bataillon du leib-régiment à Haynau et se dirigeait sur Liegnitz ; le gros s'arrêtait à Waldau, le 2e bataillon de la Garde entrait à Liegnitz ; mais brusquement on battait la générale et toute la division se reportait sur Haynau. Comme le fait très bien remarquer Ditfurth (2), il est impossible d'expliquer la cause de cette marche rétrograde, car à l'heure où elle fut exécutée on ne connaissait certainement pas à Liegnitz, le désastre de Katzbach. D'un autre côté, il semble difficile d'admettre qu'elle ait été provoquée par l'apparition des partisans de Falkenhausen qu'avait renforcé un détachement de 300 à 400 Cosaques du corps de Sacken commandé par le colonel Nachmanov.

Le colonel Falkenhausen avait tenté le 22 un coup de main sur Waldau où il avait enlevé au château 4 officiers et quelques hommes (3).

Les jours suivants, ces deux partisans avaient longé le flanc gauche des corps français ; le 23, ils faillirent

(1) Blücher au Roi, 9 septembre, Droysen, t. II, p. 162.

(2) Ditfurth, p. 46.

(3) Nous signalons en passant l'insistance avec laquelle *contrairement aux théories modernes*, il réclamait que l'on adjoint de l'infanterie à son corps : « Si j'avais deux bataillons d'infanterie et peut-être deux canons, je serais en état de reprendre Bautzen et Görlitz. » Schnellenberg, 24 août. *Cité par Loringhoven*, p. 68.

enlever le général Marchand qui se trouvait avec son état-major entre le gros et l'avant-garde (1).

Ces corps avaient rôdé dans la nuit du 26 autour de Thomas-Waldau ; au jour, ils apparaissaient devant Haynau et sommaient le 1er bataillon de la Garde de se rendre. Son chef, le prince de Wittgenstein s'y refusait, et mettait la ville en état de défense ; cette attitude énergique inspirait du respect aux partisans qui n'osaient l'attaquer ; l'arrivée de la division le délivrait ; d'ailleurs un bataillon derrière des murailles n'a jamais rien à redouter de la cavalerie.

Le mouvement de cette division privait l'armée française d'une division qui n'avait pas encore combattu et qui lui aurait été d'un puissant secours lors de la retraite ; il offre un nouveau témoignage du décousu des opérations.

Le corps de partisans du prince Madatof rejoignait les deux premiers dans la nuit, tous les trois continuèrent à battre le terrain entre Liegnitz et Haynau.

A la droite, le général Ledru avait rassemblé dans la soirée toute sa division à Greifenberg ; il avait poussé une pointe sur Reibnitz.

Ordre donné par Blücher pour la poursuite. — Le 26, à 9 h. 30 du soir, Blücher donnait l'ordre de poursuite pour le lendemain sans être orienté sur les événements qui s'étaient passés à sa droite ou à sa gauche.

Blücher, Brechelshof, 9 h. 30 du soir.

« Afin d'utiliser la victoire remportée, le lieutenant général Yorck tentera de faire traverser la Katzbach à 2 heures du matin par une brigade d'infanterie à

---

(1) Ditfurth, p. 44.

Kroitsch. L'infanterie passera en bataillons en masse serrée et observera le plus grand silence. Aucun soldat ne se permettra de fumer (1). Les masses de bataillon suivront à une distance telle qu'un désordre éventuel survenu à l'une ou à l'autre n'ait pas d'influence sur les autres. Si l'infanterie rencontre l'ennemi, elle l'attaquera baïonnette baissée sans tirer. Chacune de ces masses d'infanterie cherchera à percer par elle-même sans s'inquiéter de celles qui l'entourent. Notre infanterie, en ne tirant pas, acquiert la certitude de ne pas se nuire entre elle.

La plus grande partie de la réserve de cavalerie se trouvera à la queue de cette infanterie. Là, où elle rencontrera l'ennemi, elle attaquera en colonne de régiment, le front étant d'un peloton. Les hommes les plus braves et les plus décidés seront mis à la tête de la colonne.

Si l'ennemi se trouve encore sur la rive gauche de la Katzbach, nos troupes le rejetteront. Puis notre infanterie et notre cavalerie victorieuses prendront à Pilgramsdorf la route directe sur Ulbersdorf et se dirigeront sur les hauteurs où se trouvait le corps de Langeron lorsque nous quittâmes Pilgramsdorf le 22. La cavalerie prendra pour ce cas les batteries à cheval.

Le général Sacken fera passer la Katzbach à sa cavalerie à Schmogwitz ; il la soutiendra en cas de besoin avec de l'infanterie et lui fera gagner la route de Liegnitz à Haynau ; en même temps une partie de

(1) *On se permet d'attirer l'attention sur tous les détails de cet ordre que beaucoup trouveront inutile.* Il est intéressant d'observer avec quel soin les généraux qui ont fait la guerre règlent les moindres détails. Ils estiment probablement que tous leurs subordonnés ne sont pas parfaits et, qu'ayant plus d'expérience, *c'est à eux de rappeler leurs devoirs du champ de bataille à tous.*

la cavalerie russe franchira la Katzbach au-dessous de Liegnitz pour gagner la route de Liegnitz à Luben.

Le général Langeron poussera le général-lieutenant Rudzewitsch sur la grande route de Goldberg vers Röchlitz. Le général, de sa personne, s'efforcera de passer la Katzbach, de chasser l'ennemi devant lui et de prendre Goldberg sans l'attaquer. Le général Langeron fera soutenir le général Rudzewitsch par la plus grande partie de sa cavalerie et un corps convenable d'infanterie. Les détachements du général qui se trouve dans les montagnes s'avanceront aussi rapidement que possible vers et au delà du Bober. Le général enverra au plus vite l'ordre au général Saint-Priest de pousser vers Greifenberg à marche forcée et d'y attendre les ordres ultérieures.

Le reste des troupes se tiendra prêt à suivre l'ennemi demain aussitôt après avoir fait la soupe.

En cas de combat de nuit, le mot pour les troupes pour les deux nations est Alexandre et Frédérich-Guillaume (1). »

Le major Friedrich approuve cet ordre. Il a été au contraire soumis par Müffling à une critique sévère qui paraît très juste. La grande route de Goldberg passe à moins de 2 kilomètres de Nieder-Crayn ; on ne devait pas s'attendre à ce que les 40,000 hommes réunis entre le Monchswald et Schlauphof battraient en retraite pendant cette sombre nuit avant d'avoir assuré leur marche par l'occupation de ce village où leur colonne de gauche devait nécessairement passer. La brigade prussienne aurait donc été exposée à être prise de front et sur ses derrières si les Français avaient détruit le pont de Kroitsch. On avait si bien compris le danger que courait toute troupe dans cette

(1) Blücher, *Armée de Silésie*, p. 135 et 136.

situation que l'on avait rappelé le régiment de Brandebourg de Nieder-Crayn.

Dès l'instant où Blücher avait l'intention de commencer la poursuite à 2 heures, il aurait été préférable de renforcer la garnison de Nieder-Crayn par les quatre bataillons de la 7e brigade, demeurés en réserve, en arrière de la 8e division.

En outre, que l'on se représente l'état du corps de Yorck après cinq marches de nuit en six jours : les soldats, inondés par une pluie torrentielle, toutes les unités mélangées, sans vivres, sans pain, situation que l'état-major ne voulait pas admettre et qu'il rejetait comme toujours sur le commandant de corps (1).

York concevait un juste mécontentement de cet ordre de mouvement : il le critiquait amèrement « car il ne voulait représenter aucun ordre inexécutable ».

Müffling le considère comme une application du principe « de toujours plus exiger qu'il ne peut être exécuté, car la mise en œuvre fournit toujours moins que ce que l'on réclame (2) ».

Conclusions. — Il *serait ridicule de ma part* (3) d'oser porter un jugement sur les dispositions du maréchal il suffit de constater un fait, toute l'armée alliée a pris part à l'action. Dans l'armée française, trois divisions d'infanterie (4) et une de cavalerie n'ont pas paru sur le champ de bataille ; deux ont été à peine engagées.

(1) Réponse de Gneisenau à Yorck, Pertz, t. III, p. 214.

(2) Müffling, *Aus meinem Leben*, p. 71.

(3) *L'histoire critique d'une armée ne peut être faite que par des généraux ayant commandé en réalité des masses, le reste n'est, le plus souvent, qu'un jeu brillant d'esprit où l'on refait les faits et où l'on gagne des batailles sur le papier.*

(4) D'après la lettre de Poniatowki du 26 (*Documents*, p. 31), on

Je laisse à de plus expérimentés d'apprécier le dispositif de marche en deux colonnes, l'envoi du 2e corps de cavalerie sur le plateau, le choix du point où le maréchal s'est tenu pendant la bataille, le rôle assigné au IIIe corps (1). Toutefois, il semble extraordinaire qu'aucun ordre n'ait été donné pour les bagages et que ceux du 2e corps et le parc du XIe soient montés sur le plateau.

---

pourrait peut-être supposer que le repliement de la division Marchand a été occasionné par un ordre de Macdonald qui la renvoyait sur Bautzen. Si ce fait est un jour reconnu exact, un tel mouvement voulu par un général, à la veille de livrer bataille, n'en serait que plus extraordinaire.

(1) Il est vrai que dans ses *Mémoires*, p. 205, le maréchal a osé écrire : « Je n'avais pas de nouvelles du général Souham, j'ignorais même alors s'il avait reçu mes ordres. » Il avait oublié les termes mêmes de son rapport (voir *Documents*, page 19). Peut-être s'étonnera-t-on qu'ayant à apprécier ces mémoires, M. Camille Rousset ait écrit : « Sur cette bataille de la Katzbach..... il n'y a pas de témoin plus autorisé, plus convaincu que le maréchal Macdonald. On sent qu'on est en face d'un honnête homme qui ne s'attribue pas le droit et n'a pas même la tentation de rien déguiser, ni de rien taire. » (Introduction p. LVIII.)

CHAPITRE III

I. Poursuite de l'armée française (27-31 août). II. Le VIIIe corps du 24 au 31 août.

Mouvement du corps de Langeron. — Le 27 août, les Cosaques de Sacken poussaient de grand matin sur Liegnitz et tiraillaient avec la garnison.

A 10 heures du matin, Sacken rendait compte à Blücher que la crue de la Katzbach l'empêchait de franchir la rivière; Liegnitz était occupé par de l'infanterie française; il n'y avait plus de troupes ennemies sur la rive droite de la Katzbach. A en croire un officier français fait prisonnier, on avait eu affaire aux XIe, V[e] corps, 3e de cavalerie et à deux divisions du IIIe, le tout commandé par le maréchal Macdonald qui avait remplacé le maréchal Ney.

Malgré sa nombreuse cavalerie, Sacken n'avait pas réussi à apprendre ce que signifiait l'apparition des troupes françaises sur sa droite, dans la soirée du 26, il croyait qu'une brigade française avait débouché de Liegnitz avec 16 canons pour favoriser la retraite de Macdonald : il n'attachait aucune importance à cette entreprise (1).

A ce qu'il paraît, la garnison française de Liegnitz n'avait eu aucun avis de la perte de la bataille, bien que le bruit en circulât parmi les bourgeois : elle

---

(1) Sacken à Blücher, Gross-Jänowitz, 27 août, 10 heures du matin. Pertz, t. III, p. 236.

commettait la faute de laisser réparer le pont, ce qui permettait aux Cosaques de franchir la rivière.

Vers 2 heures, un détachement de cuirassiers français entrait à Liegnitz apportant l'ordre d'évacuer la ville : à la même heure, les Cosaques y pénétraient; ils ne parvenaient pas à entamer la garnison qui se repliait en bon ordre.

A l'annonce de l'occupation de Liegnitz, le général Sacken dirigeait son avant-garde (Wassiltchikof) sur cette ville : dans la nuit elle campait à proximité, le gros du corps demeurait à Jänowitz.

Mouvements du corps de Yorck. — En exécution de l'ordre de Blücher, qui lui parvenait à minuit, Yorck confiait la poursuite au colonel Katzeler avec trois régiments de cavalerie (1); la 7e brigade lui servirait de soutien. Cet ordre lui était remis à 6 heures.

On avait bien tenté, pendant la nuit, de débarrasser le défilé; néanmoins, il était encore très encombré. En arrivant à Crayn un avis des hussards noirs avertissait que Kroitsch était encore occupé par des lanciers et de l'infanterie et qu'on apercevait en arrière une ligne d'infanterie. Horn envoyait pour s'en assurer les deux escadrons de sa brigade (2) et un bataillon de landwehr : l'arrière-garde française évacuait le défilé à l'approche de l'infanterie prussienne, il était environ 10 heures.

Le général Horn la suivait lentement avec ses deux escadrons, son infanterie occupait Kroitsch. Deux régiments de chasseurs français prenaient alors posi-

(1) Dragons de Lithuanie, 5e et 10e régiments de cavalerie de landwehr de Silésie.

(2) 1er et 2e escadrons et escadron de chasseurs du régiment de Hussards de Brandebourg.

tion et arrêtaient toute poursuite : à l'arrivée des trois régiments de Katzeler, d'autres régiments de cavalerie française venaient renforcer les premiers, avec trois pièces auxquelles Katzeler ne pouvait répondre, sa batterie étant restée en arrière faute de munitions.

L'arrière-garde française, après avoir escarmouché deux heures, se retirait sur Haynau ou Alzenau ; Katzeler la suivait et entrait à Rothkirch. Horn n'avait pas osé porter son infanterie en avant, la crue de la Katzbach l'inquiétait : à en croire les habitants, elle serait infranchissable le lendemain et son débordement rendrait le pont inutilisable.

Katzeler ne se sentant pas soutenu s'arrêtait : il laissait seulement cinquante hussards sous le capitaine de Schawenfeld à la suite de l'arrière-garde francaise. Celle-ci se retirait en deux colonnes; la plus rapprochée des Prussiens était constituée par de la cavalerie et semblait à Horn lui être supérieure en force; la seconde se repliait derrière la cavalerie et paraissait avoir de l'artillerie avec elle.

A 1 heure, Horn prévenait qu'il ramènerait dans la soirée sa brigade sur Nieder-Crayn, la brigade de cavalerie repasserait la Neisse (1) ; un bataillon garderait le pont de la Katzbach. Il était donc facile à l'arrière-garde française, constituée presque entièrement avec de la cavalerie, d'arrêter la poursuite. A la vérité, la cavalerie prussienne ramassait beaucoup d'hommes fatigués et épuisés mais « il n'était pas possible d'occasionner à l'ennemi de grandes pertes (2) ».

---

(1) Horn à Yorck, entre Kroitsch et Rothkirch, 1 heure. *Armée de Silésie*, p. 139.

(2) *Journal* de Katzeler. Vie de Reyher, p. 173.

Nouveaux ordres de Blücher. — A 2 heures, Blücher ordonnait à toute la réserve de cavalerie de rejoindre l'avant-garde; enfin, à 4 heures du soir, il expédiait l'ordre suivant à Yorck : « Vous vous mettrez de suite en mouvement avec votre corps d'armée; vous passerez la Katzbach en employant tous les moyens, vous dirigeant, comme il est dit dans la disposition de la nuit, sur Ulbersdorf. Il est suffisant que vous marchiez aujourd'hui une lieue au delà de la Katzbach (1). » Copie de cet ordre était adressée à Horn avec indication de se mettre à la poursuite de l'ennemi.

Blücher apprenait à 6 h. 30 du soir, à Eicholtz, où il avait transporté son quartier général, l'occupation de Liegnitz par le corps de Sacken. Supposant que son ordre de 4 heures était en cours d'exécution, il autorisait Yorck à faire cantonner le gros de son corps, l'avant-garde bivouaquerait. Si l'ennemi se retirait sur Buntzlau, l'avant-garde et la réserve de cavalerie le suivraient sur cette direction. Comme il s'agissait avant tout de couper la communication entre les deux camps, la cavalerie marcherait sur Gräditzberg (2).

Exécution des ordres de Blücher par le corps de Yorck. — Horn avait déjà envoyé ses deux batteries sur la rive droite ; lorsque l'ordre de 4 heures lui était remis, il les rappelait vers 6 heures ; mais un premier rapport du chef de l'artillerie l'avertissait que les pièces ne pouvaient franchir la Katzbach, et un peu

(1) Blücher à Yorck, 27 août, Brechelshof, 4 heures de l'après-midi. *Armée de Silésie*, p. 139.

(2) Blücher à Yorck, 27 août, Eicholtz, 6 h. 30 du soir. *Armée de Silésie*, p. 140.

plus tard que le général Yorck lui avait, personnellement, défendu de bouger.

Dans la soirée, la 7e brigade se rassemblait à Wildschütz, la cavalerie se rapprochait; toute communication était rompue avec la rive droite.

L'ordre de Blücher de 4 heures était remis à Yorck à 4 h. 45. L'envoi d'une seule brigade à la poursuite de l'ennemi avait déjà été fortement blâmé au quartier général de Yorck. « Le général en chef, y disait-on, doit avoir des motifs particuliers de ne pas se porter en avant. » La mise en marche, à 5 heures, du corps d'armée, provoquait cette conclusion plus amère : « On doit remarquer que MM. Müffling et Gneisenau n'ont aucune idée du mouvement d'une armée (1). »

Yorck mettait néanmoins son corps en mouvement; lorsque la tête arrivait à Nieder-Crayn, les reconnaissances lui rendirent compte que la Katzbach était infranchissable à Kroitsch et à Röchlitz, il demandait de nouveaux ordres (2); en fait, c'était refuser net d'obéir, car il était évident que tout retard rendait une telle opération encore plus inexécutable. Les historiens allemands le reconnaissent eux-mêmes. « La continuation de la marche en une seule colonne dans le bas-fond entre la Neisse et la Katzbach, sur des chemins défoncés, sous une pluie battante et à la nuit tombante, aurait condamné à une dissolution complète les troupes de son corps déjà fatiguées à l'extrême (3). »

Les motifs de Yorck semblent très valables.

---

(1) Droysen, t. II, p. 123.

(2) Yorck à Blücher, 27 août, 7 h. 30 du soir. *Armée de Silésie*, p. 140.

(3) Friedrich, p. 319.

Blücher, lui faisait répondre verbalement de passer avec le gros la Katzbach où il pourrait, tandis que le général Horn continuerait la poursuite sans laisser de repos aux Français ni dans leurs cantonnements, ni dans leurs bivouacs.

Le major Friedrich trouve cet ordre étonnant et ses considérations semblent très justes. Il appartenait au général en chef de décider s'il convenait de choisir Goldberg ou Liegnitz, puisque, seul, il était à même de reconnaître si les routes qui y conduisaient étaient occupées par les autres corps; d'ailleurs, il était de son devoir de fixer la direction où il voulait obtenir le plus grand effet en y dirigeant le corps d'Yorck.

Le résultat de cette poursuite, à peine menée par trois régiments de cavalerie, permit aux divisions françaises du IIIe corps, errantes à l'aventure, de se retirer sans être inquiétées.

Il y avait là une faute grave qui a sauvé l'armée française. *Comme toujours, les états-majors en rejetèrent la faute sur les commandants des troupes.* Ils ont même attaqué leur conduite.

Écoutons Gneisenau ; le 28 août, il écrit : « L'ordre était donné que l'armée devait suivre l'ennemi à 2 heures du matin: les chefs de corps ne purent en partie être trouvés, d'autres n'en avaient pas envie (1). » Le 7 octobre, il est encore plus formel: « Si les ordres que je déclare avoir été donnés après la bataille avaient été suivis, il n'y aurait plus rien de l'armée de Macdonald, car les eaux du ciel étaient avec nous (2). »

Le mécontentement de Blücher n'était pas moins

(1) Gneisenau à Clausewitz. Pertz, t. III, p. 225.
(2) Gneisenau à Mme de Clausewitz. Pertz, t. III, p. 240.

vif; par son ordre, Gneisenau adressait une lettre fort dure à Yorck :

« J'ai reçu votre lettre du 27 et du 28 et ne peux vous cacher mon mécontentement sur la cavalerie. Elle connaît sa destination de rester au contact de l'ennemi et de lui nuire où elle le peut; au lieu de cela elle veut observer et elle réclame continuellement des ordres. Ce n'est pas assez de vaincre, on doit aussi savoir utiliser la victoire. Si vous n'attaquez pas l'ennemi à fond, il s'arrêtera de nouveau et nous devrons atteindre, par une nouvelle bataille, ce que nous pouvons obtenir de celle-ci, si nous agissons avec énergie.

« Je vous invite à agir de cette manière et à le faire à l'avant-garde et à la réserve de cavalerie (1). »

Cette lettre ainsi qu'une autre que nous trouverons plus loin contiennent des paroles d'or (2), nous dit-on; elles sont un témoignage de l'énergie avec laquelle le commandement supérieur voulait voir mener la poursuite, et, à ce sujet, on nous rappelle la conduite

---

(1) Blücher à Yorck, Eichholz, 28 août. *Armée de Silésie*, p. 14.

(2) Friedrich, p. 321. — Il semble intéressant de reproduire une lettre d'un officier prussien sur l'état de la cavalerie dès le 23, après six jours de campagne. Elle dépeint une situation de guerre et nous permet de douter des reconnaissances de 100 kilomètres dont nous menacent les cavaliers : « Je souhaite chaque jour de recevoir une balle ennemie qui mettra fin à cette misérable existence que l'on ne peut vraiment plus supporter. Depuis trois jours je n'ai rien eu de plus qu'un morceau de pain moisi. Les chevaux sont semblables à des squelettes ambulants, depuis longtemps, ils ignorent ce que c'est que l'avoine; ils dévorent les feuilles des arbres sur la route pour apaiser leur faim. Dans ce sol absolument défoncé, semblable à une mer de boue, nous nous traînons. Ma vive petite jument est devenue un mouton de douceur. Nos flanqueurs vont au plus vif à un trot lent (schleichend). L'ennemi ne se trouve pas mieux. » (Kähler, *Historique du régiment de dragons de Lithuanie*, p. 363.)

tenue après Waterloo par Gneisenau. Pourtant, si l'on s'en rapporte au général von Lettow-Vorbeck cette poursuite serait une véritable légende (1).

La vérité est que toute la responsabilité en retombe sur l'état-major de l'armée de Silésie. Comme l'observe le major Friedrich, on ne découvre pas les motifs qui ont fait retarder, jusqu'au 27 à 4 heures, l'ordre de mise en marche du corps prussien.

Mais il est impossible de l'approuver lorsqu'il écrit plus loin : « Quels succès les corps de Yorck et de Sacken n'auraient-ils pas obtenus si la Katzbach ne leur avait pas opposé son *veto* (2). » La Katzbach était certainement plus difficile à franchir le 28 que le 27, puisqu'il avait plu toute la nuit. Cette raison ne semble pas valable.

D'Eicholz, emplacement du quartier général, à Nieder-Crayn, il y a environ 5 kilomètres. Comment expliquer que personne ne se soit rendu auprès d'Yorck, pour juger de la situation et pour veiller à l'exécution d'ordres aussi importants que ceux relatifs à une poursuite; surtout puisque l'on croyait pouvoir douter de sa bonne volonté.

En outre Yorck a-t-il pris des dispositions pour faire préparer des ponts, des communications; il semble qu'il est resté jusqu'à 4 heures sur le plateau. L'intervention de l'état-major général, du général en chef même aurait été justifiée et plus utile que dans la composition de belles lettres.

Le lendemain, sur un autre théâtre de guerre, l'Empereur se fiera de même à ses lieutenants pour mener la poursuite contre un ennemi en retraite l'action personnelle du chef ne se faisant pas sentir, pour

---

(1) Lettow-Vorbeck, *Campagne de 1806*, t. II, p. 27.
(2) Friedrich, p. 324.

créer l'union, il aboutira à un résultat encore plus désastreux à Kulm.

Retraite de l'armée française, le 27. — Les dispositions, ou plutôt le manque de dispositions de Macdonald allaient achever la ruine de l'armée et amener la perte de la division Puthod. Son registre d'ordres est perdu, mais on possède assez de ses dépêches pour exposer sa conduite.

Retraite du IIIe corps. — Dans la matinée, les divisions du IIIe corps erraient à l'aventure, chacune marchait pour son compte, heureusement, la faiblesse de la poursuite leur permettait de repasser la Schnelle-Deichsel sans être entamées.

La division Marchand se dirigeait sur Buntzlau ; elle avait la plus grande peine à franchir le petit Bober à Thomaswaldau ; la pluie avait transformé ce faible ruisseau en un vaste fleuve dont les flots impétueux entraînaient plusieurs hommes, le passage durait six heures. Elle atteignait Buntzlau à la nuit, les eaux du Bober coulaient au-dessus du pont de pierre, et, dans l'obscurité, on perdit de vue les traces du chemin de la digue qui y conduisait ; une partie restait sur la rive droite, le reste passait sur la rive gauche. Par cette nuit obscure, sous une pluie battante, sans vivres, tout le monde quittait les rangs, chacun n'avait qu'un but, trouver un abri ; le désordre était à son comble.

Heureusement pour elle, cette division n'avait été suivie que par le détachement du colonel Falkenhausen (moins un escadron laissé devant Haynau) ; après le passage de Thomaswaldau il remontait vers le Nord, à Neundorf. Cette faible troupe avait suffi pour ébranler une division, si l'on s'en rapporte à une phrase du major Ditfürth ; il dépeint en ces termes leur situation devant Thomaswaldau : « Nous avions devant nous les eaux du fleuve qui s'augmentaient plus fortement à chaque instant; les Cosaques derrière nous, et, sur la chaîne de montagne, vers Goldberg, les troupes de Sacken se montraient toujours plus nombreuses. Notre situation était désespérée si nous ne passions pas (1). »

La 8e division effectuait sa retraite pendant la nuit, en partie sur Goldberg, en partie sur Neundorf. Macdonald ramassait son artillerie avec le 10e hussards.

À la pointe du jour, Souham, resté avec la 9e division devant Kroitsch, ignorait où se trouvait les 10e et 11e divisions ; il envoyait des officiers d'ordonnance les chercher et les dirigeait sur Rothkirch. À midi, les 9e, 10e et 11e divisions étaient derrière la ville ainsi que le parc de réserve et l'artillerie légère ; elles y étaient jointes par les cuirassiers Saint-Germain. Après avoir pris un peu de repos dans les baraques de l'ancien camp, le IIIe corps continuait sa marche sur Haynau flanqué par les cuirassiers. Il campait le soir : la 11e division sur les hauteurs, en arrière de Haynau, sa gauche à la route de Buntzlau ; la 10e au Nord de la route, sa gauche en avant à Hernsdorf; la 9e en avant de ces deux divisions, à cheval sur la route de Buntzlau, deux bataillons, à Haynau ; la 8e se retirait de Goldberg sur Haynau escortant les équipages et une partie des parcs.

Le quartier général et la cavalerie s'établirent à Hernsdorf (2).

En arrivant devant Haynau, le IIIe corps était aperçu par le détachement du colonel Machmanof; cet officier appelait à lui l'escadron laissé par le colonel

---

(1) Ditfürth, p. 56.
(2) *Journal des opérations du IIIe corps*, p. 64.

Falkenhausen en observation devant la ville, et tentait de faire quelques prises. Il tombait sur une ligne d'infanterie qui l'arrêtait, mais il réussissait à à attirer dans une embuscade environ 500 cavaliers qui s'étaient lancées à sa poursuite et à leur enlever une centaine d'hommes.

Retraite des XIe et V^e corps. — On s'était efforcé, sans beaucoup de succès, pendant la nuit, de faire filer les bagages ; à 4 heures du matin, les batteries de réserve étaient encore à Seichau. Le XIe corps devait passer au Nord de la route Seichau—Goldberg, le Ve au Sud. Les arrière-gardes se mettaient en marche vers 4 heures. Le XIe opérait sa retraite « fort tranquillement(1) », la brigade Zucchi d'arrière-garde, avait à peine quelques engagements avec les Cosaques ; elle se reposait au camp de Niederau, puis reprenait son mouvement sur Pilgramsdorf.

Les deux divisions du Ve corps marchaient très lentement et parvenaient jusqu'au delà de Seichau sans apercevoir aucune troupe ennemie. Elles étaient couvertes par une arrière-garde forte de trois bataillons et de quatre pièces sous les ordres du colonel Maurin.

Lauriston se rendait alors à Goldberg pour y recevoir les ordres du maréchal ; celui-ci s'était rendu à Hernsdorf ; de cet endroit, il lui ordonnait de se diriger sur Löwenberg par Steinberg. Lauriston s'efforçait de débarrasser Goldberg de ses embarras et de faire mettre la ville en état de défense. Vers 10 heures, un officier d'ordonnance lui apportait l'avis que la division Maison avait éprouvé un échec à Prausnitz et perdu trois pièces.

A la pointe du jour, le général Langeron avait mis

(1) *Armée de Silésie*, p. 141.

en mouvement son avant-garde sous Rudzewitch; celui-ci dirigeait Grekof et ses Cosaques sur Prausnitz, le général Emmanuel suivait la grande route, ayant à sa droite et en avant le 2e Leib-hussards prussien auquel Gneisenau avait ordonné directement dès le 27 au soir de poursuivre l'ennemi.

Le 27, de grand matin, son chef, le colonel Stössel, poussait de lui-même sur Nieder-Krayn; de là, il s'avançait vers la grande route de Goldberg, couvert sur sa droite par un escadron. Il enlevait 300 hommes au détachement qui, jusqu'alors avait gardé le pont de Röchlitz (1); puis il se rabattait vers la route de Haynau.

La cavalerie de Grekof coupait l'arrière-garde de la division Maison au défilé de Prausnitz; il sabrait l'artillerie légère à laquelle il enlevait trois pièces, mais les carrés firent bonne contenance, bien qu'aucun fusil ne partît. Son chef, le colonel Maurin, se jetait vers le Sud, espérant prendre la route de Steinberg par Neukirch.

Une partie de la colonne russe de droite tournait Goldberg par le Nord, le reste était déjà au pied de la ville, et occupait les hauteurs de l'ancien camp de Niederau, lorsque Lauriston prescrivait à ses deux divisions de se diriger sur Hermansdorf d'où il espérait gagner la route de Steinberg. Le mouvement se fit avec beaucoup d'ordre; Maison tournait la ville, Rochambeau la traversait, ils se rassemblaient à Obermühl. Le Ve corps avait évacué Goldberg au seul aspect de la cavalerie de l'avant-garde ennemie, sans avoir pris la peine de détruire les ponts; sa retraite

(1) Cette attaque d'un village faite par un régiment de cavalerie dont une partie mettait pied à terre, est très intéressante. — Voir *Armée de Silésie*, p. 142.

était dirigée sur Löwenberg. Lauriston s'apercevait alors de la séparation du 154e. Il envoyait un parti de cavalerie lui porter l'ordre de remonter la Katzbach et de se rendre à Löwenberg par Armenruh.

Le colonel Maurin, trouvant la ville occupée par l'ennemi, se rejetait vers le Sud; les Cosaques de Grekof avec une partie de la réserve de Pantschulitchef le suivaient et l'empêchaient de se jeter dans les bois où il aurait été plus difficile de l'attaquer.

Le général Kapzewitsch, forçant la marche, l'attaquait avec deux bataillons de chasseurs au moment où il gravissait le Wolfsberg et le forçait à mettre bas les armes.

Le Ve corps, à partir de Steinberg, ne pouvait continuer à suivre la route passant par Harpersdorf—Armenruh que l'inondation avait rendue impraticable, il se rabattait sur Pilgramsdorf; malheureusement le XIe corps avait déjà évacué le Grimmenberg, le général Pantschulitchef en profitait pour déborder le Ve corps par le Nord et le devancer au pont; notre infanterie le reprenait à la baïonnette; beaucoup de canons restèrent embourbés dans cette marche. Une brigade du XIe corps assurait la défense du pont; les deux divisions du Ve corps s'installaient à la tête des bois.

Désastre de la division Puthod. — Le maréchal Macdonald a-t-il négligé de prévenir la division Puthod dès le 26 au soir, ou son ordre a-t-il été égaré, toujours est-il que la division Puthod ignorait le 27 au matin l'issue de la bataille. En tout cas, puisque le maréchal était de grand matin à Goldberg, il ne l'a pas renouvelé, car alors il serait certainement arrivé par la rive gauche.

Puthod avait suivi la rive gauche de la Katzbach complètement débordée; il s'arrêtait le 26 au soir à

Alt-Schœnau d'où il chassait quelques escadrons de cavalerie.

La marche, sous une pluie torrentielle qui avait ruiné les chemins, avait été des plus pénibles; les soldats avaient eu de l'eau jusqu'à la ceinture au passage du ruisseau de Falckenhayn; il gonflait si rapidement qu'une heure plus tard les hommes restés en arrière ne purent le franchir. Deux compagnies de voltigeurs et 50 chasseurs à cheval du 6e occupèrent la ville, une compagnie de voltigeurs du 146e avec un détachement du 134e qui venait de rejoindre, allèrent porter l'ordre au 134e, demeuré à Dippelsdorf, de se mettre en mouvement sur Hirschberg le 27 à 4 heures du matin.

Conformément à l'ordre du 25, Puthod dirigeait le 27, à 5 heures du matin, le 3e étranger, le 146e, un obusier, et trois pièces de 6 sur Hirschberg; cette brigade marchait en deux colonnes; le 134e venant de Dippelsdorf et le général Ledru de Spiller se portaient sur le même point.

Beaucoup de soldats de la 17e division avaient été se mettre à l'abri de la pluie dans les villages, Puthod envoyait des patrouilles les chercher et suspendait son départ. A 7 heures, il se mettait en marche sur Jägerndorf avec le 147e et le 148e; il franchissait la Katzbach à Alt-Schœnau quoique l'eau eût débordée et dépassât le pont de trois pieds.

En arrivant à Pombsen, il trouvait en face de lui, un corps très fort en cavalerie et de l'infanterie dont il ne pouvait apprécier la force, car le revers de la montagne le dérobait à sa vue; une patrouille lancée sur Goldberg lui signalait l'occupation de cette ville par l'ennemi et, sur sa droite, il redoutait le détachement qui s'était retiré la veille de Schœnau sur Bolckenhayn.

Ces considérations le déterminaient à battre en

retraite et à prendre position sur les hauteurs en arrière du pont de Alt-Schœnau (1).

A ce moment, un officier d'ordonnance de Macdonald l'informait de l'issue de la bataille ; il lui remettait l'ordre de se diriger « sans retard » sur Steinberg et d'être rendu le 28 à Zobten.

Cette direction était déjà coupée ; Puthod décidait de se porter sur Hirschberg dans l'espoir de ramasser tous les isolés ; il atteignait cette petite ville à 6 heures du soir, et y trouvait sa 1re brigade adossée à la Katzbach ; le débordement de la rivière « qui donnait jusqu'à cinq pieds d'eau de chaque côté du pont » l'avait empêché de la franchir ; le général Ledru n'avait point paru ; quelques hommes qui avaient passé à la nage avaient rendu compte qu'elle était occupé par un faible parti ennemi. Puthod faisait camper sa division à Grunau ; il se proposait de gagner le lendemain Löwenberg, par Lahn et Zobten.

Il en avertissait Lauriston à 10 h. 30 du soir. Sa lettre, se terminait par ces paroles affligeantes : « Il est pénible pour moi de devoir vous rendre compte que les trois quarts des soldats, malgré mes peines et mes efforts, ainsi que celles des chefs et des officiers, s'est jeté dans les forêts et les maisons ; la bonté, les me-

---

(1) *L'Armée de Silésie*, p. 143, expose, d'après un rapport qui nous manque, les motifs du général d'une autre manière. En arrivant à Georgendorf, il apercevait la cavalerie de Jusseffowitsch qu'il estimait à 2,500 hommes. Il la canonnait de ses quatre pièces « sans qu'elle fît mine de bouger, mais elle continuait à garder tranquillement la route de Jauer et le chemin de Goldberg ». Le général en conclut que l'offensive de l'armée, préméditée par Jauer, avait échoué et qu'elle rétrogradait. Puisque « les deux régiments avaient laissé beaucoup d'hommes en route par suite des fatigues de la nuit et de la marche, que le reste était déjà très épuisé et montrait beaucoup de mauvaise volonté, il crut devoir se retirer derrière la Katzbach pour ne pas mettre en jeu son propre honneur et deux aigles. »

naces, les coups, n'obtiennent rien sur eux ; ils répondent qu'il est préférable d'être fait prisonnier que de mourir de faim.

« Enfin, mon général, le cœur me saigne ; je n'en remplirai pas moins mon devoir avec honneur. Votre Excellence peut y compter (1). »

La 17e division, sans avoir combattu, uniquement à la suite de marches et de contremarches, était donc près d'une dissolution complète.

Cette dépêche était confiée à un officier ; 20 cavaliers l'escortaient, ils devaient prendre 20 fantassins en croupe.

La division Ledru essayait vainement de passer le Zacken, elle retournait à Spiller.

Le corps de Saint-Priest, coupé par l'inondation, demeurait immobile à Landshut ; son avant-garde, établie à Schmiedberg, n'était pas informée de la présence des Français à Hirschberg.

Journée du 28. Retraite du IIIe corps. — Le IIIe corps continuait sa retraite. Une brigade de la division Marchand couvrait le passage de Buntzlau jusqu'à l'arrivée du IIIe corps, le reste rétablissait les ponts. A midi, elle se dirigeait vers Lauban ; elle avait ordre de recueillir la division Puthod, si elle parvenait à franchir le Bober et de couvrir les flancs et la retraite du gros de l'armée dans sa marche sur Görlitz. Le débordement de la Queiss l'obligeait de bivouaquer à Paritz (2).

Le soir, le IIIe corps était établi sur la rive droite du Bober : la 11e division sur la route de Buntzlau à

(1) *Armée de Silésie*, p. 144. — Ce passage manque dans la lettre publiée : *Journal des opérations du IIIe corps*, p. 201. Cette dernière est d'ailleurs datée de 7 heures du soir.

(2) Historique du 115e allemand.

Löwenberg en avant d'Eckersdorf s'éclairant avec soin sur Löwenberg; la 10e appuyait sa droite au bois sur la route de Warta, deux bataillons et une batterie en défendaient les débouchés; la 9e avait sa gauche à Gnadenberg, sa droite à Warta, de forts postes et une batterie aux débouchés; la 8e avec le parc et les bagages se tenait à la droite de la route dans le prolongement et à gauche de la 9e (1). Le quartier général s'installait à Buntzlau.

Les troupes du corps d'armée avaient l'impression de n'avoir été inquiétées que par de la cavalerie légère.

Poursuite de Yorck. — Le colonel Horn recevait à 4 heures du matin, la copie de l'ordre donné par Blücher à Yorck le 27 à 4 heures de l'après-midi de continuer la poursuite; celui du général Yorck, de diriger sa marche sur Ulbersdorf, lui parvenait seulement à son entrée à Haynau. Il choisissait de sa propre initiative la direction d'Haynau parce que des troupes françaises l'avaient certainement prise. Il était précédé par la cavalerie de Katzeler et celui-ci par le détachement de Schwanenfeld « hussards de Brandebourg » Le général Karpof suivait la route de Liegnitz avec les Cosaques, tous deux occupaient Haynau vers 8 heures.

Katzeler, qui avait devancé sa brigade, y entrait de sa personne à 8 h. 30. « L'ennemi, écrivait-il, se retire si vite qu'il n'est pas possible de le rattraper avec mes chevaux épuisés. Il a quitté aujourd'hui à 6 heures du matin Haynau et il l'a traversé hier de 9 heures du matin à 10 heures du soir, dans le plus grand désordre, tout était mêlé ensemble, infanterie, cavalerie, artillerie. Il a détruit à Haynau

(1) *Journal des opérations du IIIe corps*, p. 64.

les ponts sur la Schnelle-Deichsel ; cependant, j'ai rendu responsable les magistrats de leur prompt rétablissement (1). » Un rapport du capitaine Schwanenfeld était joint à cette dépêche, il y résumait les renseignements recueillis dans la ville : « Le général Souham avait conduit les troupes ; 5,000 hommes Wurtembergeois et Hessois avaient encore montré le plus grand ordre, le reste, 12,000 à 15,000 hommes se trouvaient dans le plus grand désordre. A les croire, ils devaient prendre position à Lauban où un autre corps d'armée les recueillerait. »

A la même heure, le régiment de hussards de Brandebourg rejoignait Katzeler ; il le lançait à la poursuite ; le reste de sa cavalerie arrivait vers 9 heures ; il lui accordait une heure de repos pour faire manger ses chevaux.

De sa personne, avec 100 chevaux, il suivait l'arrière-garde française ; celle-ci prenait position à Thomaswaldau et montrait 6 bataillons et 2 pièces ; les Cosaques l'entouraient, mais reçus à coups de canon, ils se dispersaient... Katzeler supposait que cette arrière-garde voulait protéger le passage du Bober par le gros. « J'observerai soigneusement l'ennemi, écrivait-il, j'appellerai mes régiments, les placerai au bivouac à Wolfshayn et, lors de la retraite des troupes ennemies, je les suivrai sur les talons. Sans canon, il m'est impossible de leur occasionner de grandes pertes (2). »

L'avant-garde russe, commandée par Wassiltchikof et Landskoï (4 régiments de hussards, 7 pulks de Cosaques, 16 canons et 6 bataillons d'infanterie) atteignait Haynau à midi ; la brigade Horn à 1 heure.

---

(1) Katzeler, Haynau, 28 août, 8 h. 30, p. 174.

(2) Katzeler, Wolfshayn, 28 août, 5 h. 30 de l'après-midi, p. 175.

Le pont y était rétabli et praticable pour l'artillerie; Horn se proposait d'y laisser un bataillon jusqu'à l'arrivée de Sacken, car il supposait que ce général ou Yorck y entrerait infailliblement dans la journée, deux bataillons se porteraient sur Kreybau dès qu'ils auraient mangé, deux garderaient les faubourgs vers l'Ouest, le reste de l'infanterie était en colonnes derrière la ville. Le général Wassiltchikof ne voulait pas dépasser Thomaswaldau; il se proposait de cantonner à Wolfshayn ayant le flanc droit de sa cavalerie à Lohm et Thammendorf, le gauche à Kaiserswaldau et Radichen, la réserve à Mittgendorf.

Horn doutait que la fatigue des chevaux permît à Katzeler de dépasser Thomaswaldau : il voulait demander à Sacken de lui confier l'avant-garde : s'il y consentait, il se mettrait en mouvement à 1 heure du matin. « Je viens seulement de recevoir ici votre ordre de marcher sur Ulbersdorf. L'ennemi est en trop grande déroute pour oser se jeter entre les deux avant-gardes. Si cela est possible, je vous demande de l'artillerie (1). »

Entre-temps, Horn apprenait l'évacuation de Kreybau par les Français; il renonçait à y envoyer les deux bataillons, d'autant plus que l'infanterie russe s'en approchait avec de l'artillerie.

A 7 heures du soir, Katzeler rendait compte que l'arrière-garde française évacuait Thomaswaldau. Cet avis parvenait à Horn à 10 heures du soir. Le corps Sacken n'était point encore entré à Haynau; on l'y attendait seulement pour le lendemain.

Horn ordonnait à Katzeler d'entreprendre le 28 de grand matin avec les Russes une forte reconnaissance

(1) Horn, Haynau, 1 heure de l'après-midi. *Armée de Silésie*, p. 146.

sur Buntzlau; lui-même se mettrait en mouvement à 4 heures. Sa situation était des plus difficiles; le pays était absolument ruiné et tous les vivres de sa brigade étaient demeurés à Weinberg (1).

Le général Sacken ne dépassait pas Liegnitz avec le gros de son corps et la réserve de l'artillerie.

Le général Yorck ordonnait de bon matin à son corps de se diriger en une seule colonne sur Goldberg dans l'ordre suivant : 2e brigade, 8e brigade, infanterie de l'avant-garde ; la réserve de cavalerie passerait à Röchlitz et se dirigerait sur Neundorf-am-Gräditzberg. De Goldberg, la 2e brigade irait à Leisersdorf, Hiller sur Neundorf-am-Rennwege, la 8e à Ulbersdorf, la 1re et la réserve d'artillerie à Neundorf-am-Rennwege. A la réception de cet ordre, le chef de la 8e brigade cantonnée à Weinberg observait « que l'eau était tellement accrue dans la nuit que l'on ne pourrait pas franchir la rivière sans perdre toutes les munitions, vu qu'elles deviendraient infailliblement humides... l'eau dépassait déjà le poitrail des chevaux d'un travers de main, de telle sorte que l'on ne pouvait voir comment sauver les munitions de l'infanterie pendant le passage (2). »

Néanmoins il fallait obéir. Le soir, la réserve de cavalerie arrivait par Röchlitz à Neundorf-am-Gräditzberg; elle avait dû laisser en route sa batterie d'artillerie légère; elle lançait des patrouilles sur les routes de Löwenberg et de Buntzlau. L'infanterie, que précédaient des paysans munis de grandes perches pour sonder le lit du fleuve (3), passait la Wuthende-Neisse ayant de l'eau jusqu'à la poitrine ; la 2e brigade, la

(1) Horn, Haynau, 10 heures du soir. *Armée de Silésie*, p. 147.
(2) Brocke. *Armée de Silésie*, p. 148.
(3) Horn. *Historique du leib-régiment*, p. 283.

batterie à cheval, celle n° 12 et la batterie de la brigade atteignaient Leisersdorf à la nuit tombante, l'infanterie cantonnait dans la partie du village située sur la rive droite de la rivière, les hussards de Mecklembourg sur la rive gauche. La 8e brigade entrait à Ulbersdorf dans la nuit. Les bataillons avaient conservé le contact entre eux jusqu'à Kopatsch ; à partir de cet endroit, ils l'avaient perdu dans la nuit ; une grande quantité d'hommes restaient sur les chemins, les bagages n'avaient pu suivre ; toute la cavalerie passait sur la rive gauche, l'infanterie cantonnait sur les deux rives.

L'infanterie de l'avant-garde arrivait à 7 heures à Neundorf-am-Rennwege ; le bataillon de Thuringe se rendait à Leisersdorf, le reste attendait la 1re brigade. Celle-ci avait été retardée au passage de la Neisse, elle le commençait à 3 heures, les derniers hommes le finissaient à 6 heures ; elle entrait à Goldberg à 10 heures. Là, le général Blücher lui prescrivait de cantonner, moitié à Röchlitz, moitié à Goldberg. On ignore où s'arrêtait la réserve d'artillerie sur la route de Goldberg.

Le 2e leib-hussards avait établi la liaison avec la 7e brigade ; de Hohendorf, il se portait de grand matin sur Gräditzberg, en chemin, il trouvait à Adelsdorf, six pièces abandonnées et ramassait une foule de prisonniers. Le soir, le major Stœssel cantonnait à Gross-Hartmansdorf, il lançait sur sa gauche le major Schenck avec 100 chevaux vers Löwenberg, et, sur sa droite, le capitaine Frichsen vers Wartha.

Retraite du Ve et du XIe corps, décisions de Macdonald. — Le 28 au matin, le maréchal Macdonald continuait sa retraite sur Löwenberg : aucunes mesures ne furent prises. « L'équipage de pont, qui devait être réuni à Löwenberg, avait été dirigé sur Buntzlau » ; le 28, en arrivant devant cette ville, on trouvait les ponts emportés.

A 3 heures, le Ve corps était échelonné un régiment à Lauterseiffen, un à la croix des routes de Goldberg et de Haynau, le reste à droite et à gauche de Plagwitz; on n'avait aucune nouvelle de la division Puthod. Toute la région au Sud de Löwenberg est visible des hauteurs à la droite de Zobten ; on y envoyait un officier en reconnaissance, il n'apercevait qu'un parti de 400 chevaux sur la droite.

Heureusement, à 5 heures du soir, Macdonald apprenait que la communication avec Buntzlau était libre; le hasard seul nous avait assuré le maintien d'un pont sur le Bober en cet endroit; quelques jours plus tard, le maréchal le reconnaîtra lui-même. « Il est heureux, écrira-t-il, que le général Marchand ait été arrêté par les eaux à Buntzlau, c'est lui qui, à force de travail, a sauvé ce pont à l'armée (1). » Sans se préoccuper de la division Puthod qui, à ce qu'il espérait, avait gagné Hirschberg, Macdonald n'en donnait pas moins ordre de marcher sur Buntzlau. A en croire le maréchal, les Ve et XIe corps ne formaient pas 5,000 hommes, encore on ne tenait pas, aucun fusil ne faisait feu.

Le maréchal était le 29 à 3 heures du matin à Buntzlau. De son propre aveu, l'ennemi « n'avait poursuivi que faiblement ; mais sa cavalerie légère, l'épouvantail des fuyards, s'était montrée partout avec du canon ».

Poursuite de Langeron, ordres de Blücher. — Le général Langeron avait en effet confié à sa seule cava-

---

(1) Macdonald à Berthier, 31 août, 7 heures du matin. Documents, p. 45.

lerie légère le soin de poursuivre les Ve et XIe corps. Il ordonnait au général Rudzewitsch de s'avancer sur la grande route et d'atteindre Lauterseiffen avec le gros, le Bober avec les Cosaques; le corps du prince Tscherbatof suivrait à 4 kilomètres.

Le reste du corps demeurait derrière Goldberg. Langeron justifiait en ces termes son inaction: « J'apprends du chef d'état-major du général Yorck que ce corps ne peut franchir la Katzbach trop gonflée que sur le pont de Goldberg; il doit ensuite se déployer sur la droite pour marcher sur Ulbersdorf d'après sa destination; par suite il a plus de chemin à faire que le reste de mon corps; et, comme tout doit rester à la même hauteur, je laisse sur les hauteurs derrière la ville le corps de Kapzewitsch et la réserve d'Olsuwief.. .. Du reste, l'ennemi est dans une telle déroute que les troupes légères suffisent (1). »

Cette dépêche se croisait avec un ordre de Blücher. Le général ordonnait à Saint-Priest de faire tomber les lignes successives de résistance de Macdonald, en tournant la Katzbach, la Schnelle-Deichsel, le Bober et la Queiss par leur source. A cet effet, il prendrait sa direction de Greiffenberg sur Marcklissa, puis vers la grande route de Dresde et communiquerait avec le général de Neipperg qui s'avancerait vers Görlitz et Bautzen.

« Je dois supposer, ajoutait-il, que l'ennemi marche sur Torgau, puisque après la perte du camp de Pirna, il fera difficilement de Dresde son point d'appui; il est donc important de détruire l'armée de Macdonald sans avoir besoin d'une autre bataille: Vous êtes sans doute déjà, avec votre armée, en marche sur Löwenberg qui est votre direction. »

(1) Langeron à Blücher, Goldberg, 28 août. *Armée de Silésie*, p. 149.

Malgré cet ordre pressant, Langeron passait la journée du 28 à Goldberg.

Blücher établissait dans la journée son quartier général à Goldberg.

Perte de la division Puthod. — Le mouvement de Macdonald abandonnait la division Puthod à elle-même.

Le général Puthod se mettait en mouvement le 28 à 7 heures du matin; comme il se portait par la route de Lahn sur Zobten (1), le général Rudzewitsch qui suivait une direction perpendiculaire devait nécessairement la couper.

La distance d'Hirschberg à Zobten, s'élève à 28 kilomètres; le débordement du Bober forçait le général à appuyer à droite pour atteindre la route de Schönau et regagner la route de Dippelsdorf à Zobten; ce détour le retardait d'une heure. Il rencontrait à la sortie de Dippelsdorf un parti de cavalerie qu'il chassait devant lui. A 1 kilomètre de Zobten, on distinguait six escadrons de cavalerie; Puthod faisait serrer les rangs au 134e qui marchait en carré; les quatre pièces d'artillerie, attachées à l'avant-garde, mettaient en batterie, deux compagnies de voltigeurs fusillaient les assaillants; il se produisait dans les rangs ennemis quelque hésitation, ce qui donnait au reste de la division le temps d'arriver successivement toute formée. Elle rejetait la cavalerie au delà du village, et s'établissait sur les hauteurs qui dominent Zobten, vers 5 heures. A la même heure, le maréchal prenait la décision de remonter sur Buntzlau.

Puthod décidait de s'arrêter dans ce village. Il plaçait un bataillon du 134e au cimetière afin d'assurer sa

(1) A ce qu'il paraît, il existait un gué à Eichberg. Bogdanowitsch, p. 79.

route pour le lendemain. Il a exposé dans son rapport le mobile de sa conduite.

« Pendant que s'établissaient mes troupes, j'entendis sur ma droite et en avant de moi une fusillade qui me confirma dans l'opinion que j'avais que la retraite du Ve corps n'était pas encore effectuée en totalité, et que j'avais été envoyé à Zobten pour la favoriser sur Löwenberg et protéger sa droite.

« J'étais alors dans une situation pénible sans autres nouvelles que celles qui m'avaient été données le 27 par l'aide de camp de M. le maréchal duc de Tarente ; aucun officier de l'armée n'était parvenu jusqu'à moi ; point de renseignements sur la marche de l'ennemi, nulles notions sur sa position que celles que je pouvais présumer. »

Une reconnaissance lancée vers le Nord rendait compte qu'elle n'avait pas aperçu de troupes françaises, mais seulement l'ennemi.

Néanmoins Puthod faisait tirer six coups de canon à la tombée de la nuit pour signaler son établissement à Zobten, et recommandait à tous les bivouacs de faire de très grands feux. Il essayait de communiquer avec le maréchal au moyen de nageurs ; un officier et deux sous-officiers en tentèrent l'essai ; un officier et un sous-officier se déguisèrent pour longer la rive droite du Bober et arriver à Plagwitz ; il ne reçut aucune réponse. Mais dans la nuit du 28 au 29, l'officier à qui avait été confié la dépêche du 27 au soir, revint et annonçait que sa reconnaissance avait été enlevée, et sa lettre prise.

La division Ledru se repliait : la brigade Lageon sur Gorisseiffen, les brigades Fressinet et Macdonald sur Greiffenberg.

Le général de Saint-Priest jetait des ponts de fortune à Schreibendorf et se dirigeait sur Schmiedeberg, son avant-garde entrait en partie à Hirschberg.

Sa liaison était établie par Trautenau avec le général de Neipperg. Il transmettait une dépêche où ce général le mettait au courant des événements qui se passaient en Bohême. Il avait en face de lui, entre Gabel et Reichenbach, un corps français, fort de 10,000 hommes appartenant aux IIe et VIIIe corps; deux régiments westphaliens étaient passés dans les rangs des alliés; la grande armée alliée avait franchi la frontière de Bohême le 22, et ce mouvement avait amené le repliement d'une partie des forces qui lui étaient opposées.

Journée du 29. Poursuite de la division Puthod. — La lecture de la dépêche de Puthod avait instruit le général Rudzewitch de la difficile situation où se débattait la 17e division. Il envoyait le général Emmanuel sur Plagwitz avec mission de lui couper la route du Nord; le général Korf se dirigeait vers Zobten pour lui intercepter celle du Sud; le général Tscherbatof, avec le 6e corps, le suivait par Pétersdorf.

Le 29, la division Ledru détachait un bataillon westphalien et 3 pièces au Popelsberg à gauche de Löwenberg, et un autre bataillon avec 2 pièces à droite de la ville pour interdire aux alliés d'y jeter un pont.

Le général Puthod retardait son départ jusqu'à 7 heures du matin, espérant rallier les hommes demeurés en arrière; il se proposait de marcher par Hœfel, Plagwitz et de passer le Bober à Löwenberg « ignorant que le pont avait été enlevé par le débordement des eaux ».

A la sortie de Hœfel, il distinguait quelques escadrons de cavalerie ennemie soutenus par de l'infanterie; ils se retiraient par le ravin qui gagne la droite de Plagwitz. Puthod les faisait flanquer par deux compagnies du 147e et suivre par le 1er bataillon du 148e.

Ces troupes s'emparaient de Plagwitz et s'établissaient à sa gauche, face à l'Est gardant les routes de Goldberg et de Buntzlau; la queue de la colonne était chargée entre Hœfel et Zobten par un parti de Cosaques.

On avait aperçu, en arrivant à Hœfel, une reconnaissance sur la rive gauche; un officier s'offrait de traverser le Bober pour communiquer avec elle. Il revenait annoncer qu'un officier d'ordonnance de Macdonald lui avait annoncé que le pont serait rétabli dans deux heures; un officier d'ordonnance du général Puthod se rendait sur les bords de la rivière, il y trouvait en effet cet officier d'ordonnance escorté de deux gendarmes; il lui répétait que le pont serait rétabli dans deux heures et lui annonçait que le maréchal était à Buntzlau.

Plein de confiance dans cette assurance, Puthod continuait sa marche sur Löwenberg, il arrivait sur le Steinberg entre 11 heures et midi avec environ 2,000 hommes, reste de sa division. Les Russes couronnaient les hauteurs à l'Est avec de l'infanterie, de l'artillerie et de la cavalerie; une batterie placée sur le Hirschberg et une autre sur le Weinberg prenaient le Steinberg à revers, des dragons et de l'infanterie coupaient la route de Buntzlau à Goldberg. Puthod envoyait un officier d'ordonnance auprès du général Lageon à Löwenberg; celui-ci lui « donnait lui-même l'assurance que le pont ne tarderait pas à être rétabli »: un officier d'ordonnance de Macdonald annonçait au général Lageon, en présence de cet officier d'ordonnance, que deux compagnies de sapeurs allaient arriver pour accélérer les travaux du pont, qui se faisaient sous la direction de M. Lhuillier. Cet officier voyait en effet travailler au pont, mais avec peu d'activité.

Le général avance que ces rapports l'ont décidé à résister sur place.

« Si l'on ne m'avait point donné l'assurance réitérée de pouvoir passer le Bober sur le pont de Löwenberg, a-t-il écrit, j'aurais pris la téméraire résolution de forcer le passage de la route de Buntzlau par Ludwigsdorf. »

Cette explication semble bien spécieuse ; toujours est-il que Puthod prenait l'irrévocable résolution de vendre cher à l'ennemi le restant de sa division.

Le 146e soutenu par les 2e et 3e bataillons du 148e avec cinq pièces gardait la droite, le 1er bataillon du 148e avec cinq pièces la gauche ; deux compagnies de voltigeurs et le 3e étranger reçurent l'ordre de défendre Plagwitz à outrance. Un bataillon du 147e occupait le centre ; les deux autres formaient une réserve en carré au centre du plateau. Les batteries russes canonnaient à outrance pendant deux heures les troupes françaises, tandis que des tirailleurs harcelaient les défenseurs de Plagwitz ; ils furent partout repoussés.

Entre 3 et 4 heures, les Russes passaient à une offensive générale ; sur la gauche Rudzewitsch portait en avant « avec une vigueur déterminée », des masses d'infanterie et de cavalerie (1) ; au même instant les tirailleurs français du centre étaient repoussés ; à la droite, Tscherbatof établissait 6 pièces de la 34e batterie sur une hauteur dominante ; elles prenaient de flanc la ligne française, et y causaient du trouble ; le général russe en profitait, il se déployait et attaquait avec les 11e, 36e, 28e et 32e chasseurs russes soutenus par la cavalerie de Korf (2).

Le 146e, chargé de la défense de la droite, « ne s'acquitta point de ce glorieux devoir et abandonna

---

(1) Régiments Charkow et de Kief.
(2) Bogdanowitsch, t. II, p. 79-80.

lâchement la bonne position qu'il occupait et la batterie qui la défendait ». Le général Puthod se jetait au milieu des fuyards; il parvenait deux fois à les arrêter; il se mettait à leur tête, faisait battre la charge, personne ne le suivit.

Les 147e et 148e tenaient encore, mais ils furent également repoussés; le 134e était enfoncé par le général Rudzewitsch après une vigoureuse mais vaine résistance; les débris de la division mettaient bas les armes. Faut-il en croire le général « trop d'officiers avaient cherché leur propre salut et donné le mauvais exemple ».

Sauf l'envoi de l'officier dont parle Puthod, on ignore les mesures prises par le maréchal pour communiquer avec la 17e division, mais au premier abord, il semble extraordinaire que, du 27 au 29, on n'ait pas réussi à lui faire parvenir des instructions à Zobten.

Retraite des XIe et Ve corps dans la nuit du 28. Décisions de Macdonald pour le 29. Poursuite de l'ennemi. — Macdonald se rendait bien compte de la responsabilité qui pesait sur lui; à 3 heures du matin, il annonçait l'intention de marcher au secours de Puthod. « S'il descend le Bober par la rive droite de ce fleuve, écrivait-il, j'essayerai un mouvement offensif sur le flanc de l'ennemi pour favoriser son arrivée. » Faut-il croire à la réalité de cette intention? La suite des événements va nous l'apprendre.

La retraite des généraux Lauriston et Gérard s'était opérée de nuit sans être inquiétée; le 29, à 8 heures du matin, ils repassaient sur la rive gauche. Aucun des signaux du général Puthod n'avait été entendu, et, de Löwenberg, on n'avait pas distingué ses feux, ce qui confirmait dans l'opinion qu'il était à Hirschberg.

A 8 heures, de la cavalerie ennemie apparaissait à Loschwitz, c'était l'avant-garde de Katzeler qui débouchait; le maréchal Macdonald ordonnait à Souham de l'arrêter.

L'extrême arrière-garde du IIIe corps avait abandonné Thomaswaldau à 3 heures du matin. Katzeler s'était mis de suite en marche avec deux escadrons et les Cosaques; il était suivi par la cavalerie de l'avant-garde de Sacken, la 7e brigade prussienne, l'infanterie de l'avant-garde russe. Horn avait dû laisser en arrière ses deux bataillons de landwehr réduits à 100 hommes.

Le colonel Katzeler se trouvait au débouché de Schwiebendorf, en présence d'une forte arrière-garde française postée à Gnadenberg. Le général Horn, qui était accouru avec le général Wassiltchikof, estimait ne pouvoir forcer le passage avec leurs soldats épuisés de fatigue et de faim; ils prenaient position et proposaient à Yorck de tomber sur le flanc droit de l'ennemi par Loschwitz; ils promettaient de décider l'affaire en une demi-heure (1).

Lorsque son infanterie l'eût rejoint, Horn renouvelait sa demande à Yorck: « Le Bober, lui disait-il, est extraordinairement enflé; d'après de bons avis, beaucoup de monde de l'armée ennemie a passé avant la crue de l'eau, les troupes arrivées hier sont dans la plus grande inquiétude et devront se rendre dès qu'on les attaquera sérieusement. »

Le général Sacken entrait à Liegnitz à 3 heures de l'après-midi; de cette ville, il se déclarait prêt à appuyer son avant-garde avec tout son corps, dès qu'elle lui en témoignerait la nécessité.

De Neundorf, le colonel Jurgas, commandant la réserve de cavalerie prussienne, lançait dans la

(1) Horn à Yorck, devant Gnadenberg, 29 août. *Armée de Silésie*, p. 151.

matinée des patrouilles d'officiers sur la route de Buntzlau et sur celle de Löwenberg. La première rencontrait dans la forêt derrière Alt-Warta des flanqueurs français qui se repliaient sur Loschwitz, où ils étaient recueillis par trois escadrons ; ces derniers se retiraient sans combat.

En transmettant son rapport, Jurgas ajoutait : « Les paysans disent que l'ennemi cherche à franchir le Bober dans de petites barques », preuve que le passage éprouve des difficultés à Buntzlau.

Celle envoyée vers Löwenberg avait poussé jusqu'au pont ; elle y avait reçu des coups de feu des Français postés sur l'autre rive ; elle rendait compte que les Français s'étaient dirigés de cet endroit sur Buntzlau ; la route montrait de nombreuses traces de leur retraite.

Ce rapport était confirmé par le major Schenk (2e leib-hussards) qui s'était porté de Hartliebsdorf sur Löwenberg. Il écrivait à 9 h. 30 que les dernières troupes campées devant Löwenberg avaient quitté ces environs vers 5 heures et 7 heures, marchant sur Buntzlau. Les hommes avaient dû être arrachés de force des maisons par les gendarmes. Il suffisait au général Yorck de détacher vers la route de Löwenberg à Buntzlau pour forcer l'ennemi à capituler.

De Hartmansdorf, le major Stœssel (1) s'était avancé de bonne heure sur Buntzlau ; il rencontrait à Neuwartha quatre régiments de cavalerie et plusieurs bataillons en bon ordre, qui l'arrêtaient : « L'ennemi, mandait-il, semble, coûte que coûte, vouloir tenir, parce qu'il ne peut franchir les eaux enflées. »

Mais de l'avis du général Yorck son corps n'était pas en état de répondre à cet appel. Les landwehriens de la brigade du prince de Mecklembourg durent être

---

(1) 2e leib-hussards regiment, voir p. 127.

laissés à Goldberg, ceux de la brigade Hunerbein étaient absolument pieds nus et fondaient à vue d'œil. La brigade Steinmetz atteignait Adelsdorf à midi. La cavalerie n'était pas en excellent état; ni les chevaux, ni les hommes ne trouvaient rien à manger, beaucoup d'animaux et de soldats étaient malades.

Pour tous ces motifs, Yorck décidait de pousser sa cavalerie jusqu'au Bober et de rester immobile avec le gros. Comme la Schnelle-Deichsel était enflée au point de ne pouvoir être franchie qu'au pont de Pilgramsdorf, on tenterait pendant la journée de jeter des ponceaux sur cette rivière. Le corps occuperait le soir : Katzeler, Wolfshayn; Horn, Haynau; Stœssel, Gross-Hartmansdorf; Jurgas, Neundorf; la 2e brigade, Leisersdorf; la 8e Ulbersdorf; la 1re était en marche sur Adelsdorf; la réserve de cavalerie s'avançait par Jauer (1).

A la réception des rapports de sa cavalerie, Yorck envoyait demander des instructions à Blücher; celui-ci, après le combat de Plagnitz, avait transféré son quartier général à Hohlstein; l'officier l'y rejoignait à une heure avancée.

Il en rapportait l'ordre suivant où Blücher exprimait son vif mécontentement.

« Votre Excellence m'a fait demander par le lieutenant de Reibnitz ce que l'on devait faire d'après le rapport du général de Horn. J'aurais désiré, d'après ma lettre d'hier, que vous eussiez pris une décision sans me la demander, puisque l'on perd tant de temps, que tout est ordonné trop tard, et je vous prie, dans des cas semblables, de décider sans demande, d'après les dispositions générales. Puisque l'ennemi a dirigé toutes ses colonnes sur Buntzlau, pour y passer le

(1) Yorck à Blücher, Leisersdorf, *Armée de Silésie*, p. 153.

Bober, que Votre Excellence veuille rompre demain de bonne heure sur Buntzlau et franchir le Bober.

« S'il se tient encore à Gnadenberg, attaquez-le de suite (1). »

Cet ordre était remis le 30, à 5 h. 30 du matin, au quartier général de Yorck. Celui-ci, ignorant le transfert du quartier général à Hohlstein, attendait depuis la veille des ordres de marche. A 6 heures du matin, tout le 1er corps se mettait en mouvement.

Il s'engageait alors entre les deux généraux une correspondance fort vive (2).

A l'extrême droite de l'armée de Silésie, les trois corps de partisans du major Falkenhausen, Madatov et Nachmanow avaient réussi à passer le Bober et la Queiss à Baudendorf et Borgsdorf. Les Russes se séparaient alors des Prussiens que ne pouvaient suivre les chevaux de la landwehr (3).

Le capitaine de Schwanenfeld avait également traversé le Bober avec ses 50 hussards à Baudendorf à un endroit qu'un pêcheur lui avait indiqué ; puis il avait poussé sur Klitschdorf, y avait franchi la Queiss et, dans la journée, il avait battu l'estrade sur les derrières de l'armée française vers Waldau (3).

Dispositions de Macdonald dans la journée du 29. — Le 29, Macdonald n'avait donc eu que de la cavalerie en face de lui; ses troupes étaient dans un état pitoyable « percées de la pluie pendant quatre-vingts heures consécutives, marchant dans la boue jusqu'à mi-jambe et traversant des torrents débordés » ; il était impossible, prétendait-il, de les tenir dans le

(1) Blücher, Hohlstein, 29 août. *Armée de Silésie*, p. 155.
(2) Voir ces lettres aux documents.
(3) *Armée de Silésie*, p. 159.
(4) *Ibid.*, p. 151.

rang. A 10 heures, on n'avait pas vu d'infanterie; à midi, la cavalerie ne paraissait pas vouloir rien entreprendre pour le moment. A 1 heure, on apprenait l'arrivée de la division Puthod devant Löwenberg.

Macdonald ne « balançait pas à faire un mouvement offensif ». Les ordres étaient donnés; à 3 heures, ils étaient révoqués sur les observations des généraux Lauriston, Souham, Sébastiani.

On abandonnait ainsi des camarades à leur triste sort. Tranchons le mot : c'était la théorie du sauve-qui-peut.

Écoutons les motifs du maréchal : « On ne serait pas à temps et les troupes sont hors d'état de marcher; d'ailleurs l'ennemi paraît nous menacer sérieusement dans cette plaine. »

C'est avec de telles explications que le maréchal calmait sa conscience; il estimait n'avoir rien à se reprocher.

Le 29 à minuit, en rendant compte du désastre de la division Puthod, il s'exprimait ainsi : « J'aurai l'honneur d'adresser demain à Votre Altesse copie des dispositions pour attaquer l'ennemi devant Jauer. Je les soumets à Sa Majesté pour qu'elle juge ma conduite. Elle connaît les circonstances qui en ont été le résultat. Je n'ai pu prévoir ni maîtriser les éléments : ils sont cause de tous nos malheurs, *car l'échec essuyé par la cavalerie était peu considérable en proportion de la force de l'armée* (1) et eût été très réparable sans un déluge continuel de trois jours et autant de nuits. » La pluie ne tombait-elle pas également pour les alliés.

D'après les renseignements qui lui étaient parvenus, le gros de l'armée de Silésie était devant Löwenberg; pour lui, il se proposait de tenir le lendemain la ligne

(1) Macdonald à Berthier, Buntzlau, 29 août, minuit. Documents, p. 35. Ce passage est souligné par l'auteur.

du Bober, puis de se réunir derrière la Queiss où il livrerait bataille si les généraux réussissaient à rallier leurs troupes.

En réalité, le maréchal ne songeait nullement à adopter cette résolution énergique ; alors qu'il aurait dû prendre modèle sur l'Empereur, s'efforcer de cacher l'étendue de son désastre à ses subordonnés, il écrivait à Poniatowski : « Je vais passer la Queiss et choisir une position pour livrer bataille à l'ennemi, si toutefois nos forces peuvent se balancer. Dans le cas contraire, je repasserai successivement la Neisse, la Sprée et l'Elbe.... » Ainsi le maréchal entrevoyait déjà la possibilité de reculer jusqu'à l'Elbe. Il songeait si peu à livrer bataille, qu'en cas de retraite, au lieu d'appeler à lui le VIIIe corps, non encore éprouvé, et composé d'anciens soldats, il invitait le prince Poniatowski à rechercher une route lui permettant de se retirer sur Dresde par la Bohême, « car un mouvement en arrière de Zittau, lui expliquait-il, pourrait compromettre les troupes si j'étais un peu pressé (1) ». Or, l'exposé des faits montre ce que le maréchal entendait par l'expression « être pressé ».

Le 29 au soir, l'armée française occupait les emplacements suivants :

La division Marchand à Lauban, sur la rive gauche, ayant un bataillon dans cette localité, ainsi qu'à Naumbourg et à Berthelsdorf.

Le IIIe corps et le 2e de cavalerie à Buntzlau et en avant.

Le XIe corps à Ottendorf.

On ignore la position exacte du Ve corps.

Le quartier général du maréchal à Lauban.

---

(1) Macdonald à Poniatowski, Buntzlau, 29 août, minuit. Documents, p. 36.

Poursuite de l'armée française dans la journée du 30. — Le IIe corps prussien se mettait en mouvement sur deux colonnes. La colonne de droite (1re et 2e brigades) passait la Schnelle-Deichsel en autant de points que la hauteur de l'eau le permettait; son rendez-vous était à Altzenau; de là, elle se portait par Mittelau sur Buntzlau; la réserve d'artillerie la suivait par Adelsdorf; le général Yorck l'accompagnait. La 2e colonne (réserve de cavalerie, 8e brigade) se réunissait à Graditz; de là, elle marchait sur Buntzlau par Hartmansdorf et Alt-Jeschwitz, laissant Graditzberg à gauche (1).

Les brigades atteignaient les lieux de rendez-vous à midi; elles apparaissaient devant Buntzlau vers 5 heures du soir et y trouvaient la brigade Horn engagée avec le IIIe corps.

La ville de Buntzlau, située sur la rive droite du Bober, est dominée vers le Sud par une hauteur nommée Kesselberg qui tient sous son feu la grande route Buntzlau-Lauban. La rivière y forme une île que cette route traverse sur deux ponts; le premier, appelé petit pont, tient à la rive droite, il est battu par un moulin; le second, ou grand pont, franchit le grand bras du Bober; le terrain se relève sur la rive gauche; au sommet de la côte, le village de Tillendorf, bâti en largeur, commande le débouché du pont et constitue une position défensive très forte.

Le IIIe corps avait évacué Buntzlau à 5 heures; la 8e division et la cavalerie fermaient la marche. Au fur et à mesure que les corps passaient, on leur distribuait les farines et denrées existant dans les magasins.

(1) Yorck, Leiserdorf, 30 août, 6 heures du matin. *Armée de Silésie*, p. 137.

« Tous les approvisionnements qui y avaient été faits à grands frais, furent ainsi épuisés, sans que cela tournât à profit par le peu d'ordre mis dans ces dispositions (1). »

Involontairement, on se demande pourquoi Macdonald n'a pas utilisé la journée du 29 pour ravitailler les corps.

Combat de Buntzlau. — Le général Horn, aussitôt après avoir été informé que les Français commençaient à évacuer Buntzlau, ordonnait au général Katzeler de tourner la ville par la gauche avec les hulans de Brandebourg et la batterie à cheval n° 2 et de se porter sur le Kesselberg; les détachements de chasseurs du leib-régiment et les tirailleurs du leib-bataillon fusiliers servaient de soutien; une batterie russe de 12 et trois bataillons russes de l'avant-garde constituaient une seconde ligne.

La 7e brigade attaquerait Buntzlau de front ayant en première ligne le leib-fusilier bataillon et le 3e du 15e de Silésie ; en seconde, les quatre régiments de landwehr, le leib-régiment et une batterie de la 7e brigade devait attendre pour s'engager que le bruit du canon de Katzeler se fît entendre.

Le colonel Katzeler gravissait rapidement le Kesselberg ; à son approche, les tirailleurs français abandonnaient Buntzlau sans résistance ; un bataillon avait été placé au pont du moulin avec mission de couvrir la retraite, mais, canonné par la batterie prussienne, pris de flanc par les chasseurs et les tirailleurs qui se glissaient le long de la rivière, il se repliait après avoir mis le feu au pont ; le petit pont fut incendié, le grand ne brûla point ; les chasseurs

(1) Journal des opérations du IIIe corps, p. 65-66

et les tirailleurs prussiens en profitèrent, traversèrent vivement le petit pont à la suite des Français et s'emparèrent du grand pont; deux pièces venaient les appuyer au moulin; la batterie russe se plaçait à côté de la batterie prussienne sur le Kesselberg; de ce point, elles canonnaient le parc du IIIe qui se retirait sur la grande route, mais avec peu d'efficacité.

La perte du pont livrait à l'ennemi le seul point de passage existant sur le Bober; le général Souham ordonnait à la 11e division de le reprendre; le général Ricard arrêtait sa division et chargeait le 50e régiment de rejeter les tirailleurs ennemis; il y réussissait, mettait le feu au pont, puis se retirait.

Le bataillon de fusiliers du leib-régiment, le 3e bataillon du 4e régiment de landwehr, le 1er bataillon du 15e régiment de landwehr et la 4e compagnie de chasseurs de la Garde éteignaient le feu du pont, mais ne réussissaient pas à le rétablir en présence des Français établis à Tillendorf; le 3e bataillon du 4e régiment de landwehr allait observer un ponceau vers Nieder-Mühle. Le général Horn renforçait successivement les combattants par les deux bataillons du leib-régiment, trois pièces d'artillerie essayaient vainement de prendre position au pont; elles étaient démontées en un instant; le 1er du 15e manquait de munitions.

Vers 10 h. 30, les Français se retiraient. Par ordre de Sacken, personnellement présent, les Cosaques franchirent le Bober à leur poursuite, deux bataillons (1er et 4e bataillons du 4e silésien) occupaient les hauteurs et Tillendorf; deux bataillons du leib-régiment restaient au pont, le 1er du 15e aux portes de Buntzlau; les 2e et 4e du 15e dans la ville, les fusiliers du leib-régiment qui avait consommé leurs munitions, en arrière.

Le maréchal apprenait à 11 heures du matin que de

fortes masses se présentaient avec du canon devant la ville de Buntzlau ; il arrêtait le IIIe corps (1). La 11e division faisait demi-tour ; la 8e se plaçait près du bois en avant de Buntzlau en soutien de la 11e, la 9e prenait position à l'embranchement des routes de Löwenberg et de Görlitz, le 10e continuait sa route sur Siegersdorf escortant le grand parc.

Les deux bataillons prussiens placés à Tillendorf étaient rejetés sur la rive droite. « Deux compagnies de voltigeurs engagèrent la fusillade avec les tirailleurs ennemis et parvinrent à les chasser sur la rive gauche.» Arrivés à la tête du grand pont, nos voltigeurs, soutenus par un bataillon, poursuivirent l'ennemi jusqu'au moulin ; mais celui-ci ayant été renforcé dans cette position, tint ferme pendant plus d'une heure. »

Le mauvais état du grand pont qui était à demi brûlé et encore en flammes, ne permettait pas d'aller à leur soutien.

De son côté, la 7e brigade manquait de munitions ; tout ce qui en avait encore fut poussé jusqu'au pont et se contentait de nous arrêter. Un renfort de deux bataillons russes (16e division), permettait au général Horn de reprendre l'offensive avec succès ; mais lorsqu'il voulut déboucher du pont et nous enlever Tillendorf, il était de nouveau rejeté ; nos tirailleurs « appuyés par des bataillons, qui se relevaient d'heure en heure, arrêtèrent l'ennemi jusqu'à la chute du jour sans faire beaucoup d'usage d'une pièce qu'on avait mise en batterie ».

Positions de l'armée française, le 30 au soir. — Le IIIe corps continuait son mouvement rétrograde ; les divisions arrivèrent à 11 heures sur les hauteurs en

---

(1) Macdonald à Berthier, Lauban, 31 août, 7 heures du matin. Documents, p. 44.

arrière de Siegersdof; elles s'y placèrent en colonnes par division et par brigade, ayant leur artillerie au centre.

Le XIe corps s'établissait dans la matinée en arrière de Löwenberg; il se retirait sur Lauban à 5 heures du soir et s'arrêtait à Seiffersdorf.

Emplacements de la colonne de droite de l'armée de Silésie, le 30 au soir. — L'avant-garde russe cantonnait à Buntzlau. Deux brigades prussiennes s'établissaient à gauche de Buntzlau les deux autres à droite.

Sacken bivouaquait à droite et en avant. Le quartier général de Blücher demeurait à Hohlstein.

Dans la soirée, Yorck, après avoir rendu compte à Blücher de la journée, l'informait que les troupes battues à la Katzbach étaient toutes passées par Buntzlau; le IIIe corps formait l'arrière-garde. Ces renseignements étaient complétés dans la soirée par un rapport du capitaine Schwanenfeld posté près de Görlitz. « L'armée française, écrivait-il, paraît complètement en débandade. Le commandant de Görlitz a fermé les portes aux fugitifs et 7,000 gisent devant la ville dans un désordre chaotique. »

Le corps de partisans russes, après avoir passé la Neisse, en avaient rompu tous les ponts, de telle sorte que le major Falkenhausen était obligé de s'arrêter à Pentzig; il ne rétablissait le passage que le 31 au matin.

Son intention était de se diriger sur Weissenberg avec le capitaine de Schwanenfeld pour y détruire un magasin français qu'on supposait y exister. Quant aux corps russes, ils battaient l'estrade sur les derrières de l'armée française; ils atteignaient Löbau dès le 30 (1).

---

(1) *Armée de Silésie*, p. 160.

Opérations et mouvement du corps de Langeron. — Le corps de Langeron avait ordre de passer de bonne heure à Braunau, mais les ponts de Lauterseiffen arrivèrent seulement à 8 heures ; à ce moment la tête du XIe apparaissait devant Löwenberg ; et à 10 heures du matin, Langeron rendait compte que la construction d'un pont y était impossible (1). De sa propre initiative, le général Rudzewitsch faisait renouveler cette tentative à trois quarts de lieue de Löwenberg ; les pontons étaient déjà à l'eau, lorsque le feu d'un bataillon, accompagné de deux pièces, l'obligeait d'y renoncer. A la suite de cet insuccès, le major Oppen apportait à Langeron l'ordre de passer à Zobten ; celui-ci se dirigeait à 4 heures de l'après-midi sur ce point avec les corps de Tscherbatof et de Kapzewitsch, mais ses essais échouèrent, le Bober était débordé sur plusieurs centaines de mètres et le sol trop marécageux pour porter des pièces. La cavalerie russe remontait alors vers Dippelsdorf avec deux bataillons ; quelques Cosaques y franchirent la rivière, sans y trouver d'ennemis ; néanmoins il fut impossible d'y construire un pont : trois fois le courant le rompit.

Les généraux Rudzewitsch et Olsuvief étaient demeurés avec 25 pontons devant Lövenberg ; le soir, ils reconnaissaient chez les Français des mouvements qui leur faisaient présager une retraite ; ils recevaient ordre, si cet avis se confirmait, d'y traverser la rivière ; les travaux commencèrent seulement le 31 au matin.

En fait, Gérard était parti le 30, à 5 heures de l'après-midi, ne laissant que des postes.

---

(1) Langeron à Blücher, 30 août, 10 heures du matin. *Armée de Silésie*, p. 160.

La brigade Lageon avait rappelé à Gorisseiffen ses postes détachés et s'était rendue à Lauban.

Les brigades Freyssinet et Macdonald conservaient leur position de Greiffenberg où elles combattaient avec l'avant-garde de Saint-Priest dont le gros se portait de Hirschberg sur Spiller.

A l'extrême gauche, le major Bollenstern s'était dirigé sur Marcklissa ; en présence du désordre qui y régnait sur les derrières de l'armée française, il n'hésitait pas à pousser sur Görlitz et était assez heureux pour enlever, le 31 à minuit, les petits dépôts du 2e corps de cavalerie à Pfaffendorf (1).

Pour le lendemain, Blücher ordonnait aux deux corps de Yorck et de Sacken de franchir le Bober, et d'attaquer ce qui leur résisterait.

Le général Sacken marcherait sur Siegersdorf, une partie du IIe corps prussien sur Naumbourg. Le général Langeron passerait dans la nuit le Bober à Zobten pour attaquer le corps placé à Löwenberg dont on évaluait la force à 15,000 hommes. « Il m'est pourtant annoncé, écrivait-il, qu'il fait des mouvements qui présagent une retraite (2). »

Retraite de l'armée française, le 31 août. — La 10e division allait prendre position à Naumbourg.

La 9e entre Naumbourg et Siegersdorf.

Les 8e et 11e derrière Siegersdorf.

Quatre bataillons et un escadron se rendaient à Klitschdorf pour en détruire le pont.

La division Marchand atteignait la ligne de la Neisse. Le bataillon garde-fusiliers (3) s'établissait à

---

(1) Macdonald à Berthier, Görlitz, 1er septembre, 10 heures soir. Documents, p. 49.

(2) Blücher à Yorck, 30 août. *Armée de Silésie*, p. 161.

(3) Historique du 116e allemand, p. 167.

Zadel ; le 2e régiment hessois avec deux pièces se rendait à Rothenbourg ; le leib-garde-régiment demeurait à Görlitz (1). La 1re brigade (badoise) se portait par Geitsdorf et Heidersdorf sur Seichwitz et Ostritz, afin d'y détruire les ponts et d'assurer la liaison avec le VIIIe corps (2).

Lorsque le IIIe corps d'armée eut repassé la Queiss, une forte colonne de cavalerie, soutenue par 2,000 ou 3,000 hommes d'infanterie vint s'établir à une demi-lieue en face de lui.

Le Ve corps s'était rendu à Lauban avec les 35e et 36e divisions du XIe corps et la brigade Lageon, cette dernière avait abandonné sa position de Seiffersdorf à 6 heures du matin. Les brigades Freyssinet et Macdonald partaient à 3 h. 30 de Greiffenberg, se dirigeant sur Marcklissa ; elles rejoignaient dans la journée. La confiance était revenue avec le beau temps. « Ce qu'il y a de plus singulier, écrivait Macdonald, c'est qu'il n'y a ni terreur ni crainte. Le soldat cherchait des abris, en cela, il imitait trop bien l'exemple de ses officiers, car le manque de subsistance ne se faisait pas sentir comme à présent. »

Le général Lauriston avait la même impression : « Cependant il n'y a pas de découragement, mandait-il, les troupes sentent leur supériorité sur l'ennemi dans le combat et, si on lui en livre un avec ensemble, je suis sûr du succès. »

Quelques jours plus tard, le prince de Hesse écrira de même : « Le corps de troupe, comme toute cette armée, a considérablement souffert par les nombreuses marches et contremarches, principalement par les passages d'eau et les marches de nuit, mais en général

(1) Historique du 115e allemand, p. 224.
(2) *Armée de Silésie*, p. 162.

(im ganzen) le corps, malgré ses fatigues, est sain et se tient (1). »

En attendant, Macdonald voulait ramener toute l'armée sur Görlitz où il espérait trouver l'occasion de tomber sur un corps isolé et d'obtenir des succès faciles qui remonteraient le moral du soldat. La dépêche de Berthier du 31, à 3 heures, lui prescrivait d'exécuter sa retraite sur Görlitz. A 7 heures du soir, il rendait compte qu'il se mettrait en mouvement sur cette ville à minuit (2).

Poursuite de l'armée française par l'armée de Silésie. — Conformément à l'ordre de Blücher, le général Sacken, après avoir passé le Bober à 11 heures, suivit la route de Siegersdorf avec la cavalerie de son avant-garde. Il y trouvait le pont coupé et les Français prêts à se défendre. Le gros passait à 11 heures et cantonnait à Paritz.

L'avant-garde de Katzeler se mettait en mouvement à 4 heures de Tillendorf sur Naumbourg ; elle y entrait à 4 heures du soir, le pont était rompu ; des tirailleurs défendaient la rive gauche ; Katzeler se contentait de s'assurer de la possession du pont ; deux bataillons de l'avant-garde occupaient la ville ; le reste bivouaquait sur les hauteurs entre la Queiss et le ruisseau d'Herzogwald.

Le gros du corps franchissait le Bober à 4 heures de l'après-midi dans l'ordre suivant : 7e, 8e, 1re et 2e brigades, réserve de cavalerie, réserve d'artillerie et marchait sur Naumbourg par Thiergarten ; il y arrivait à la nuit tombante. On ne réussissait pas à y rétablir le pont dans la nuit.

---

(1) Historique du 115e allemand.

(2) Macdonald à Berthier, Lauban, 31 août, 7 heures du soir. Documents, p. 45.

Le quartier général de Blücher s'établissait dans la soirée à Löwenberg.

A 8 heures du matin, les ponts de Löwenberg et de Dippelsdorf étaient praticables devant le corps de Langeron. La cavalerie passait à Dippelsdorf: le reste du corps à Löwenberg. Le soir, le général Rudzewitsch s'arrêtait entre Berthelsdorf et Lauban; les ponts de bois sur la Neisse étaient brûlés, le pont de pierre détruit; par sa gauche, il se liait avec le corps de Saint-Priest à Greiffenberg. D'après les renseignements obtenus, la division Gérard, la brigade Lageon, le général Lauriston avec deux divisions du Ve corps, 3,000 hommes de cavalerie et vingt-quatre pièces, venus de Buntzlau, se trouvaient réunis à Lauban; ils entouraient les hauteurs d'un demi-cercle. « Depuis trois jours, ajoutait Langeron, l'armée française est dans l'incertitude sur le sort du maréchal Macdonald; il serait peut-être possible qu'il se trouve au nombre des prisonniers sous les vêtements d'un simple soldat. »

A en croire un officier westphalien, l'Empereur avait remporté, le 26, une grande victoire sur les Autrichiens (1).

Le gros du corps cantonnait à Seiffersdorf.

Le général Saint-Priest, aussitôt après avoir été averti par les habitants de Greiffenberg de l'évacuation de cette ville, poussait son avant-garde vers Marcklissa dans la direction de Lauban; il faisait reconstruire à Greiffenberg les ponts sur Queiss et s'avançait avec le gros de son corps sur cette ville.

L'avis donné par l'officier westphalien était de la plus haute importance; il était vraisemblable que

(1) Langeron à Blücher, Seiffersdorf, 31 août. *Armée de Silésie*, p. 163.

l'Empereur se jetterait bientôt sur l'armée de Silésie. En prévision de cette offensive, Blücher prescrivait de s'arrêter sur la Queiss et il faisait préparer une position en avant de Warto où il se retirerait devant des forces supérieures.

Le VIIIe corps du 24 au 30 août. — Le mouvement rétrograde de Macdonald, s'il se continuait, devait l'amener à hauteur du prince Poniatowski chargé de couvrir sa droite et de surveiller les débouchés de la Bohême. Comme on s'en souvient, l'Empereur avait spécialement recommandé aux deux généraux d'entretenir entre eux une correspondance active.

Le VIIIe corps n'a joué, durant toute cette période, aucun rôle en ce qui concerne l'armée de Macdonald. Il a donc semblé préférable, avant d'exposer brièvement la manière dont le prince Poniatowski a envisagé la défense de la frontière qui lui était confiée, d'attendre le moment où son action se liera réellement avec les opérations du maréchal.

Les troupes ennemies qui lui étaient opposées se composaient de la 2e division légère Neipperg, forte de 3,600 hommes d'infanterie et 2,500 cavaliers. Ce général, redoutant une invasion des Français en Bohême, s'était décidé le 22, à réunir ses forces sur le haut Iser, de manière à menacer leurs lignes de communications, s'ils la tentaient réellement, et à s'appuyer à l'armée de Silésie. Son quartier général était à Libenau ; ses troupes à Marschowitz, Langenbruck, Bohmisch-Aicha.

Le 23 au soir, il renvoyait une partie des hussards de Liechtenstein, trois compagnies de Peterswardeiner et une demi-batterie de cavalerie sur Neuschloss. En outre, comme on lui signalait la retraite de la gauche de l'armée de Silésie, sur Striegau et Smiedeberg, il établissait un poste de 90 hommes à Ober-Polan.

Le 23 août à 5 h. 30 du soir, l'Empereur, en appelant Victor à Dresde, lui disait : « Le prince Poniatowski pourra rester pour garder le débouché de Zittau, en se concentrant et en agissant avec la plus grande prudence. Il masquera son mouvement à l'ennemi le plus longtemps qu'il lui sera possible (1). »

La défense des défilés de la Bohême restait confiée au VIIIe corps. Les ouvrages destinés à battre le col de Gabel étaient alors fort avancés, et, d'après les reconnaissances des jours précédents, l'ennemi n'était pas en force dans cette partie. Aussi Victor considérait-il comme douteux « qu'il inquiétât beaucoup le VIIIe corps ». Il conseillait au prince d'envoyer un bataillon au col, un autre à Reichenberg en soutien de sa cavalerie, qui demeurait seule pour surveiller ce débouché, et de concentrer le gros de ses forces au col pour le cas où l'ennemi l'attaquerait. « Il convient, lui écrivait-il, que vous restiez dans votre position actuelle jusqu'à ce que l'ennemi fasse des démonstrations sérieuses devant vous (2). »

Poniatowski partageait les idées du maréchal sur la manière dont le col de Gabel serait attaqué (3) ; il estimait que les forces de son corps n'étaient pas suffisantes pour satisfaire à la mission dont il était chargé, pour s'opposer à un enveloppement. Il observait que de nombreux chemins offraient des communications parallèles et transversales à droite et à gauche du col, et qu'au cas où l'on voudrait réellement faire tomber sa position, « le parti le plus facile et le plus court » serait de la tourner et de marcher sur Zittau.

---

(1) L. N. I. n° 276.

(2) Victor à Poniatowski, Eichgraben, 24 août, 1 heure du matin Reg. d'ordres de Victor, p. 153.

(3) Voir introduction du *Journal du prince de Wurtemberg*, p. CXXI et CXXXVII.

Afin de parer à ce danger, il aurait désiré occuper Zwickau et Reichenberg « assez en force pour qu'à l'aide des obstacles qu'on pourrait y faire, par des abatis, coupures, etc., il pût arrêter l'ennemi assez longtemps pour porter secours au point qui serait reconnu être le vrai point d'attaque (1) ».

L'ordre du 24, à 9 h. 30 du matin (2), lui confiait la défense des deux cols de Gabel et de Georgenthal et augmentait encore les difficultés de sa mission ; à la vérité, l'Empereur ajoutait : « Les Autrichiens n'ont pas là de forces supérieures aux vôtres » soit qu'il eût des renseignements véritables à ce sujet, qu'il ajoutât créance aux rapports expédiés par Victor dans les journées précédentes (3), ou que, selon son habitude, il voulût uniquement agir sur le moral du prince.

Poniatowski le reconnaissait lui-même : « Les forces ennemies que j'ai devant moi ne sont point assez considérables pour me donner de l'inquiétude. Mais il est également certain que, si je me divisais pour garder à la fois trois débouchés, l'ennemi, prenant l'initiative, pourrait assez facilement pénétrer sur un de ces points, d'autant plus qu'il ne tentera certainement une opération de cette nature qu'autant qu'il aura des troupes pour la soutenir et en tirer quelque avantage. »

Il maintenait ses premières dispositions : « occuper fortement le col de Gabel, en observant également les deux autres débouchés de manière à pouvoir se porter rapidement à celui qui serait menacé (4) ».

---

(1) Poniatowski à Berthier, Gabel, 24 août. Documents, p. 11.

(2) Registre d'ordres de Berthier, t. II, p. 87.

(3) Voir *Journal des campagnes du prince Eugène de Wurtemberg*, Introduction.

(4) Poniatowski à Berthier, Gabel, 24 août, 8 heures du soir. Documents, p. 12.

Il envoyait vers l'Ouest, un régiment de cavalerie et quelque infanterie à Rohrsdorf sous les ordres du général Weysenhof.

A en croire les sources françaises (1), le général Bruno aurait évacué volontairement Reichenberg dans la matinée du 23, à la suite de la trahison des deux régiments de Westphaliens ; puis il y serait rentré à 9 heures du soir, et aurait repoussé toutes les attaques tentées pendant la nuit contre cette localité ; au contraire, les Autrichiens accordent l'avantage à leurs troupes. Dans la matinée du 24, lorsque le général Bruno eut été rappelé au IIe corps, le général Uminski se sentant aventuré avec son faible détachement composé du régiment de Cracus et d'un escadron de cuirassiers se retirait sur Kratzau.

Poniatowski lui envoyait 500 hommes et quatre pièces de canon et lui ordonnait de rentrer à Reichenberg où il couvrirait la gauche du VIIIe corps.

Le 4e corps de cavalerie lançait vers le Sud une reconnaissance sur Niemes et de là à gauche vers Hunnerwasser et à droite vers Hirchwasser ; elle permettait de constater que l'ennemi avait presque totalement abandonné la Bohême (2).

Le 25, le général Uminski se dirigeait sur Reichenberg en deux colonnes ; l'infanterie rejoignait la grande route Friedland-Reichenberg ; la cavalerie suivait celle de Kratzau. Bien qu'on lui eût signalé sur son flanc droit des détachements de 400 hommes d'infanterie à Schönbach et à Christdorf (3), il réoccupait la ville sans coup férir.

---

(1) Pour l'exposé de toutes ces escarmouches, voir le *Journal militaire autrichien* (1838) n° 2 et *Mémoires* sur les opérations du VIIIe corps de la Grande Armée en 1813.

(2) Journal du 4e corps. Documents, p. 70.

(3) Uminski, rapport, 25 août. Documents, p. 17.

Dans la journée, un détachement de cinquante Cosaques arrivait de Silésie à Libenau ; le général de Neipperg en profitait pour exécuter avec eux une reconnaissance sur Reichenberg afin de faire croire à l'arrivée de renforts russes ; cette ruse réussissait, le général Uminski écrivait à 11 heures du matin : « Il paraît qu'il est arrivé contre nous de la cavalerie russe. »

Le général de Neipperg, en faisant changer fréquemment de place à ses faibles troupes, réussissait à faire croire à l'existence d'un corps important; partout, nos reconnaissances rencontraient des Autrichiens ; elles signalaient à Neuschloss, trois escadrons et un détachement de Croates qui attendaient quatre ou cinq régiments d'infanterie ; il y en aurait eu également un autre, fort de trois autres escadrons, à Niemes.

Le général de Neipperg s'était en effet décidé à tenter une reconnaissance offensive sur Gabel.

Dans la nuit du 26, un parti de hussards autrichiens, soutenu par 60 fantassins, enlevait un poste polonais de 70 hommes établi à Kratzau pour assurer la liaison avec Reichenberg ; vers le Sud, un détachement, composé de quatre escadrons de Liechtenstein, deux compagnies de Peterswardeiner et une demi-batterie sous le colonel Zichy quittait Neuschloss le 25, passait la Polenz, et par Niemes s'avançait sur Neuland d'où il lançait des partis sur Wartenbourg et Reichstadt ; le gros faisait une démonstration sur Gabel ; à la nuit, il établissait ses vedettes à une lieue de celles du 4ᵉ corps.

Telle est la puissance de l'offensive que ces coups de main inquiétaient le prince Poniatowski ; il envoyait deux compagnies à Kratzau. Néanmoins « il ne pouvait s'empêcher d'avoir de l'inquiétude pour ce côté, sur lequel l'ennemi paraissait avoir des desseins et il demandait à Macdonald de placer un régiment à Friedland s'il envoyait réellement une division à Buntzlau comme il le lui avait annoncé ».

Le rapprochement des vedettes du colonel Zichy lui faisait supposer que l'ennemi avait été renforcé et qu'il tenterait le 27 un coup de main sur Friedland et Georgenthal (1).

Il ordonnait un mouvement rétrograde général; dans la nuit du 26 au 27, le général Uminski se retirait en arrière de la Neisse à Kratzau, laissant seulement à Einsiedel un détachement de 350 hommes pour observer Friedland et Reichenberg.

Ce repliement enhardissait l'ennemi ; le major Saint-Quentin assaillait Gabel le 28 au matin, il pénétrait dans la ville et s'y heurtait à de l'infanterie ; il se repliait après avoir alarmé toute la garnison dont il estimait la force à 2,000 fantassins et 1,400 chevaux.

Malheureusement, les rapports des jours suivants sont perdus, et l'on ne peut suivre les détails de cette petite guerre.

Mais de ces quelques faits, il résulte des enseignements qui méritent d'attirer l'attention :

Jamais on ne voit de détachement de cavalerie, si faible soit-il, qui n'ait avec lui de l'infanterie. Telle est la tradition des hommes qui avaient fait la guerre.

Le second nous est donné par Kellermann jeune.

« A dater de cette époque (29 août), on commença à être plus resserré ; différentes reconnaissances partaient plusieurs fois dans la journée et l'ennemi, ayant acquis de la supériorité numérique (2), enleva en

---

(1) Poniatowski à Berthier, Gabel, 26 août. Documents, p. 31.

(2) Ceci est inexact, mais il suppléait au nombre par l'audace et le mouvement.

diverses fois 30 à 40 hommes qui s'avançaient avec trop d'ardeur et de courage, et il fallut diminuer le nombre des reconnaissances pour en augmenter la force (1). »

Cette constatation d'un des maîtres de la cavalerie doit nous rendre sceptique sur ces patrouilles de deux ou trois hommes de cavalerie, terreur de l'infanterie aux manœuvres; en pays ennemi, elles seront régulièrement enlevées ou détruites par les habitants.

Du 26 au 30, nous n'avons malheureusement aucun renseignement original sur le VIIIe corps. Du côté autrichien, le général de Bubna prenait le commandement de la 2e division légère, le 29, il surprenait une grand'garde à Einsiedel.

Le prince Poniatowski conservait tout son sang-froid malgré les mauvaises nouvelles reçues de Macdonald. Sa fermeté avait d'autant plus de mérite qu'on lui signalait vers Rumbourg l'apparition de trois divisions russes (2). En réalité, la grande armée alliée, en entrant en Saxe, avait laissé la division russe Tschoglikof au pont de Melnik, et le prince de Schwarzenberg avait prescrit de diriger sur ce point un corps formé avec les landwehrs de la Moravie et de Prague.

Poniatowski appréciait très justement la situation. L'Empereur lui avait confié la garde des cols de Gabel et de Georgenthal; il connaissait les succès de Dresde et il était libre d'agir au mieux des circonstances (3); d'autre part, les renseignements obtenus sur l'ennemi lui faisaient supposer qu'il voulait tourner la droite de Macdonald : « Mon extrême gauche soutenant votre extrême droite, lui répondait-

(1) Registre des opérations du 4e corps. Documents, p. 71.

(2) Berthier à l'Empereur, 30 août. Rapports de Berthier, t. II, p. 97.

(3) Berthier à Poniatowski, 28 août. Registre d'ordres de Berthier, t. II, p. 116.

il, et les instructions que j'ai reçues du Prince Major général, me prescrivant de garder les débouchés que j'occupe, autant que cela sera possible, c'est par suite de ces motifs que je continuerai à occuper Kratzau et que je ne quitterai la position de Gabel que lorsqu'il sera impossible de faire autrement (1). » En conséquence, il demandait au maréchal de lui faire connaître « s'il prévoyait la nécessité » d'exécuter ce mouvement rétrograde ou s'il avait « l'espérance de pouvoir opposer à l'ennemi assez de résistance pour n'être point obligé d'en venir là ».

En attendant les événements, pour satisfaire au double but qui lui était imposé, Poniatowski ramenait son infanterie à Lieckendorf et établissait le 4e corps à Zittau d'où il poussait des partis à Krottau, Lieckendorf, Hirschfeld. A l'Ouest, la brigade Weysenhof gardait Rumbourg, elle lançait des reconnaissances aussi loin que possible vers le Sud, afin d'obtenir « l'entière certitude » sur la présence des Russes qui, dès le 30, n'était point confirmée.

Cette position du 4e corps le mettait à même d'être averti au cas où l'ennemi, « profitant de ses avantages momentanés, chercherait à tourner la droite du maréchal Macdonald et à se rendre maître des débouchés de Friedland ». Quant à lui, il était décidé à ne quitter sa position qu'à la dernière extrémité (2).

---

(1) Poniatowski à Berthier, Gabel, 30 août. Documents, p. 42.
(2) *Ibid.*, p. 43.

CHAPITRE IV

Conduite de l'Empereur envers l'armée du Bober du 24 août au 3 septembre.

L'Empereur n'a exercé aucune intervention directe sur les opérations de l'armée du Bober durant la période qui s'étend du 24 au 30 août, mais certaines mesures de détails prises par lui ont eu pour conséquence de protéger la ligne de communications de l'armée de Macdonald et de couvrir ses derrières.

A la suite du débouché du prince de Schwarzenberg en Saxe, il avait jugé nécessaire de faire passer la route de l'armée de la France par Torgau, Grossenhayn et Leipzig (1). Bien que la marche de l'armée d'Oudinot sur Berlin la couvrît en quelque sorte, il avait prescrit à Marmont de détacher à Hoyerswerda, où l'on signalait des partis ennemis (2), un corps de 600 chevaux, 1,300 fantassins et 3 pièces pour la couvrir (3). Marmont confiait cette mission à Normann d'abord : « parce qu'il n'avait pas de général qui eût l'habitude du service des troupes légères et ensuite parce que ce général lui avait paru recommandable par son zèle, son exactitude et son habitude du service (4) ».

Le 25, il recevait à Stolpen des renseignements

(1) L. N. I. n° 280.

(2) Berthier à l'Empereur, 24 août. Rapports, t. II, p. 82.

(3) Berthier à Marmont, Görlitz, 24 août. Registre d'ordres de Berthier, t. II, p. 87.

(4) Marmont, Marckersdorf, 24 août, 9 h. 30 du soir (A. G.).

assez peu précis sur un échec d'Oudinot. Cette nouvelle lui paraissait assez grave pour augmenter ses précautions ; malgré l'importance de ne pas diminuer les forces de Gouvion, il envoyait Lhéritier à Grossenhayn avec 2,000 chevaux, une batterie d'artillerie et un bataillon et il le chargeait de surveiller la rive droite de l'Elbe, de Dresde à Torgau (1).

L'Empereur avait ordonné le 16 de fortifier Bautzen (2).

Le 25, il y laissait en garnison trois bataillons d'éclopés (3) et une batterie de la Garde (4).

La nouvelle du succès remporté le 23 à Goldberg lui parvenait dans la journée (5). Cette victoire compensait les inconvénients de la défaite d'Oudinot, qui allait permettre aux Cosaques et aux corps de partisans de venir infester nos derrières ; déjà on en signalait un gros corps entre Lübben et Cottbus.

Le 26, à 7 heures du matin, au moment de quitter Stolpen, l'Empereur avertissait Macdonald qu'il se rendait à Dresde avec une partie de ses forces ; le restant marchait « par Kœnigstein pour gagner le camp de Pirna et les débouchés d'Hellendorf et couper la ligne d'opérations de l'ennemi ». Il lui ordonnait d'envoyer une bonne colonne pour empêcher les partisans que l'on signalait vers le Nord-Est de l'inquiéter. « Comme nous avons beaucoup à faire ici, il faut lui donner pour latitude de se porter à Hoyerswerda,

(1) L'Empereur à Berthier, 25 août, 10 heures *Correspondance* n° 20462. — En réalité, son corps montait à 1,200 hommes d'infanterie et à 1,850 chevaux. Nansouty à l'Empereur, 31 août, 2 h. 30 du matin (A. N.).

(2) L'Empereur, Ordre, 16 août. L. N. I. n° 211.

(3) L. N. I. n° 281.

(4) *Ibid.*, n° 284.

(5) *Ibid*, n° 288.

Luckau et Dresde (1) ». Suivant son habitude de taire les événements malheureux pour ne pas affecter le moral de ses lieutenants, diminuer leur confiance, il évitait soigneusement de lui faire connaître l'échec d'Oudinot.

La dépêche de l'Empereur en date du 25, parvenait à Macdonald sur le champ de bataille de la Katzbach (2).

L'Empereur ne semble pas avoir eu de nouvelles de l'armée du Bober durant les trois journées des 26, 27, 28 ; et cependant, s'il faut en croire Gersdorf il était inquiet ; il lui aurait dit le 27 au soir : « Les troupes dirigées contre Berlin sont battues et je crains pour Macdonald. Il est brave, bon et m'est dévoué, mais il n'est pas heureux (3). »

Ces pressentiments ne tardaient pas à se réaliser. Les lettres où Macdonald annonçait son désastre lui étaient remises le 29, à 1 heure du matin (4) ; et, dans la journée, un rapport du commandant de Luckau rendait compte que l'armée d'Oudinot se repliait sur Wittenberg (5).

La direction donnée par le maréchal Oudinot à son

(1) L'Empereur à Berthier, Stolpen, 25 août, 7 heures du matin. *Correspondance* n° 20463.

(2) Macdonald à l'Empereur, Goldberg, 27 août, 11 heures du matin. Documents, p. 32.

(3) Aster, *Journée de Dresde*, p. 334.

(4) Berthier à l'Empereur, Dresde, 29 août, 1 heure du matin. Rapports, t. II, p. 90.

(5) Berthier à l'Empereur, Dresde, 29 août. Rapports, t. II, p. 91.

Delavergne à Berthier.

Luckau, 27 août (A. G.).

J'ai l'honneur d'adresser à Votre Altesse Sérénissime l'état de situation de la place de Luckau, en troupes et approvisionnements, à l'époque du 25 de ce mois. J'y joins un rapport sur les travaux du génie. La place est encore loin d'être en état de défense, et on n'y avait laissé ni vivres armée découvrait complètement le flanc gauche de celle du Bober; néanmoins, l'Empereur ne prenait encore aucune disposition pour marcher à son secours. Le 28, le général Lhéritier l'avait averti, de Grossenhayn, qu'une colonne autrichienne, coupée du gros de l'armée, avait paru sur la rive gauche devant Meissen (1). La brigade Piré était arrivée le 28 á Räcknitz (2). Elle constituait la seule troupe de cavalerie à sa disposition, il la lançait à 6 heures du matin à la poursuite de ce corps, et lui donnait pour instruction de se tenir prête à passer sur la rive droite au premier ordre.

Les nouvelles de la rive droite n'indiquaient pas que l'armée du Prince royal songeât à se porter contre le flanc gauche de Macdonald. D'Hoyerswerda, le général Normann rendait compte le 28 qu'un parti de Cosaques, après s'être présenté devant cette localité, avait remonté sur Spremberg; de Grossenhayn, Lhéritier ne signalait que des partis de cavalerie: leur ligne

---

ni ouvriers. Il paraît cependant que l'Empereur avait donné des ordres pour l'armement de cette place qui a été extrêmement négligée.

J'ai dépêché des espions à mes frais pour tâcher d'avoir des nouvelles du duc de Reggio, auquel j'ai écrit pour connaître sa position. Je n'ai point encore reçu de réponse de Son Excellence, mais je sais que le VIIe corps rallié a couché hier à Zinna et qu'il devait forcer ce matin le passage de Juterbogk pour gagner Wittenberg. Il paraît que les IVe et XIIe corps font retraite par Truenbrietzen, au moins on a entendu le canon sur cette direction.

De l'infanterie et de la cavalerie prussiennes, avec quelque artillerie, sont arrivées à Lübben; deux compagnies de landwehr sont à Lubbenau, d'autres troupes à Baruth et à Dahme. Je m'attends à être bientôt resserré de très près avec mon bataillon saxon.

Le chef me paraît bon, mais les soldats sont bien jeunes; dans tous les cas je vous promets de faire mon devoir et de me défendre jusqu'à la dernière extrémité en attendant vos ordres; c'est également la résolution des officiers français employés à l'état-major de la place.

(1) Lhéritier à Berthier, Grossenhayn. Documents, p. 32.

(2) Berthier à l'Empereur. Rapports, t. II, p. 89.

d'avant-postes, dont le centre était à Elsterwerda, s'étendait par Dobrilugk, Herzberg, Dahme, Schönwald, Schweinitz, Seyda, Niemegk, Belzig et Brück; vers le Nord, le colonel Tchernitchef se préparait à franchir l'Elbe à Wartenbourg à la tête de quatre régiments de Cosaques pour couper les communications entre les deux armées (1).

Ces éléments d'appréciation, à ce qu'il semble, étaient les seuls que l'Empereur eût à sa disposition; il hésitait sur le parti à adopter. Lui-même, pour fixer ses idées, a pris soin de discuter les avantages et les inconvénients des divers plans qui s'offraient à lui. Il pouvait marcher sur Prague ou sur Berlin. A son avis, un mouvement sur la première de ces villes ne le mènerait à rien; au contraire, une opération contre Berlin n'avait que des avantages (2). Il admettait que l'armée du prince de Schwarzenberg avait besoin de quinze jours de repos pour se remettre de sa défaite, et il comptait profiter de ce délai pour se rendre maître de la capitale prussienne.

A 4 heures du matin, il faisait appeler Gersdorf, qui nous a laissé le récit de cette audience : « Il avait déjà travaillé et était encore vêtu de son peignoir. On voyait qu'il était très préoccupé, qu'il s'occupait d'un plan quelconque pour lequel il n'était pas encore décidé. Il me parla de la basse Lausitz, de la route d'ici à Luckau et à Berlin; il me fit des questions sans fin sur des choses qui n'étaient pas neuves, dont il avait parlé maintes fois, preuve certaine de ce que je soutenais plus tôt. Enfin, il tourna la conversation sur le prince de Suède; il s'exprima avec sa vivacité habituelle contre lui; on sentait qu'il était pressé d'exécu-

---

(1) Lhéritier à Berthier, 29 août. Documents, p. 41.

(2) L'Empereur (note), 30 août. *Correspondance* n° 20492.

ter quelque coup contre lui ; 5 heures sonnaient : il faisait appeler le comte Lobau pour lui dicter des ordres (1). »

Au grand étonnement de tous, il rappelait une partie de la Garde sur Dresde ; les divisions Barrois et Dumoustier, la cavalerie de la vieille Garde, la réserve d'artillerie de la Garde devaient être établies sur la rive droite de l'Elbe dans la soirée ; l'infanterie de la vieille Garde se tiendrait prête à franchir les ponts le 31, à 4 heures du matin.

La brigade Piré passerait sur la rive gauche.

En outre, l'Empereur ordonnait à Murat de lui envoyer une brigade de grosse cavalerie et une brigade de cavalerie légère et il appelait Pajol à Dresde pour commander cette masse.

Tous les équipages de la Garde devaient être chargés de vivres pour quinze jours (2).

Très vraisemblablement, à la réception du rapport de Vandamme, il ordonnait à Mortier de le soutenir (3).

L'Empereur retardait jusqu'au dernier instant pour faire connaître ses dispositions définitives. Dans la journée, M. de Caraman lui apportait les rapports de l'armée d'Oudinot (4) ; de Gabel, Poniatowski lui rendait compte que les Autrichiens occupaient toujours la même ligne et cherchaient tous les jours à le resserrer davantage ; une prétendue apparition de trois divisions russes aux environs de Rumbourg avait été reconnue fausse (5).

---

(1) Aster, Kulm, p. 246.

(2) L. N. I., 30 août, n° 316.

(3) L'Empereur à Berthier, 30 août. *Correspondance* n° 20494. Voir Introduction du *Journal du prince de Wurtemberg*, p. CCCXII.

(4) Berthier à l'Empereur, 30 août. Rapports, t. II, p. 95.

(5) *Ibid.*, t. II, p. 97.

Malheureusement nos documents n'indiquent pas s'il a reçu des nouvelles de Macdonald ; on peut en douter puisque les Cosaques apparaissaient déjà devant Bautzen où ils enlevaient des voitures (1). Toutefois, il est certain que Berthier lui adressait une dépêche qui manque ; à en juger par la réponse du maréchal, l'Empereur réclamait des détails sur ses opérations (2).

Les différents rapports des corps restés à la poursuite de la grande armée alliée signalaient tous la continuation de sa retraite ; ils permettaient à l'Empereur de compter sur les quinze jours dont il avait besoin au cas où il se porterait sur Berlin. Il n'est pas douteux qu'il persévérait dans ce projet pendant toute la journée du 31 ; la Garde s'échelonnait sur la rive droite.

Brusquement, il apprenait à 10 heures du soir le désastre de Kulm. L'Empereur ordonnait aussitôt à la Garde de repasser sur la rive gauche et à Piré de s'y maintenir (3). Le 31, à 2 heures du matin il ramenait Murat, Marmont et Gouvion sur Dresde (4).

Les lettres du maréchal Macdonald témoignaient d'un grand découragement. L'Empereur, craignant de le porter à son comble, évitait soigneusement de lui faire connaître le véritable état des choses. A l'en croire, la grande armée alliée était rentrée en Bohême ; par suite, le prince Poniatowski aurait été trop exposé à Gabel ; en conséquence, il le ramenait

(1) Berthier à l'Empereur, Dresde, 31 août. Rapports, t. II, p. 99.

(2) Macdonald à Berthier, Lauban, 31 août, 6 heures du soir. Documents, p. 46.

(3) Berthier à Mouton et à Piré, Dresde, 30 août, 10 heures du soir. Reg. d'ordres de Berthier, t. II, p. 127-128.

(4) Berthier à Murat, 31 août. Reg. d'ordres de Berthier, t. II, p. 129.

sur Zittau ; ce mouvement forçait également le maréchal à opérer sans délai sa retraite sur Görlitz ; le VIIIe couvrirait sa droite (1).

Dès 5 h. 30 du matin, les dépêches du maréchal Gouvion Saint-Cyr montraient la situation sous un jour plus rassurant; la grande armée alliée n'avait pas l'intention de prendre l'offensive. L'Empereur arrêtait Mortier entre Pirna et Gottleube ; il prescrivait à Saint-Cyr d'occuper la position la plus avantageuse pour couvrir la route de Peterswalde; à Marmont d'en prendre une sur la droite du XIVe corps et au IIe sur la droite du Ve jusqu'à ce que l'on eût vu la tournure que prendraient les choses (2).

Il semble douteux que l'Empereur ait reçu avant le 31 au soir des dépêches de Macdonald ; mais le général de Gersdorf lui transmettait une lettre où le lieutenant colonel Raabe rapportait que toute l'armée du duc de Reggio était réunie (3).

Les rapports des corps demeurés face à la Bohême étaient satisfaisants.

Le maréchal Marmont avait atteint Altenberg ; à en croire les déserteurs, les trois empereurs était en arrière de Tœplitz ; les troupes ennemies se retiraient sur Thérisienstadt, mais n'avaient point fait de mouvement rétrograde dans la journée ; elles parlaient de remarcher en avant (4).

Murat rendait compte à 4 h. 30 du soir que toutes

---

(1) Berthier à Macdonald, Dresde, 31 août. Reg. d'ordres de Berthier, t. II, p. 129.

(2) Berthier à Gouvion, Murat, Marmont et Mortier, Dresde, 31 août, 5 h. 30 du matin. Reg. d'ordres de Berthier, t. II, p. 129-130. — Rapports, t. II, p. 100-101.

(3) Berthier à l'Empereur. Rapports, t. II, p. 99.

(4) Marmont à Berthier, Altenberg, 31 août, 10 heures du soir (A. G.).

les colonnes qu'il avait poursuivies étaient rentrées en Bohême (1).

Quant à Gouvion, il admettait comme possible que l'ennemi évacuât Peterswalde qu'il semblait occuper (2).

D'après ces rapports, l'Empereur admettait que le prince de Schwarzenberg ne songeait pas à venir l'attaquer, et il se décidait à reprendre son mouvement vers l'Ouest (3).

Le 1er à 2 heures du matin, il avertissait Murat, Marmont et Gouvion que Macdonald était en retraite sur Görlitz : « S'il continue son mouvement, ajoutait-il, il sera nécessaire que je marche pour rétablir les affaires, je ne dois pas le laisser dépasser Bautzen. Or, il ne serait pas impossible qu'il fût à Bautzen le 3. »

L'Empereur organisait contre l'armée de Bohême une première ligne de défense constituée par les IIe et XIVe corps dont les quartiers généraux seraient à Freyberg et à Pirna et elle aurait comme réserve le Ier corps reconstitué (4).

En prévision d'une bataille à livrer vers le 4, il s'occupait de réunir à Dresde une masse de troupes considérable. Son intention était d'exécuter cette nouvelle opération avec le VIe corps et la Garde. Il en avertissait Marmont et lui prescrivait de s'établir à Dippoldiswalde « de manière à pouvoir en un même jour passer les ponts de Dresde (5) ».

---

(1) Murat à l'Empereur, Zethau, 31 août, 4 h. 30 du soir (A. G.).

(2) Gouvion à Berthier, Dittersdorf, 8 heures du soir. *Journal du prince Eugène de Wurtemberg*, p. 246.

(3) L'Empereur à Berthier, Dresde, 1er septembre. *Correspondance* n° 20496. L. N. I. n° 340.

(4) L. N. I. n° 345.

(5) L'Empereur à Marmont, 31 août, 5 heures du soir. L. N. I. n° 339.

Il ordonnait à Mortier de remettre ses postes à la 42ᵉ division et d'être rendu le 2 à Dresde; aussitôt son arrivée, il passerait sur la rive droite (1).

Les cuirassiers de Murat devaient se replier sur Freyberg de manière à être le 2 au soir à Dresde prêts à passer l'Elbe le 3 au matin (2).

Toutes ces dispositions le laissaient libre de se diriger, soit sur Berlin si Macdonald réussissait à conserver Görlitz, soit sur Bautzen s'il était contraint de se replier.

Toutefois, il préférait le premier plan et il recommandait à Macdonald de se maintenir à Görlitz : « Ce serait une chose fort avantageuse pour la facilité d'y vivre, lui écrivait Berthier, les environs de Bautzen sont tout à fait ruinés. Sa Majesté pense que nous serions bien resserrés entre Bautzen et l'île d'Elbe. » Le motif mis en avant par Berthier était exact, mais en outre à Görlitz, Macdonald couvrait le flanc droit d'une armée en mouvement sur Hoyerswerda. Le maréchal avait témoigné la crainte d'être tourné par le Sud, l'Empereur, lui, observait que le VIIIᵉ corps couvrait bien sa droite à Zittau et, par son ordre, Berthier ordonnait à Poniatowski : « de garder les hauteurs des montagnes aussi longtemps que l'ennemi ne viendrait point avec trop de forces sur lui et que le duc de Tarente tiendrait à Görlitz (3) ».

Dans la journée, la brigade Piré passait sur la rive droite pour donner la chasse au corps de partisans; son chef était autorisé à établir son quartier général à Bautzen, s'il le jugeait nécessaire (4).

---

(1) L'Empereur à Berthier, 31 août. *Correspondance* nº 20497.

(2) L'Empereur à Murat, 31 août. *Correspondance* nº 20496.

(3) L'Empereur à Berthier, 1ᵉʳ septembre. *Correspondance* nº 20498.

(4) L'Empereur à Piré, 1ᵉʳ septembre. L. N. I. nº 343. — Lire Normann au lieu de Morand.

Mais dans la matinée du 2, l'Empereur recevait une dépêche de Marmont en date du 1er, datée d'Altenberg :

« Les rapports de deux paysans qui m'arrivent, m'annoncent que l'armée ennemie est en mouvement pour marcher à nous : les Autrichiens se dirigeant sur Furstenwalde, les Russes sur Altenberg. Je ne crois pas que toute l'armée soit encore prête, mais il est certain qu'elle se prépare. Je viens de voir à mes avant-postes l'avant-garde qui vient de déboucher et qui s'est placée à une portée de fusil de nous (1). »

Gouvion était convaincu « que l'ennemi était revenu camper en très grande force aux environs de Kulm, à peu près dans la position où il avait attaqué le Ier corps...

« On assure aussi, écrivait-il, qu'il y a un très grand camp à Tœplitz, de sorte qu'il serait possible que l'ennemi reprît incessamment l'offensive (2). »

Au contraire, Murat « garantissait que, depuis Marienberg jusqu'à Hermesdorf, il n'existait pas un soldat ennemi sur le territoire saxon (3) ».

Si l'offensive de l'ennemi se réalisait, l'Empereur ne pouvait plus compter sur les quinze jours de tranquillité qui étaient impérieusement indispensables pour marcher contre Berlin. Ces rapports lui semblaient assez graves pour retarder son départ et attendre à Dresde les résultats de la journée.

Malgré l'importance d'avoir à sa disposition le VIe corps, il préférait s'en passer pour le moment et il ordonnait à Marmont : « d'attaquer l'ennemi, de le

---

(1) Marmont à Berthier, Altenberg, 1er septembre (A. G.).

(2) Gouvion à l'Empereur, Liebstadt, 1er septembre, 10 heures du soir. *Mémoires*, t. IV, p. 393.

(3) Murat à l'Empereur, Nassau, 1er septembre (A. G.).

culbuter et de le poursuivre jusqu'au pied de la grande chaîne de montagnes (1) ».

Cette opération était très urgente et il avait appris avec peine que le maréchal ait vu placer une avant-garde ennemie à une portée de fusil du VIe corps.

Néanmoins, l'Empereur préparait son mouvement ; il ordonnait aux deux divisions de la jeune Garde cantonnées à Dresde d'aller aussi loin qu'elles pourraient sur la route de Hoyerswerda par Kœnigsbrück ; à la division Nansouty et à l'équipage de pont de suivre la même direction.

A Mortier, de jeter un pont à Pirna et de se tenir prêt à marcher sur Bautzen par Stolpen, s'il en recevait l'ordre, ce qui l'abrégerait d'une marche (2) ; un second ordre lui prescrivait de se porter sur Hoyerswerda par Stolpen avec la division Lefebvre-Desnouettes ; si le pont n'était pas achevé à 6 heures, il passerait par Dresde (3). Enfin, dans la nuit, un troisième ordre lui adjoignait la cavalerie du Ve corps (4).

A la vieille Garde, d'être prête le 3 à 3 heures du matin.

Il rappelait à Dresde la division Ornano (5).

A ce qu'il semble, l'Empereur se décidait seulement dans la matinée du 2 à remplacer Oudinot par Ney.

---

(1) L'Empereur à Marmont, 2 septembre. *Correspondance* n° 20500. — Berthier à Marmont, 2 septembre, 2 h. 30 du matin. Reg. d'ordres de Berthier, t. II, p. 140.

(2) L'Empereur à Berthier, Dresde, 2 septembre. *Correspondance* n° 20504. — Reg. d'ordres de Berthier, 2 heures du matin, t. II, p. 141.

(3) L'Empereur à Berthier, Dresde, 2 septembre. L. N. I. n° 348. — Reg. d'ordres de Berthier, t. II, p. 145.

(4) L'Empereur à Berthier, Dresde, 2 septembre. *Correspondance* n° 20505. — Reg. d'ordres de Berthier, 3 septembre, t. II, p. 145.

(5) L'Empereur à Berthier, Dresde, 2 septembre. *Correspondance* n° 20504. — Reg. d'ordres de Berthier, t. II, p. 143.

Il lui communiquait très vraisemblablement ses projets de vive voix, car l'instruction qui lui était remise était des plus vagues. Elle témoigne seulement qu'il n'était pas encore fixé. « Quand l'Empereur verra ce que veut faire la grande armée en Bohême, lui écrivait Berthier, Sa Majesté se portera sur la rive droite de l'Elbe et prendra une position intermédiaire entre Berlin et Görlitz sans trop s'éloigner de Dresde (1). »

L'Empereur, dans l'absence de nouvelles, supposait toujours cette armée à Juterbogk, lorsqu'un rapport d'Oudinot à la date du 1er, l'informait qu'il s'était placé : le XIIe corps à Kropstädt, le VIIe à Jahmo, le IVe à Rahnsdorf (2).

Les conséquences de ce recul se faisaient immédiatement sentir, car Berthier lui transmettait avec cette lettre (3) un rapport où Lhéritier rendait compte des bruits qui couraient : on assurait qu'un corps de 30,000 hommes venait de Finsterwalde sur Elsterwerda et qu'un autre de même force marchait sur Dresde. A en croire les renseignements de ses patrouilles, il y aurait eu à Elsterwerda un camp de 1,000 chevaux.

A ce qu'il semble, ces mauvaises nouvelles décidaient l'Empereur à se porter sur Berlin (4). Autant la première instruction adressée à Ney était vague, autant la seconde était précise : il lui ordonnait de se mettre en mouvement le 4 et d'être rendu le 6 à

---

(1) Berthier à Ney, Dresde, 2 septembre. Reg. d'ordres de Berthier, t. II, p. 141.

(2) Berthier à l'Empereur, Dresde, 2 septembre. Rapports, t. II, p. 109.

(3) Lhéritier à Berthier, Grossenhayn, 2 septembre. Documents, p. 55.

(4) La différence entre les deux ordres donnés à Mortier semble le prouver.

Baruth; le quartier impérial s'établirait le 4 à Hoyerswerda et « l'Empereur aurait le 6 un corps sur Luckau pour faire la jonction sur Luckau ». Le mouvement de Ney devait être mené avec la plus grande vigueur.

Sans lui indiquer que les rapports de Marmont et de Gouvion lui faisaient entrevoir une offensive prochaine du prince de Schwarzenberg, il lui disait d'une manière générale : « Vous comprenez bien la nécessité de manœuvrer rapidement pour profiter du désarroi de la grande armée de Bohême qui fera des mouvements lorsqu'elle s'apercevra de ceux de l'Empereur. »

Le mécontentement de l'Empereur s'exprimait en termes fort vifs contre Oudinot. Son mouvement intempestif était cause que le corps de Tauentzien et un fort parti de Cosaques s'étaient portés du côté de Luckau et Bautzen et inquiétait les communications du duc de Tarente. Il était « vraiment difficile d'avoir moins de tête que le duc de Reggio » et il chargeait Berthier de lui écrire qu'il avait rendu inutile son armée « et compromis en même temps les corps qui étaient sur la Neisse (1) ».

Dans la journée, un convoi de munitions partait de Dresde pour le Ve corps sous l'escorte d'un bataillon d'isolés (2).

Suivant un procédé qui lui était familier, l'Empereur envoyait un de ses officiers auprès de Macdonald avec mission de lui adresser des rapports directs sur l'état de cette armée. Beaucoup loueront cette mesure ; il

(1) L'Empereur à Berthier, Dresde, 2 septembre. *Correspondance* n° 20502. — Berthier s'est borné à faire mention de cette lettre à Oudinot; il adoucit les termes de celle expédiée à Ney. Reg. d'ordres de Berthier, t. II, p. 143-144.

(2) Berthier à l'Empereur, Dresde, 2 septembre. Rapports, t. II, p. 108.

semble pourtant qu'elle ne peut être considérée que comme une marque de défiance envers l'officier auquel l'autorité supérieure l'applique. Elle témoigne en effet, ou que le chef n'ajoute pas foi aux rapports qu'on lui envoie, ou qu'il doute de la capacité et de l'intelligence de son subordonné et alors lorsqu'il est autocrate pourquoi le garde-t-il ? *Tout esprit non prévenu se demandera en outre par quel rare privilège un officier d'état-major, n'ayant jamais eu de responsabilité, n'ayant jamais rien commandé, arrivé par la faveur, jugerait mieux une situation qu'un vieux général ou un maréchal de France habitué à commander les troupes.*

Dans ce cas particulier, le choix était d'autant plus malheureux que Gourgaud était en partie cause de la décision prise par l'Empereur le 25 août, de renoncer à son mouvement sur Pirna (1).

Gourgaud était à 1 heure à Bautzen où il trouvait la division Marchand ; cette ville était encombrée depuis 4 heures du matin par les fuyards et les blessés de tous les corps. Le général Piré, chargé de couvrir la grande route, avait envoyé un régiment à Bautzen et maintenait les deux autres à Harta (2). L'Empereur n'approuvait pas cette position rapprochée, il lui faisait renouveler l'ordre exprès de gagner Bautzen. Si le 2e corps de cavalerie n'occupait pas encore cette localité, le général Marchand lui donnerait de l'infanterie et même de l'artillerie, et avec ces forces : « il poursuivrait vigoureusement et chasserait les Cosaques et les partisans ; le détachement de Normann était mis à sa disposition. S'il trouvait Sébastiani, cette mission

---

(1) Voir Introduction du *Journal du prince de Wurtemberg*, p. CLXV-CLXXXIX.

(2) Gourgaud à l'Empereur, Bautzen, 2 septembre, 1 heure du soir. Documents, p. 35.

serait attribuée au IIe corps et il rejoindrait à Hoyerswerda où l'on pensait que le quartier impérial serait le 4 (1) ».

Gourgaud trouvait le maréchal à Nostitz et lui remettait une lettre de l'Empereur qui nous manque.

Les renseignements des corps qui couvraient Dresde n'indiquaient pas que la situation fût menaçante vers le Sud; Marmont n'avait pu exécuter l'ordre du 2, il s'arrêtait à Wendisch Carsdorf. Il concluait de tous les rapports reçus que si le projet de prendre l'offensive existait chez l'ennemi « le moment de l'exécution n'était pas encore venu (2) ».

Le 3, l'Empereur persistait au moins jusqu'à 11 heures dans son projet de marcher sur Kœnigsbrück.

A 5 heures du matin, il autorisait Marmont à séjourner le 3 à Dippoldiswalde ; à 11 heures il dirigeait la vieille Garde et le quartier général sur Kœnigsbrück (3) ; mais les mauvaises nouvelles qu'il recevait de l'armée de Macdonald le déterminaient à retarder son mouvement sur Berlin et à se porter sur Bautzen.

Les différents renseignements qu'il avait reçus dans la journée ne lui laissaient plus aucun doute sur la triste situation de l'armée de Macdonald; il la savait « dans le plus grand désordre (4) », l'ennemi la suivait vivement et paraissait fort encouragé. Sa présence y était nécessaire pour ranimer le moral.

Toutefois, afin de ne pas décourager les corps laissés à la défense de Dresde, il se contentait de leur

(1) Berthier à Piré, Dresde, 2 septembre. Reg. d'ordres de Berthier, t. II, p. 144.

(2) Marmont à l'Empereur, Altenberg, 2 septembre (A. N.).

(3) L'Empereur à Berthier, 3 septembre. *Correspondance* n° 20506. — Reg. d'ordres de Berthier, t. II, p. 147.

(4) L'Empereur à Daru, Dresde, 3 septembre. L. N. I. n° 377.

dire : « L'armée du duc de Tarente est un peu décontenancée (1). »

Par son ordre, Berthier avertissait Ney que l'Empereur voulait livrer bataille le 5 et rejeter Blücher sur Reicheinbach : « après la bataille il se mettrait en marche en grande hâte sur Berlin (2) ».

Les deux divisions de la Garde engagées sur la route de Kœnigsbrück étaient ramenées sur Bautzen ; celles de Mortier avaient passé l'Elbe à Pirna, elles étaient dirigées sur Bischoffswerda.

La vieille Garde, la division Ornano, le 1er corps de cavalerie, s'avançaient en ligne droite sur la route de Bautzen sans passer par Stolpen (3).

L'Empereur revenait sur l'autorisation donnée à Marmont de se reposer le 3 ; il l'appelait à Dresde et l'invitait à passer sur la rive droite pendant la nuit, de manière à se mettre en mouvement le 4, à la pointe du jour. Afin d'activer son zèle, il l'avertissait qu'il y aurait bataille le 4 ou, le plus tard, le 5 et que, dans l'un et l'autre cas, il lui servirait de réserve. Par son ordre, Berthier lui avouait la gravité de la situation : « Le corps du duc de Tarente était tout à fait en désordre (4). »

De sa personne, l'Empereur quitterait Dresde le 3 à 6 heures du soir et irait rejoindre sa Garde à Harta (5). Peut-être même pousserait-il jusqu'à Bautzen après avoir soupé (6).

---

(1) L'Empereur à Berthier, 3 septembre. *Correspondance* n° 20510.

(2) Le même au même, 3 septembre. *Correspondance* n° 20508.

(3) Le même au même, 3 septembre. *Correspondance* n° 20507.

(4) Le même au même, 3 septembre. *Correspondance* n° 20509. — L. N. I. n° 379.

(5) L'Empereur à Mortier, 3 septembre. L. N. I. n° 380.

(6) L'Empereur à Caulaincourt, 3 septembre. *Correspondance* n° 20515.

Deux dépêches informaient Macdonald de la détermination qu'il venait de prendre et de son arrivée avec la Garde qui déboucherait par les deux routes de Stolpen et de Kœnigsbrück. L'Empereur voulait livrer une bataille décisive et surprendre l'ennemi ; à cet effet, comme le défilé de Bautzen était très difficile, il ordonnait à Macdonald de faire reconnaître et jalonner les routes, de jeter un pont de chevalet et d'adoucir les rampes à l'endroit où le VIe corps devrait passer lors de la bataille, et de s'assurer de l'existence et de la praticabilité de tous les passages : « parce qu'il est convenable, disait-il, de déboucher rapidement et que la Sprée ne forme pas un défilé ».

L'Empereur était décidé à livrer bataille dès que la Garde et le 1er corps l'auraient rejoint sans attendre le VIe corps : « Je suppose, écrivait-il, que cela pourra être de 2 à 3 heures après-midi. Si j'étais obligé de remettre au lendemain, il est alors très important que toutes les troupes qui arrivent soient masquées. » En prévision de cette éventualité, Macdonald désignerait une position aux troupes arrivant de Kamenz. Toute son armée serait établie sur un front très resserré, de manière à ce que l'Empereur pût passer en une demi-heure sur tout son front. Si l'ennemi suivait vivement, son intention était d'attaquer sur-le-champ et, comme il réunirait plus de 20,000 cavaliers, il espérait pousser l'armée ennemie et l'entamer avant qu'elle eût gagné le Bober (1).

Par son ordre, Daru lui envoyait 7,000 à 8,000 paires de souliers (2), Sorbier 3,000 ou 4,000 fusils avec 35,000 cartouches (3).

---

(1) L'Empereur à Macdonald, 3 septembre. *Correspondance* n°s 20516 et 20517.

(2) L'Empereur à Daru, 3 septembre. L. N. I. n° 377.

(3) L'Empereur à Sorbier, 3 septembre. L. N. I. n° 388.

Dans la soirée, l'Empereur allait coucher à Bischoffswerda. Les nouvelles de Gouvion qu'il reçut au plus tard dans la matinée du 4 étaient un motif de ne pas différer son offensive d'un seul instant. A l'en croire, l'armée alliée se rapprochait, elle était le 2 aux frontières de la Bohême et on l'entretenait toujours dans l'idée de retourner incessamment à Dresde (1).

(1) Gouvion à Berthier, Liebstadt, 3 septembre, 6 heures du matin. *Mémoires*, t. IV, p. 397.

CHAPITRE V

Fin de la retraite du 1er au 4 septembre. Conclusions.

Retraite de l'armée française, le 1er septembre. — Le maréchal Macdonald n'avait été suivi dans la journée du 31 (1) que par de la cavalerie; néanmoins, il jugeait nécessaire d'imposer à ses troupes les fatigues d'une marche de nuit. Il semble pourtant que de l'infanterie appuyée par de l'artillerie aurait suffi à contenir les faibles partis de cavalerie lancés par l'ennemi.

Le IIIe corps se mettait en mouvement à minuit dans l'ordre suivant: parc, batterie de réserve, équipages, 9e, 11e divisions; la 10e marchait sur la route Naumbourg-Görlitz; la 8e formait l'arrière-garde, elle quittait les bords de la Queiss deux heures après le départ du corps d'armée.

Le IIIe corps arrivait vers midi devant Görlitz; son passage sur la rive gauche de la Neisse était couvert par la 11e division; après avoir franchi le grand pont, il allait camper sur le plateau à l'Ouest sur deux lignes en carrés par division, la droite aux faubourgs, la gauche vers Ludwigsdorf.

La 11e division repassait la rivière dans la soirée vers les 10 heures.

Le division Marchand quittait Görlitz à 3 heures du matin et gagnait Ostritz.

---

(1) Macdonald à Berthier, Lauban, 31 août. Documents, p. 45.

Les XIe et V[e] corps se rendaient directement à Görlitz.

Toute l'armée était donc réunie.

Vers le Sud, le prince Poniatowski avait pris les dispositions suivantes pour exécuter l'ordre d'assurer la droite de Macdonald : le VIIIe corps se rendait à Rumbourg et Georgenthal ; le 4e corps de cavalerie continuait à observer le débouché de Gabel ; le 2, à moins d'événements imprévus, il gagnerait Schluckenau, tandis que le 4e corps viendrait à Rumbourg et Löbau. « Il se trouverait par là à même d'observer tous les débouchés qui étaient à portée de la direction des colonnes du maréchal duc de Tarente et de couvrir sa droite. » Cette retraite lui semblait d'autant plus ordonnée que les dépositions des prisonniers autrichiens lui signalaient la présence d'un corps russe vers Böhmisch-Leypa.

Poursuite de l'armée prussienne, dispositions de Blücher. — Blücher accordait à son armée un jour de repos ; seule, la cavalerie devait absolument demeurer au contact ; les avant-gardes la suivraient à une distance convenable (1).

Dès 7 heures du matin, Sacken lui rendait compte, de Paritz, que la retraite des Français s'effectuait sur Görlitz ; ils n'étaient plus en vue.

D'après un rapport du colonel Madatof, l'ennemi avait un grand camp dans cette ville ; des troupes en partaient sans cesse pour Bautzen ; elles étaient remplacées par d'autres venues de Buntzlau et de Lauban. Le prince Poniatowski était retranché à Zittau (2). Le

(1) Blücher. Ordre de mouvement, Löwenberg. *Armée de Silésie*, p. 165.

(2) Sacken à Blücher, Paritz, 1er septembre, 7 heures du matin. *Armée de Silésie*, p. 165.

colonel Madatof avait brûlé tous les ponts de la Neisse au-dessous de Görlitz.

Les Cosaques de Karpof traversaient dans la matinée la Neisse à la nage et se lançaient à la poursuite du IIIe corps ; vers 3 heures, les ponts ayant été rétablis à Siegersdorf, l'avant-garde les suivaient (1).

A 4 heures du soir, un rapport de Karpof, transmis à 8 heures, rendait compte que la retraite des Français s'était opérée par Hennersdorf : « L'ennemi, disait-il, se trouve sur les hauteurs des deux rives de la Neisse en nombre considérable d'infanterie, cavalerie et artillerie (2). »

Un second rapport expédié dans la nuit signalait l'évacuation de la rive droite.

Le général Wassiltchikof avait atteint avec son avant-garde Sohr-Neundorf, avec la réserve Hochkirch.

Les hulans de Brandebourg, et le 2e leib-hussards passaient la Queiss à la nage vers 6 heures du matin à hauteur de Naumbourg. Trois compagnies de chasseurs et le bataillon de fusiliers du 1er régiment de la Prusse orientale utilisaient un ponceau. Vers 10 heures, le pont était devenu praticable sous l'impulsion de Yorck, toute l'avant-garde le franchissait, la 2e brigade allait occuper Ulbersdorf.

Le colonel Katzeler rejoignait l'arrière-garde française à une demi-lieue de Naumbourg ; à 8 h. 30, il se réunissait avec Karpof devant Waldau ; néanmoins, il ne pouvait lui causer de grands dommages ; elle se retirait en fortes masses ayant sa cavalerie à proximité de son infanterie. Le soir, ses avant-postes bivouaquaient autour de Görlitz en avant de Hennersdorf ; la

---

(1) Sacken à Blücher, Paritz, 1er septembre, 3 heures après midi. *Armée de Silésie*, p. 165.

(2) Sacken à Blücher, 1er septembre, 8 h. 30 du soir. *Armée de Silésie*, p. 166.

cavalerie un peu en arrière dans une forêt, le reste de l'avant-garde avec celle de Sacken à Hochkirch.

Le général Langeron apprenait dans la matinée l'évacuation de Lauban par les Français ; il ordonnait au général Rudzewitsch d'y réparer le pont et de les poursuivre au delà de la Queiss (1).

A sa gauche, le général Saint-Priest avait occupé Greiffenberg ; de cette ville, il s'efforçait d'entrer en communication avec le général de Neipperg ; les rapports d'espion l'avaient informé de la présence de Poniatowski à Zittau. Le soir, il atteignait Marcklissa, d'où il transmettait à Langeron une dépêche reçue du général de Bubna. Celui-ci l'informait qu'il avait attaqué le 29, le VIIIe corps à Reichenberg et l'avait rejeté sur Einsiedel et Kratzau ; le 31, le VIIIe corps était encore entre Kratzau et Gabel. La grande armée alliée n'avait pu enlever Dresde où l'empereur Napoléon s'était posté avec toutes ses forces ; actuellement, il se trouvait sur les frontières de Bohême (2).

Mesures adoptées par Macdonald pour le 2. — En résumé, de faibles avant-gardes avaient conservé le contact avec l'armée française sans l'inquiéter sérieusement. Le maréchal l'écrivait lui-même : « Les Ve et XIe corps n'ont été suivis que par des partis, mais le IIIe corps et le 2e de cavalerie l'ont été par l'avant-garde de Sacken. J'ai manœuvré toute la journée et jusqu'à nuit close pour passer la rivière. L'ennemi en présence n'a rien entrepris. »

Quoique couvert vers le Sud par le VIIIe corps, il se croyait menacé sur ses deux ailes : à Marcklissa par un corps fort de cinq régiments d'infanterie, autant

(1) Langeron à Blücher, Seifersdorf, 1er septembre. *Armée de Silésie*, p. 166.

(2) *Ibid.*, p. 167.

de cavalerie et 20 pièces. Comme on l'a vu, le corps de Saint-Priest occupait, en effet, cette ville ; en outre, d'après les rapports, beaucoup de troupes ennemies avaient passé par Rothenbourg ; toutes avaient Bautzen comme point de direction. La présence de nombreux corps de partisans donnait quelque vraisemblance à ces bruits ; un parti venait justement d'enlever le petit dépôt du 2e corps à 2 lieues à l'Ouest de Görlitz.

D'ailleurs, l'annonce de l'approche de l'armée de Benningsen, si cette nouvelle se confirmait, était un nouveau motif de ne pas risquer d'affaire. Le 29, un officier prisonnier avait déclaré à Sébastiani que ce général avait passé l'Oder à Wohlau avec 20,000 hommes (1). En admettant que l'armée de Silésie eût perdu de 12,000 à 15,000 hommes depuis l'ouverture de la campagne, ce renfort maintenait sa force, d'après les évaluations de Macdonald, à 80,000 hommes dont 15,000 à 16,000 de cavalerie (2).

Le maréchal se décidait à abandonner sans résistance la ligne de la Queiss ; à l'en croire, son armée se débandait d'elle-même. Pour justifier cette mesure absolument contraire aux ordres de l'Empereur, il lui écrivait : « Je dois avoir ici, par aperçu, de 60,000 à 70,000 hommes, beaucoup sans armes et sans munitions (3). L'ennemi ramasse les maraudeurs qu'aucune discipline ne peut retenir ou, pour dire vrai, il y a une extrême tiédeur dans tous les grades. »

Au contraire, le général Lauriston qui, à la vérité,

---

(1) Macdonald à Berthier, Buntzlau, 29 août, 3 heures du matin. Documents, p. 35.

(2) Macdonald à Berthier, Nostitz, 2 septembre. Documents, p 57.

(3) Dans ces conditions, il est étonnant que l'on ait abandonné 30,000 boulets de 12 et 5,000 obus à Lauban. — Langeron à Blücher, 1er septembre. *Armée de Silésie*, p. 166.

n'était pas chargé de la responsabilité du commandement, en jugeait plus favorablement. Dans une lettre adressée directement à Berthier et destinée à être mise sous les yeux de l'Empereur, il lui disait : « Le IIIe corps est encore sain et vigoureux en hommes et en chevaux. La cavalerie du 2e corps est bonne... Le XIe corps est assez fort, à cause de la 31e division qui ne s'est pas trouvée en avant ; cette division est forte de près de 8,000 hommes. J'ai vu de beaux corps dans la 36e division ; la 35e est plus faible. Le Ve corps est le plus réduit..... l'état n'en présente que 9,831 hommes. »

D'après le maréchal, on avait ramassé 5,000 hommes sur la Queiss ; une seule journée en avait ramené 927 au Ve corps. Il semble donc qu'en réunissant les parties solides de l'armée, on aurait pu arrêter les faibles avant-gardes ennemies et la rallier ; une retraite continuelle achevait au contraire de la désorganiser et augmentait la confiance de l'ennemi.

Le maréchal ordonnait, pour le lendemain, au IIIe corps de se mettre en mouvement à 3 heures du matin, et de se rendre à Weissenberg par Gerbersdorf, Königshain et Melaun ; le Ve corps partirait à la même heure et se dirigerait par Glossen sur Spikel.

Le XIe corps ferait l'arrière-garde ; il prendrait position à Glossen en arrière de la Lobitsche.

Le général Sébastiani flanquerait les IIIe et XIe corps. Le maréchal suivrait le Ve corps ; son quartier général s'établirait à Grub.

Le général Marchand se dirigerait à 4 ou 5 heures du matin sur Bautzen.

Le VIIIe corps viendrait à Löbau.

Le 2 septembre, Blücher dirige l'armée sur Görlitz. — Du côté de l'ennemi, par ordre de Blücher, l'armée de Silésie s'avançait sur Görlitz. La grande route de

Siegersdorf, Waldau, Görlitz était affecté à Sacken, celle de Lauban-Görlitz à Langeron ; Yorck utiliserait une route intermédiaire. Au cas où l'armée française tiendrait à Görlitz, les avant-gardes seraient poussées jusqu'à la rivière ; le gros des corps resterait masqué en colonne, attendant de nouvelles instructions ; une partie des pontons marcherait à la tête du corps de Langeron pour jeter rapidement un pont à Görlitz ; le général en chef accompagnerait cette colonne. Si l'armée française avait renoncé à défendre Görlitz, les avant-gardes la suivraient et l'armée bivouaquerait ayant cette ville devant le front.

Mais, dans la matinée du 2, le prince de Liechtenstein arrivait au quartier de Blücher, avec mission de le mettre au courant des événements qui s'étaient déroulés devant Dresde ; il apportait une instruction datée du 30, signée du général Duka par ordre du général en chef.

Elle prescrivait à Blücher de venir rejoindre avec 50,000 hommes, la grande armée de Bohême par Theresienstadt ; le reste de son armée, évalué à 30,000 hommes, se réunirait avec la division Bubna et prendrait une position de flanc vers Georgenthal ou Zittau.

On comprend l'émotion profonde que ressentit Blücher à la lecture de ce document ; on l'arrêtait en plein triomphe et on le réduisait d'un rôle indépendant à une situation subordonnée. Au point de vue politique, son titre de général en chef assurait à la Prusse, dans les conseils de la coalition, l'appui d'une armée ; dès l'instant où il était subordonné directement au prince de Schwarzenberg, cette influence disparaissait. Il refusait avec beaucoup de formes de consentir aux propositions qui lui étaient adressées. Les motifs qu'il exposait dans sa réponse pour justifier cette détermination semblent indiscutables.

Le projet attribué à l'empereur Napoléon, d'entrer en Bohême n'était pas encore certain; s'il l'effectuait réellement, un mouvement offensif, opéré par l'armée de Silésie vers l'Elbe, aurait plus d'efficacité pour arrêter sa marche que l'envoi de 50,000 hommes en Bohême.

En outre, l'Empereur était libre d'adopter un autre plan, de se jeter avec le gros de ses forces sur l'armée de Silésie, de s'emparer des passages des montagnes, vers la Bohême, et de tomber sur les derrières des armées alliées : « Dans ce cas, écrivait Blücher, il est indubitablement meilleur de conserver cette armée dans un état imposant que de la morceler. »

Enfin, il alléguait l'effet moral : « de ne pas séparer une armée victorieuse où les troupes ont une confiance mutuelle les unes dans les autres et où le souvenir de leur victoire est encore frais. »

Toutefois, il offrait d'envoyer à l'armée de Bohême une partie des corps russes mis à sa disposition dès que le corps du général Markof, appartenant à l'armée du général Bennigsen, l'aurait joint.

A la réception de la dépêche du général Duka, Blücher ordonnait, à 11 heures, à tous les corps de s'arrêter sur place.

Macdonald se retire sur Bautzen. — Le maréchal ne pouvait évidemment prévoir cet événement; toutefois, comme on l'a déjà observé plus haut, il semble que la poursuite menée par l'armée prussienne le 1er ne commandait pas une retraite si précipitée ; un peu d'énergie lui aurait permis de se maintenir à Görlitz.

La division Marchand se rendait à Bautzen.

D'ailleurs la ferme volonté d'échapper à tout prix au contact de l'ennemi était bien arrêtée chez le maréchal, elle ne dépendait pas de la vigueur de la poursuite, car, à 5 heures du matin, sans rien savoir des résultats de la journée du 2, il écrivait à Berthier : « Notre marche continuera demain sur Bautzen; on ne peut trop arriver à une position de repos pour réarmer les soldats qui sont sans armes et se pourvoir de cartouches dont on manque absolument dans l'armée. »

En conséquence, le 2, l'armée française continuait sa retraite.

Le IIIe corps se mettait en mouvement à 6 heures; il prenait position sur une seule ligne, en carrés par division en arrière de Weissenberg; le quartier général s'établit à Gross-Nostitz.

Les XIe et V^e corps repassaient la Lobitsche sans difficulté; de l'aveu même du maréchal, ils étaient suivis seulement par 3,000 ou 4,000 chevaux.

En chemin, le maréchal recevait la dépêche de Berthier en date du 1er septembre, après avoir dépassé Reichenbach.

Après avoir ruiné l'armée par ses fausses dispositions, il suppliait l'Empereur de lui en ôter le commandement, et il rejetait sur les autres un désastre imputable à lui seul. « Il entrait également dans mes vues de rester en position à Görlitz, mais je dois déclarer que la tiédeur des chefs, l'indiscipline, le maraudage, le manque d'armes, peut-être à 10,000 hommes et de munitions de guerre, sont autant de motifs qui doivent déterminer Sa Majesté à rapprocher d'Elle son armée, à l'effet de lui donner une plus forte constitution et retremper tous les esprits. Je suis indigné du peu de zèle et d'intérêt que l'on met à la servir, et il en a fallu dans la très pénible circonstance dans laquelle je me suis trouvé. Je ne suis ni secondé ni imité. » A son avis, il convenait de concentrer l'armée « dans un camp de repos, pour reprendre ensuite l'offensive »; un second échec l'exposerait à une dissolution totale. Cette retraite semblait d'autant plus urgente que sa droite était découverte; une patrouille dirigée sur Löbau lui avait signalé l'évacuation de cette ville par les Polonais (1).

Poursuite de l'armée alliée. — L'ordre dépêché par Blücher de s'arrêter sur place ne parvenait à Katzeler qu'à 11 h. 30 du soir, néanmoins la difficulté de rétablir les ponts de Görlitz l'avait empêché de dépasser cette ville avec son infanterie. Il avait aperçu, à 7 heures du matin, la retraite des colonnes françaises; mais, faute de gués, les Cosaques eux-mêmes n'avaient pu franchir la rivière; en attendant, il appelait à lui toute son infanterie (2).

Peu d'instants après, il apprenait avec certitude la retraite des Français; les chasseurs et le bataillon de fusiliers du 1er de la Prusse Orientale passaient la Neisse sur des échelles posées sur les pilotis; la cavalerie légère et les Cosaques avaient réussi à trouver deux gués, ils franchissaient la Neisse et s'avançaient sur la route de Reichenbach; les chasseurs et trois bataillons gagnaient la rive gauche; le gros de l'infanterie et l'artillerie demeuraient sur la rive droite et repassaient les ponts (3).

A midi, le major Schenck, commandant la cavalerie légère, rendait compte que la retraite des Français s'effectuait en deux colonnes; celle du Nord avait déjà dépassé Reichenbach et marchait sur Bautzen, celle du Sud sur Löbau. L'arrière-garde française était forte de 8,000 hommes; faute d'artillerie, il était impossible de rien entreprendre contre elle (4).

---

(1) Macdonald à Berthier, 2 septembre. Documents, p. 56.

(2) Katzeler à Yorck, Hennersdorf, 2 septembre, 7 heures du matin. *Vie de Reyher*, p. 187.

(3) Katzeler à Yorck, Görlitz, 2 septembre, 11 heures du matin. *Vie de Reyher*, p. 188.

(4) Schenck à Katzeler, midi. *Vie de Reyher*, p. 189.

Cette dépêche parvenait à Görlitz vers 4 heures ; le pont n'y était pas encore praticable, mais on espérait qu'il serait réparé à 6 heures. L'avant-garde russe s'était également arrêtée devant la ville (1).

A 6 heures du soir, le major Schenck expédiait de Reichenbach un nouveau rapport. Les Français avaient pris position sur la route Reichenbach—Bautzen occupant les villages de Schops et de Glossen ; les Cosaques battaient la plaine entre ces villages et Reichenbach ; le major Stutterheim était à la droite ; la réserve de cavalerie à Reichenbach couvrait la gauche ; la cavalerie légère fournissait les avant-postes.

L'interrogatoire des habitants de Görlitz avait fourni les renseignements suivants :

1° Ils estimaient l'armée française entre 30,000 et 40,000 hommes ;

2° Elle s'était retirée en désordre de Görlitz depuis plusieurs jours ; sa retraite s'était effectuée en ordre seulement depuis le jeudi précédent ;

3° Le 1er, il y avait encore, à Görlitz, 30 généraux : Macdonald, Sébastiani, Rochambeau, Charpentier et autres ;

4° Le maréchal Macdonald en était parti le 2, à 5 heures ;

5° La plus grande partie de l'armée française se retirait sur Bautzen ; une petite partie (Hessois) s'était dirigée de Görlitz sur Rothenbourg (2).

L'ensemble de ces nouvelles prouvait que l'armée française formait actuellement une seule masse ; en outre, le rapport de Schenck témoignait qu'une partie au moins avait retrouvé assez d'ordre pour ne pas se

---

(1) Katzeler à Yorck, Görlitz, 4 heures. *Vie de Reyher*, p. 189.

(2) Schenck à Katzeler, Reichenbach, 2 septembre, 6 heures du soir.

laisser entamer par de la cavalerie; aussi Katzeler écrivait-il à 11 h. 30 :

« Je ferai observer demain l'ennemi par des patrouilles, puisqu'il n'y aurait aucune utilité, actuellement qu'il a une arrière-garde complètement en ordre, d'envoyer contre lui une plus forte cavalerie sans artillerie ni infanterie (1). »

Le corps de Sacken s'arrêtait à Hochkirch à 5 heures du soir. De cette ville, il rendait compte que l'ennemi se repliait sur Dresde; Poniatowski avait quitté Zittau et prenait la même direction. Toute l'armée voulait s'y placer en masse vers cette ville; il aurait désiré empêcher cette réunion

Yorck établissait ses bivouacs à Kieslingwald.

L'infanterie de Langeron atteignait Pfaffendorf; sa cavalerie, Görlitz.

L'avant-garde de Neipperg occupait Kratzau; les avant-postes entre Krottau et Wittig, le gros à Gabel.

Le rôle du général Blücher était des plus difficiles. D'un côté, il lui fallait rester à proximité de l'armée française de Macdonald et chercher à utiliser toute occasion heureuse de l'attaquer si l'Empereur pénétrait en Bohême; de l'autre, conserver la liberté de se retirer si au contraire il se retournait sur lui avec le gros de ses forces.

Il expliquait sa mission en ces termes à ses commandants de corps d'armée : « La grande armée de Bohême, après une tentative manquée sur Dresde, s'est de nouveau retirée en Bohême. Il est tout à fait incertain si l'ennemi la suit avec toutes ses forces ou se dirige contre l'armée de Silésie. Je dois agir avec prudence, mais faire croire à l'ennemi que nous le suivrons avec énergie et l'attaquerons partout, afin

(1) Katzeler à Yorck, Görlitz, 9 h. 30. *Vie de Reyher*, p. 189-190.

de le forcer, par là, de diriger contre nous une partie de ses forces et de le détourner de la Grande Armée. »

En conséquence, il constituait une seule avant-garde générale avec les avant-gardes des trois corps d'armée et en confiait le commandement au général Wassiltchikof comme étant le plus ancien. Il lui ordonnait de rester au contact de l'ennemi et de chercher continuellement à contrarier sa marche avec son artillerie légère ; si l'ennemi lui opposait du canon, il l'attaquerait avec un nombre supérieur. Ce corps d'armée s'efforcerait principalement de reconnaître la force de l'armée française, ses positions et ses mouvements ; il en rendrait compte de suite. Il dirigerait de préférence son attention sur sa droite et s'efforcerait de se lier avec le général de Saint-Priest.

Les autres corps suivraient à une journée de distance ; ils se mettraient en marche le 3 et s'établiraient en avant de Görlitz, l'aile gauche au Landskrone, la rivière de Schops devant le front ; la route de Bautzen séparerait le corps de Langeron de celui d'Yorck, Sacken occuperait la droite (1).

Poursuite de l'armée française par Wassiltchikof le 3. — Le général Wassiltchikof recevait cet ordre à 7 heures ; il rompait à 9 heures dans l'ordre suivant : cavalerie russe, infanterie russe et prussienne, cavalerie prussienne. Sa cavalerie légère occupait déjà Reichenbach (2).

Peu de temps après, il rendait compte que l'armée française continuait sa retraite sur Bautzen ; une arrière-garde formée d'infanterie, de cavalerie et

(1) Blücher aux commandants de corps, Lauban, 2 septembre. *Armée de Silésie*, p. 211.

(2) Wassiltchikof, Görlitz, 9 heures. *Vie de Reyher*, p. 193.

d'artillerie était demeurée sur les hauteurs à l'Ouest de Reichenbach, mais elle se préparait à partir (1).

En arrivant sur le Stromberg, vers 3 heures, il découvrait l'armée française, la droite à Hochkirch, la gauche à Wurschen ; une partie de son corps prenait position sur le Stromberg, surveillant la grande route de Wurschen. Le colonel Katzeler observait vers le Sud la route de Löbau à Bautzen ; à droite, deux régiments de Cosaques étaient à Weissenberg. Sa première intention avait été d'attaquer (2); des motifs qui nous sont inconnus le déterminaient à y renoncer. A 6 h. 30 du soir, il écrivait à Blücher : « Puisque l'ennemi ne s'est pas arrêté à Weissenberg, je m'attends à ce qu'il se retire cette nuit; dans le cas contraire j'attaquerai demain (3). »

L'avant-garde de Katzeler s'était arrêtée sur le Pitschenberg, occupant Spikel et Breitendorf avec de l'infanterie légère.

Le service de patrouilles et de reconnaissances avait été assuré exclusivement par la cavalerie russe afin de ménager la cavalerie prussienne. Katzeler s'était efforcé d'y suppléer en envoyant à l'avant-garde russe seize hussards commandés par un lieutenant (4).

Le corps de Sacken passait la Neisse sur un pont de bateaux au-dessous de Görlitz et se détournait à droite sur Ebersbach.

Le corps de Langeron la franchissait au-dessus; le corps de Yorck utilisait les deux ponts.

L'armée cantonnait entre Landskrone et Ebersbach.

---

(1) Wassiltchikof, *Vie de Reyher*, p. 193.

(2) Brösicke, Rodewitz, 3 septembre, 3 heures après-midi. *Vie de Reyher*, p. 194.

(3) Wassiltchikof, Nostitz, 3 septembre, 6 h. 45 du soir. *Vie de Reyher*, p. 194.

(4) Katzeler, *Vie de Reyher*, p. 194.

Le corps de Saint-Priest semble être resté immobile; le gros de la division Bubna s'établissait à Gabel, son avant-garde entrait à Zittau.

Dispositions de Blücher pour le 4. — Blücher ordonnait pour le 4 à son armée de marcher sur trois colonnes : Le corps de Sacken par Hottendorf, Mengelsdorf, Meuselwitz et Rothkretschen ; le corps de Yorck par Reichenbach, Schops et Glossen ; le corps de Langeron par Gersdorf et Sohland ; le corps de Saint-Priest pousserait par Löbau et Schurgswalde sur Bischoffswerda ; la division Bubna par Neustadt sur Stolpen. Le soir, l'armée se placerait : Sacken à Wurschen ; Yorck entre Pommritz et Niethen ; Langeron en avant de Hochkirch ; Saint-Priest entre Rodewitz et Bederwitz ; Bubna à Hainspach.

Le général Blücher suivrait la deuxième colonne (1).

Ses résolutions définitives devaient dépendre des mouvements de l'Empereur ; si celui-ci marchait contre lui, « il était décidé à éviter toute bataille contre des forces supérieures et à chercher à l'arrêter le plus possible par des chicanes, pour donner à la grande armée le temps de développer ses opérations (2) ». Or, une dépêche de Barclay venait non seulement de lui annoncer la victoire de Kulm, mais encore ce général lui annonçait que dans quelques jours toute l'armée de Schwarzenberg allait reprendre l'offensive ; Marmont avait déjà quitté Altenberg, poursuivi par Wittgenstein. Si cette offensive de la grande armée alliée maintenait l'Empereur sur la rive gauche de l'Elbe, il approcherait son aile gauche du fleuve, conformément aux ordres du Roi, pour se lier avec elle.

(1) Blücher, Görlitz, 3 septembre. *Armée de Silésie*, p. 212.
(2) Blücher au Roi. *Armée de Silésie*, p. 212.

Retraite de l'armée française. — L'armée française était venue prendre position entre Hochkirch et Wurschen, sa gauche appuyée au coude de la Lobische, son centre à Dresa; Macdonald trouvait son développement immense; il se proposait de la resserrer en se retirant en arrière du ruisseau de Jenkwitz, elle serait adossée à la Sprée, six ponts en assureraient le passage.

Le maréchal n'avait pu se procurer aucun renseignement sur les mouvements de Blücher; d'après le rapport du commandant de Weissenberg qui avait vu, le 2, défiler beaucoup de troupes, il lui supposait l'intention d'agir dans cette direction, en l'amusant sur son front. La journée s'était écoulée tranquillement: « L'ennemi au nombre de 3,000 ou 4,000 hommes, écrivait-il, m'a suivi et nous a envoyé quelques coups de canon auxquels on n'a pas répondu (1). »

Conformément à l'ordre de Berthier, Piré s'était rendu à Bautzen et de là sur la route de Hoyerswerda; la route Dresde—Bautzen s'était ainsi trouvée momentanément dégarnie, le colonel Medatof en avait profité pour détruire le convoi parti de Dresde le 2. Le général Piré était arrivé trop tard pour le sauver (2).

A la gauche de l'armée, les généraux Lhéritier et Normann avaient conservé leurs emplacements.

Le premier rendait compte que l'ennemi paraissait avoir établi sa première ligne en arrière de l'Elster noire (3).

Le second que Senftenberg était occupé par un

---

(1) Macdonald à Berthier, 3 septembre. Documents, p. 60.

(2) Marchand à Macdonald, Bautzen, 3 septembre. Documents, p. 61. — Piré à Berthier, 3 septembre, p. 61.

(3) Lhéritier à Berthier, Grossenhayn, 3 septembre. Documents, p. 62.

corps de 2,000 hommes, infanterie et cavalerie, et « qu'il devait se concentrer dans les environs de Finsterwalde et Sonnenwalde un corps ennemi assez considérable (1) ».

A sa droite, le prince Poniatowski, informé de la retraite de l'armée française sur Bautzen se préparait à se diriger sur Neustadt ; il voulait laisser encore le 4e corps à Schluckenau tant que les circonstances le permettraient pour continuer à couvrir de ce côté l'extrême droite de l'armée ; de Kottmarsdorf, le général Sokolnicki lui signalait la marche du corps considérable de Löbau sur Bautzen (2).

Macdonald recevait à minuit 30 les deux dépêches de l'Empereur, du 3.

En réponse, il lui confirmait ses précédentes dépêches : « J'ignore, lui disait-il, à quelle distance peut être le gros de l'armée ; mais si elle ne manœuvre pas sur ma gauche, comme j'en ai la présomption, elle ne doit pas être éloignée. »

A sa droite, le prince Poniatowski avait également eu connaissance du détachement parti de Marcklissa.

Macdonald proposait d'arrêter la colonne venant de Camenz à Nieder-Giersdorf et celle de Bischoffswerda vers Grubschütz.

Le 4 au matin, l'armée se rapprocherait de Bautzen « pour se resserrer » mais sans passer le ravin de Jenkwitz ; elle serait prête à recevoir les ordres de l'Empereur (3).

Journée du 4. Combat de Hochkirch et du Pitschenberg. — Wassiltchikof était informé de la retraite de

---

(1) Normann à Berthier, Hoyerswerda, 3 septembre. Documents, p. 63.
(2) Poniatowski à Berthier, 3 septembre. Documents, p. 63.
(3) Macdonald à l'Empereur, 4 septembre. Documents, p. 65.

Macdonald à 4 h. 30; il ordonnait à Katzeler de suivre les corps français avec deux régiments et de leur faire le plus de mal possible dans les défilés de Bautzen.

Le colonel Katzeler se mettait en mouvement, avec les hulans de Brandebourg, deux escadrons de hussards de Brandebourg et des hulans noirs et sa batterie, du Pitschenberg sur Hochkirch; le gros de l'avant-garde et la pointe d'infanterie suivait à distance convenable.

Des tirailleurs français s'étaient maintenus à l'Ouest d'Hochkirch, ils accueillaient par un vif feu la tête de colonne prussienne, lorsqu'elle en débouchait; Katzeler repliait sa cavalerie et faisait occuper Hochkirch par les chasseurs, le 1er bataillon de fusiliers de la Prusse orientale et 210 tirailleurs, puis il attendait les ordres de Wassiltchikof.

De son côté, l'avant-garde russe se portait en avant du Stromberg à l'Ouest de Würschen (1).

Wassiltchikof en avertissait Blücher à 6 heures : « L'ennemi a quitté sa position d'hier en face de moi ; je me mets en mouvement pour le suivre (2). »

A 8 heures du matin, jugeant son flanc gauche découvert par suite de l'éloignement de Saint-Priest, il priait Blücher de faire avancer ce général à sa hauteur avec mission de surveiller Rumbourg; tous les habitants s'accordaient à dire que l'armée française se retirait massée; par suite, son infanterie était trop faible pour rien entreprendre de sérieux (3).

---

(1) *Journal* de Reyher. — *Vie de Reyher*, p. 195-198.

(2) Wassiltchikof à Blücher, Stromberg, 4 septembre, 4 heures. *Armée de Silésie*, p. 215.

(3) Wassiltchikof à Blücher, Stromberg, 8 heures. *Armée de Silésie*, p. 215.

Afin de couvrir sa gauche et d'assurer un point d'appui à ses troupes avancées, Wassiltchikof ordonnait au major Hiller d'occuper le Pitschenberg et de défendre cette hauteur à l'extrême. Celui-ci établissait son infanterie : le 1er bataillon de grenadiers de la Prusse orientale et la moitié de la batterie Baremkampf à la droite, face à Spikel ; au centre les trois bataillons de landwehr ; à gauche, derrière Breitendorf, le 3e bataillon du 12e de réserve, le bataillon de grenadiers du corps, la moitié de la batterie de Barenkampf ; le 10e régiment de cavalerie de landwehr de Silésie couvrait l'extrême gauche.

Le colonel Katzeler, attaqué brusquement par de l'infanterie française, évaluée à dix bataillons, soutenue par une forte artillerie perdait Hochkirch ; il s'établissait la droite à Kupritz, la gauche vers la route de Löbau, puis il tentait de démonter nos pièces en mettant en action la batterie Borowsky et quatre obusiers ; l'artillerie française conservait la supériorité ; nos tirailleurs se montraient peu pressants.

Au Nord, tout restait tranquille jusque vers midi ; une demi-heure plus tard, Wassiltchikoff rendait compte que les forces françaises se portaient de la gauche à la droite vers Hochkirch, ce qui lui faisait supposer qu'il allait avoir à résister sur ce point à un ennemi supérieur. A ce qu'il semble, il ne croyait pourtant pas à une affaire sérieuse, car il écrivait : « Si je dois me retirer, je prendrai d'abord position à l'endroit où j'ai passé la nuit (1). »

Vers 1 heure, la tête de colonne du IIe corps prussien atteignait Nostitz, ayant à la même hauteur et à sa droite le corps de Sacken. A ce moment, le colonel russe Dietrich informait Yorck que l'arrière-garde

---

(1) Wassiltchikof, Stromberg, 4 septembre. *Armée de Silésie*, p. 216.

française avait reçu des renforts d'infanterie et de cavalerie venus de Bautzen; en attendant des ordres, Yorck faisait arrêter son corps pour le rassembler, et se proposait de pousser son avant-garde en avant (1).

Langeron s'était rendu à son avant-garde dès les premiers coups de canon. A l'en croire, il distinguait plus de 50,000 hommes et l'on voyait près de Bautzen des tourbillons de poussière qui annonçaient que d'autres fortes colonnes se portaient vers Weissenberg. Il ne doutait plus que Napoléon ne fût arrivé de Dresde pour combattre l'armée alliée avec des forces supérieures. « Je l'avais déjà très heureusement deviné, a-t-il écrit, dès que mes quartiers-maîtres m'eurent annoncé qu'ils avaient été chassés de Hochkirch; cette supposition, du reste, était facile à faire, car, après la défaite de Macdonald à la Katzbach, je pouvais juger que ce général n'était pas en état de faire seul un mouvement offensif; c'est cette presque certitude qui me fit courir à l'avant-garde, d'où j'envoyais à l'instant l'ordre de s'arrêter. » En outre, il faisait immédiatement part de ce qu'il avait vu à Saint-Priest et à Bubna et prescrivait au premier d'attendre de nouveaux ordres avant de continuer son mouvement.

Le général Tscherbatof, commandant la tête de la colonne russe, prévoyant cet ordre, avait déjà pris sur lui de suspendre la marche lorsque l'artillerie était encore dans la plaine (2).

Vers 2 heures, deux bataillons prussiens tirés du Pitschenberg allaient renforcer le colonel Katzeler (3).

---

(1) Yorck à Blücher, Nostitz, 4 septembre, midi 45. *Armée de Silésie*, p. 216.

(2) Langeron, *Mémoires*, p. 267.

(3) 3e bat., 12e res. reg.; Bat. Landw. Thiele.

Vers 3 heures, on voyait apparaître trois ou quatre colonnes d'infanterie et une assez nombreuse cavalerie française. Le colonel Katzeler se repliait alors sur le Pitschenberg, par ordre du général Wassiltchikof.

Attaque de l'armée française. — On est très mal renseigné sur les mouvements de l'armée française dans cette journée. S'il faut ajouter foi au *Journal des opérations du IIIe corps*, il aurait repassé dans la matinée le défilé de Jenkwitz, contrairement à la lettre du Maréchal ; la 11e division formait l'arrière-garde, la brigade de cavalerie Gérard flanquait la marche, la brigade Beurmann assurait la liaison avec le XIe corps.

Arrivée de l'Empereur à Bautzen. — L'Empereur arrivait à Bautzen vers midi ; il n'y trouvait pas l'officier de Poniatowski et lui expédiait l'ordre de se porter sur la droite de Löbau.

Macdonald avait manifesté à plusieurs reprises la crainte que l'ennemi ne tournât sa droite ; le rapport de Poniatowski, en date du 3, prouvait que les Autrichiens n'avaient fait déboucher sur Zittau qu'un faible corps. Néanmoins, l'Empereur invitait le prince à s'en assurer : « L'ennemi, lui demandait-il, a-t-il débouché quelque chose de considérable de Bohême, quand et par quelle route (1) ? »

Après s'être entretenu avec Macdonald et Sébastiani et avoir fait, dit-on, une scène très pénible à ce dernier (2), il ordonnait de reprendre l'offensive à 1 heure. « A la notification de cet ordre, tout le monde

---

(1) Berthier à Poniatowski, Bautzen, 4 septembre. Reg. d'ordres de Berthier, t. II, p. 143. Pages 152-154 : lire partout Löbau au lieu de Lauban.

(2) *Odenleben*, t. Ier, p. 170.

oublia ses peines pour se livrer aux plus flatteuses espérances ; il n'y avait plus de malades ni d'éclopés, on pouvait marcher en avant sans embarras et pour le soldat français c'est aller à la victoire (1). »

La cavalerie de Murat débouchait par les deux côtés de Hochkirch, ayant à sa droite le IIIe corps ; le XIe corps marchait contre le Pitschenberg, le Ve sur la route de Löbau. L'attaque commençait à 6 heures. Comme le remarque très justement Langeron, il fut heureux pour les alliés qu'elle eût eu lieu si tard, et l'on ne discerne pas les motifs qui ont déterminé l'Empereur « à se montrer au lieu d'attendre près de Bautzen » que les alliés fussent plus engagés (2).

Dispositions de Blücher ; il se décide à battre en retraite. — En prévision d'une action, Yorck avait formé son corps : la 2e brigade se plaçait à droite du Stromberg, en colonne ; la 8e, à droite de la route du Pitschenberg, jusqu'au moment où apparaîtrait Langeron, elle avait pour mission de recueillir Katzeler ; les 1re et 7e, demeuraient en réserve derrière Nostitz.

L'attaque de l'Empereur ne surprenait pas Blücher ; de nombreux renseignements, forts précis, avaient complété les premiers rapports de Katzeler et de Wassiltchikof.

Le lieutenant Scharnhorst écrivait à 5 h. 15 : « L'ennemi débouche en trois colonnes, chacune de 3,000 à 4,000 hommes des hauteurs de Hochkirch ; une de ces colonnes marche sur la route de Hochkirch à Löbau.

« 5,000 à 6,000 hommes de cavalerie se montrent sur les deux côtés de Hochkirch.

---

(1) Reg. des opérations du IIIe corps, p. 68.

(2) Langeron, *Mémoires*, p. 269.

(3) Scharnhorst, Breitendorf, 5 h. 30. *Armée de Silésie*, p. 217.

« A en croire un habitant de Bautzen, l'Empereur est arrivé aujourd'hui à 11 h. 30 ; il a amené la cavalerie de la Garde. »

A 5 heures, Sacken rendait compte, de Rothkretschen, que l'ennemi débouchait de Bautzen avec de fortes colonnes et qu'il en arrivait toujours de nouvelles.

Un sous-officier italien qui se donnait pour ordonnance au quartier impérial, déclarait avoir accompagné l'Empereur, le 3, de Dresde à Harta alors qu'il se rendait à Bautzen.

Un espion en apportait la nouvelle sûre.

Blücher décidait de battre en retraite. Il ordonnait à Yorck de repasser la Lobauer-Wasser ; l'armée romprait à 10 heures. Son intention était de refuser tout combat sérieux, mais si l'Empereur débouchait en Bohême par Zittau, et ne maintenait pas des forces trop considérables contre lui, il voulait les attaquer, puis le suivre en Bohême (1).

Les 1re et 7e brigades prussiennes se repliaient par Nostitz, la 8e, par un gué à droite de Glossen où elle laissait le bataillon de fusiliers de Brandebourg, la 2e, par Maltitz, ses tirailleurs tenaient le Stromberg.

A 8 heures du soir, le 2e corps prussien était en colonne de route derrière Maltitz et Glossen, Sacken à Rothkretschen, Langeron à Rosenhayn. Leur retraite s'était effectuée sans être inquiétée, grâce à la résistance des arrière-gardes.

Prise du Pitschenberg. — Le maréchal Macdonald dirigeait la division Gérard sur Breitendorf, son attaque était appuyée sur la droite par une partie du Ve corps qui débordait le Pitschenberg et dont

(1) Blücher au Roi, Glossen, 6 h. 30. *Armée de Silésie*, p. 217.

l'artillerie prenait en écharpe les batteries prussiennes; ces dernières se retiraient au trot, après une courte canonnade, accompagnées par la cavalerie; d'autres troupes françaises attaquaient le Pitschenberg par le Nord. Le colonel Hiller, tourné sur ses deux ailes, abandonnait sa position après une résistance très énergique. Sa retraite était couverte par le colonel Katzeler, qui exécutait de très belles charges avec le 1er dragons de la Prusse orientale; elle s'effectuait par Krappe et Glossen, celle des tirailleurs de la 2e brigade par Maltitz.

A 10 heures du soir, toute l'armée alliée se repliait sur la position du Landskrone, après une marche de nuit fort pénible, sur des routes encombrées de voitures; certaines fractions atteignirent leur emplacement de bivouac seulement le lendemain matin.

Positions de l'armée française. — Le soir, l'armée française occupait les emplacements suivants :

Le Ve corps à Eisenroda, ayant la division Maison en première ligne, la division Rochambeau en seconde (1).

Le XIe corps, la division Gérard, entre le Pitschenberg et le Ve corps; les 35e, 36e et la cavalerie Gerard en arrière de Breitendorf; le général Exelmans à Sarck, le général Sébastiani à Lehna; le quartier général à Lehna.

Le IIIe corps dans les bois en avant de Lauske.

La cavalerie de Murat à la gauche.

En arrière, le VIe corps bivouaquait en avant de Bischoffswerda (2).

Bien que la 31e division et le Ve corps eussent agi de

---

(1) Rapport de Lauriston, Eisenroda, 4 septembre, 10 heures du soir. Documents, p. 66.

(2) *Journal des opérations du VIe corps* (A. G.)

concert, Macdonald ignorait à 9 heures du soir le point où se trouvait le Ve corps; il le supposait arrivé sans coup férir à Löbau; de son côté, à 10 heures du soir, Lauriston ne savait à quel endroit était établi le quartier général du Maréchal. Lauriston estimait avoir vu environ 6,000 hommes d'infanterie et il apercevait une ligne de feu assez longue vers Rumbourg; les feux commençaient à Kottmarsdorf.

Macdonald évaluait les forces adverses à 10,000 hommes d'infanterie; 3,000 chevaux, il n'y avait eu que deux batteries en action.

Vers le Sud, le général Saint-Priest aurait dû marcher sur Possewitz à 4 heures du matin; s'il faut en croire Langeron, par suite d'une erreur du chef de sa chancellerie, il ne reçut cet ordre qu'à 8 heures du matin; il avait donc fait peu de chemin lorsque le contre-ordre lui parvint.

L'ordre de se porter sur Hainspach avait été transmis au général de Bubna à 10 heures du matin, il entrait à Rumbourg à minuit.

Le prince Poniatowski qui leur était opposé, avait l'intention de se replier dans la journée du 4 sur Neustadt; mais après avoir reçu à 8 heures l'ordre de Berthier du 3, il décidait de rester sur place (1). Néanmoins le général Uminski évacuait Rumbourg. L'ordre daté de Bautzen lui parvenait à 8 heures du soir; il dirigeait de suite le général Malachowski avec deux régiments d'infanterie, un de cavalerie et quatre pièces sur Neu-Saltze.

Le reste du corps se mettrait en mouvement à la pointe du jour et déboucherait par Kottmarsdorf. Les deux corps seraient flanqués sur leur droite par un fort détachement de cavalerie et d'infanterie avec du

(1) Poniatowski à Berthier, Schluckenau. Documents, p. 67.

canon, aux ordres du général Uminski, qui observerait la route de Schluckenau à Rumbourg (1).

Conclusions. — Au début des opérations, l'effectif de l'armée française s'élevait :

	Officiers.	Soldats.
IIIe corps (2)	1,499	37,073
Ve corps	995	26,723
2e corps de cavalerie	523	8,988

Le 1er septembre, il lui en restait :

IIIe corps	1,426	29,348
Ve corps (3)	443	10,483
XIe corps (4)	833	19,071
2e corps de cavalerie	483	6,622 (5)

Les pertes de l'armée française s'élèvent donc, du 15 août au 1er septembre, à environ 35,000 hommes. Ce chiffre est évidemment très approximatif ; on obtient environ 27,000 hommes pour les IIIe, Ve corps et 2e de cavalerie ; il semble qu'une augmentation de 6,000 hommes pour le XIe corps est plutôt au-dessus qu'au-dessous de la vérité.

En estimant à 5,000 hommes la diminution subie jusqu'au 23 août, il en résulte que le commandement de Macdonald coûtait 30,000 hommes à l'armée. Or, le maréchal l'avoue lui-même « l'échec essuyé par la cavalerie était peu considérable en proportion de la force de l'armée ». A la vérité, il a voulu rejeter les causes de cette défaite sur les éléments, mais la pluie tombait aussi pour les alliés, et le jour où il perdait

(1) Poniatowski à Berthier, Schluckenau. Documents, p. 68.

(2) 5 août.

(3) 15 septembre.

(4) La 39e division a été comprise dans le IIIe corps.

(5) Le 2e corps a reçu 565 hommes d'augmentation : il a donc perdu 2,931 hommes.

la bataille de la Katzbach, l'Empereur, sous cette même pluie torrentielle, gagnait la bataille de Dresde contre un ennemi supérieur. A notre avis, le maréchal est l'unique cause de la défaite.

Le lecteur a pu se créer une opinion sur la manière dont la retraite a été conduite. Rappelons-le : pendant sept jours, l'armée française, couverte par des fleuves non guéables, a reculé devant des avant-gardes de cavalerie et on lui a imposé la fatigue de marches de nuit continuelles.

Les auteurs allemands vantent énormément la direction supérieure jusqu'à la bataille de la Katzbach ; il m'est impossible de partager leur admiration, et il me semble que l'opinion de Yorck est juste. A la suite de la victoire de la Katzbach, il écrivait au Roi (1) : « Après avoir si heureusement gagné la bataille de la Katzbach, il pouvait paraître que j'avais eu tort de blâmer les opérations du (en blanc). Je dois, à moi-même et à la vérité, de prouver que ce ne sont pas des ordres sages, fondés sur un jugement droit, qui nous ont procuré ce grand succès. Au contraire, on doit l'attribuer à l'heureuse fortune qui déjoua nos opérations offensives par l'opération inhabile avec laquelle l'ennemi s'avançait contre nous ; opérations qui nous auraient vraisemblablement attiré le désastre que l'ennemi a éprouvé. »

Au contraire, la résolution prise par Blücher de sortir de la crise où se débattait l'armée de Silésie par une bataille, la rapidité de ses décisions pendant le cours de l'action, son énergie dans l'exécution, montrent un véritable général, prompt à utiliser les fautes de ses adversaires, et surtout un grand caractère, qui n'hésite pas à employer la force pour arriver à son but.

La poursuite après la victoire, à nous qui n'avons

(1) Droysen, *Vie de Yorck*, t. II, p. 153.

pas eu à en supporter les fatigues, les privations occasionnées par le manque de vivres et le mauvais temps, paraît lente. Elle prouve de nouveau l'impuissance absolue de la cavalerie sans l'appui constant de l'infanterie. Avec un fusil qui portait entre 120 et 200 mètres, sans cesse les généraux de cavalerie en réclament. De nos jours, avec des armes à tir rapide, on la traite de boulet.

La direction supérieure paraît faible; dans aucun cas on n'essaye de gagner un des flancs de l'adversaire. *Des avant-gardes de cavalerie, soutenues par quelques bataillons d'infanterie, sont lancées sur toutes les routes; à leur vue ou même sans les voir, Macdonald, couvert par des fleuves non guéables, bat en retraite; tel est en résumé l'histoire de ces journées.*

Il est indiscutable que la journée du 27 a été perdue et cette négligence a permis à l'armée française de prendre de l'avance.

Certes, l'État-Major a écrit de belles lettres, mais la présence de Blücher auprès du corps prussien de Yorck aurait donné un autre caractère à la poursuite et entraîné le reste de l'armée. *L'action directe d'un général en chef est tout, parce que devant la grandeur du commandement les petites passions et les basses rivalités disparaissent.*

La prudence de Blücher à la nouvelle de la victoire de Dresde, la rapidité avec laquelle il se décide à battre en retraite le 4, témoignent de nouveau d'une décision remarquable; ce n'est pas la crainte d'un homme qui espère échapper à un danger, mais la libre volonté d'un général qui suit un plan (1).

Au point de vue stratégique, l'emploi d'une avant-garde générale à partir du 3, mérite d'être signalé.

(1) Les soldats eux-mêmes en étaient convaincus. Oelsnitz, p. 718.

DOCUMENTS ANNEXES

Ney à l'Empereur.

Alt-Giersdorf, 21 août, 10 heures soir (A. N.).

J'ai l'honneur de rendre compte à Votre Majesté que, conformément à ses ordres, j'ai passé le Bober avec le IIIe corps d'armée et le 2e corps de cavalerie pour attaquer le corps réuni aux ordres du général Sacken qui occupait Buntzlau et la belle position de Vorus en arrière de cette ville. Un régiment russe qui défendait la place en a été chassé très vivement; mes colonnes se sont formées sur la gauche et, vers 2 heures, l'attaque a commencé au cri de : « Vive l'Empereur ! ».

La position principale de Vorus, défendue par 30 pièces de canon et toutes les autres ont été enlevées sans la moindre hésitation. L'ennemi, étonné de la brusquerie de notre attaque et vivement pressé par la 8e division, s'est retiré en désordre et n'a pas montré depuis un seul bataillon ensemble. La cavalerie du général Sébastiani a fait alors une belle charge qui a produit un grand nombre de prisonniers.

La déroute des Russes étant complète, j'ai sur-le-champ dirigé les corps sur les positions suivantes:

La 8e division d'infanterie avec deux divisions de cavalerie légère poursuivant l'ennemi sur Hartmansdorf;

La 11e division avec une brigade de cavalerie légère sur Thomaswalde;

La 39e division avec le régiment de dragons badois sur la position de Vorus;

Les 9e et 10e divisions, le 10e régiment de hussards et la division de cuirassiers du général Saint-Germain à Alt-Giersdorf.

Les troupes communiquent entre elles et peuvent se porter demain sur les routes de Haynau, Goldberg et Löwenberg.

Au moment où j'ai quitté le champ de bataille à Vorus, nous y avions déjà 700 à 800 prisonniers russes; on en a sans doute fait un plus grand nombre dans la poursuite.

Notre perte a été très peu sensible, parce que les positions ont été enlevées au pas de course. Celle de l'ennemi doit être considérable, parce que, indépendamment des hommes pris, le désordre de sa retraite en aura fait disperser un très grand nombre dans le bois.

Le corps du général Sacken est, suivant les rapports des prisonniers, fort de trois divisions d'infanterie estimées 10,000 hommes chacune. Sa cavalerie se compose de trois régiments de dragons, trois de hussards et deux de cosaques. Il a 75 bouches à feu. Ils disent qu'à l'affaire du 1er, à Wolfshayn, ils ont perdu 600 hommes, et que le général Woyekow y a été blessé. Selon eux, l'armée russe est composée de trois corps forts ensemble de 80,000 hommes. L'empereur Alexandre est à la gauche; le général Langeron, au centre, et le général Sacken, à la droite.

Ce dernier général était cantonné pendant l'armistice aux environs de Breslau, et c'est sa cavalerie qui a attaqué mes avant-postes à Liegnitz.

Ney à l'Empereur..

Alt-Giersdorf, 22 août, 9 heures matin (A. N.).

J'ai rectifié ce matin la position de mes troupes, qui sont maintenant établies de la manière suivante :

La division Ricard, avec une brigade de cavalerie légère, en arrière de Thomaswalde.

La division Souham, à Gros-Hartmansdorf, ayant une brigade à Wartha, en gardant, par une brigade de cavalerie légère, le débouché de Mittelau.

Le général Sébastiani, à Gros-Hartmansdorf, avec une brigade de cavalerie légère. La division de cuirassiers du général Saint-Germain en réserve à Alt-Giersdorf.

Le général Marchand, avec la 39e division et les dragons de Bade à la position de Vorus en avant de Buntzlau.

Les divisions Delmas et Albert, avec le 10e de hussards et la batterie de réserve à Alt-Giersdorf.

Le bataillon espagnol de Joseph-Napoléon, du VIe corps, en garnison à Buntzlau.

Dans le cas où je serais attaqué par des forces supérieures sur Thomaswalde ou sur Wartha, je réunirais mes forces sur des hauteurs depuis Gros-Hartmansdorf jusqu'à Mühlsteinbruch, manœuvrant toujours par ma droite pour couvrir Löwenberg et être en mesure de déboucher par Goldberg ou Haynau.

L'ennemi est en position à Wolfshayn, mais il ne paraît pas qu'il y soit en forces.

Depuis mon rapport d'hier, on a continué à faire des prisonniers. Je n'ai point encore reçu des généraux de division les renseignements qui me sont nécessaires pour rendre un compte définitif à Votre Majesté.

P.-S. — Je reçois à l'instant le rapport du général Souham, je le mets sous les yeux de Votre Majesté. Des renseignements que je reçois portent que la plus grande partie des forces de l'ennemi se retirent sur Goldberg.

Souham à Ney.

Au camp de Gros-Hartmansdorf, 22 août (A. N.).

J'ai l'honneur de rendre compte à votre excellence que, lorsqu'elle m'a donné, hier 21, l'ordre de marcher en avant et de m'emparer de la ville de Buntzlau, j'ai détaché sur-le-champ le 6e régiment provisoire avec ordre d'aller s'emparer des faubourgs et des avenues des ponts rompus la veille, ce qui a été exécuté. J'ai également donné l'ordre à M. le capitaine du génie Huz de se porter en avant avec une compagnie de sapeurs et de travailler sur-le-champ à la réparation de ces ponts. Ce travail, qui s'est fait sous le feu de l'ennemi, a été poussé avec vigueur, et, par le zèle et l'activité de M. le capitaine Huz, en moins de deux heures les ponts ont été entièrement rétablis.

J'ai fait passer de suite le 19e régiment provisoire sur la rive droite avec ordre d'attaquer et de se rendre maître de la ville de Buntzlau que voulait défendre l'ennemi. Rien n'a pu ralentir un instant l'ardeur de nos troupes. La ville a été enlevée aux cris de « Vive l'Empereur ! » et l'ennemi obligé de l'évacuer dans le plus grand désordre en laissant en notre pouvoir bon nombre de prisonniers.

Votre excellence ayant ordonné que les 8e et 11e divisions se portassent de suite en avant de la ville pour s'emparer des positions qui la dominent, la 8e division a passé le Bober et est arrivée la première au pied de la position qu'occupait l'armée russe.

Après avoir fait les dispositions préliminaires, j'ai fait attaquer. Immédiatement, la 1re brigade de la 8e division s'est avancée au pas de charge et aux cris mille fois répétés de « Vive l'Empereur ! ». En un instant la position a été enlevée, et l'ennemi repoussé sur tous les points a été forcé de l'abandonner précipitamment. Je ne puis trop faire l'éloge de la belle conduite des troupes dans cette brillante affaire. D'ailleurs, votre excellence a pu juger de l'ardeur et de l'enthousiasme qui les animait, puisqu'elle dirigeait elle-même ces différentes attaques. La 2e brigade a parfaitement soutenu tous les mouvements de la 1re.

L'armée ennemie, mise dans une déroute complète, a été poursuivie avec vigueur ; la 8e division s'est dirigée sur Wartha ; elle a rencontré la cavalerie russe qui était en position en avant de ce village pour protéger la retraite. Cette cavalerie s'est retirée précipitamment dès qu'elle nous a aperçus. Je l'ai fait canonner vivement pendant qu'elle exécutait ce mouvement.

La division a pris position le soir sur les hauteurs de Gros-Hartmansdorf, qu'elle occupait deux jours auparavant. L'ennemi avait entièrement disparu.

Je dois les plus grands éloges à M. le général Brayer, commandant la 1re brigade. Cet officier général sait inspirer à ses troupes l'ardeur et le dévouement qui l'animent.

Je renouvelle dans cette circonstance les demandes du grade de général de brigade pour M. l'adjudant commandant Contamine, mon chef d'état-major; celui de chef de bataillon du génie pour M. le capitaine Huz et celui de major pour M. le chef d'escadron Bouverie, mon aide de camp. Je demande également la décoration de la Légion pour M. le capitaine Tamnay, l'un de mes aides de camp et pour M. le capitaine Dumas, adjoint à l'état-major, ainsi que le grade de capitaine pour M. Fayout, mon troisième aide de camp. En recommandant vivement ces demandes à votre excellence, j'ai l'honneur de lui observer que, depuis l'ouverture de la campagne, les officiers de mon état-major se sont toujours parfaitement conduits dans les nombreuses affaires dans lesquelles la 8e division a été engagée, et que je n'ai pas encore obtenu une seule récompense pour aucun de ces officiers. Je la supplie instamment d'avoir la bonté de mettre elle-même ces demandes sous les yeux de Sa Majesté l'Empereur.

Dans un rapport particulier que j'aurai l'honneur d'adresser à votre excellence, je lui ferai connaître particulièrement les officiers et soldats qui se sont distingués et qui ont mérité les bontés de Sa Majesté. Je lui adresserai également l'état des pertes de la division, qui d'ailleurs sont peu considérables.

Macdonald à Berthier.

Lauterseiffen, 22 août, 9 heures matin (A. G.).

La lettre d'ordre de votre altesse vient de me parvenir : j'ai trouvé ici le général Maison avec une brigade de la division Chastel. Le général Lauriston est, dit-on, à Zobten, avec deux divisions et la 2e brigade de celle du général Chastel.

Les Russes prennent la direction de Schönau ou Hirschberg. Le corps d'Yorck suit la grande route de Goldberg ; on assure que c'est Blücher qui est opposé au prince de la Moskowa.

Le général Montbrun, suivi de la division Charpentier, se met en marche d'avant-garde, et la division Gérard suit. J'envoie copie de la lettre d'ordre au général Lauriston qui, de Zobten, pourra marcher dans la direction de Goldberg, toutefois en éclairant les routes de Schönau et d'Hirschberg.

Je prie votre altesse de me faire connaître les directions que suivent les IIIe et VIe corps, et à quelle hauteur ils se trouvent de moi.

Votre altesse sait que j'ai laissé la 31e division échelonnée de Greiffenberg à Gorisseiffen, près Löwenberg. Je la prie de me mander si je puis la rappeler, c'est la plus forte du XIe corps.

Macdonald à Berthier.

Pilgramsdorf, 22 août, 4 heures soir (A. G.).

M. le colonel Bongars m'a remis ce matin, avec la lettre de votre altesse, copie des instructions données au prince de la Moskowa et au général Ornano.

Le général comte Lauriston ayant reçu notification des ordres qu'il a plu à Sa Majesté de donner, a rappelé la division Maison et s'est mis en marche de Lauterseiffen et Zobten par Armenruh et Steinberg, où il a pris position. Une reconnaissance envoyée sur la route de Schönau a vu la valeur de deux pulsks de cosaques qui paraissaient flanquer la gauche de Langeron.

Le Ve corps n'a rencontré aucun ennemi dans sa marche.

Après avoir formé mes troupes, je me suis mis en mouvement, fouillant les bois avec précaution ainsi que ce village.

L'arrière-garde ennemie en tenait le débouché; elle a été chassée après un feu assez vif, et a repassé précipitamment le défilé de Pilgramsdorf. Le terrain devenant plus ouvert, j'ai vu l'armée combinée en bataille de l'autre côté de ce défilé, se repliant assez lentement; je m'en suis approché et, sous le feu d'une assez vive canonnade et un engagement de beaucoup de tirailleurs, je l'ai passé en trois colonnes.

J'ai au moins 50,000 à 60,000 hommes devant moi, mais la retraite de l'ennemi est prononcée, il se retire sur Goldberg où je le suis.

Macdonald à Berthier.

Hartmansdorf, 22 août, 9 heures soir (A. G.).

J'ai rendu compte à votre altesse par mon premier rapport de 4 heures que je suivais l'ennemi, mais les défilés retardant ma marche, il a pu en profiter pour hâter la sienne et nous canonner avec des pièces de gros calibre; il était d'autant plus instant qu'il accélérât son mouvement, que le général Lauriston le menaçait par le sien, en se dirigeant sur Steinberg; mais la journée trop avancée a déterminé ce général à y prendre position. Il est venu me joindre sur les hauteurs d'Oberau, d'où, à mon tour, je canonnais très vivement l'arrière-garde des alliés qui repassait précipitamment et en confusion la Katzbach à Goldberg. Elle a dû beaucoup souffrir. Il était presque nuit close et je n'ai pas jugé prudent de m'engager dans ce défilé pour entrer en ville, l'ennemi étant encore en position en arrière, à cheval sur les routes de Liegnitz et de Jauer. Il m'a paru que c'est sur cette dernière ville que la majeure partie des forces des alliés se dirige. Je pourrai donner demain des détails plus circonstanciés à votre altesse sur leurs forces que j'estime, ainsi que je l'ai déjà dit, de 50,000 à 60,000 hommes. Je n'ai pu savoir si Yorck était ici aujourd'hui; ce qui m'en fait douter, c'est qu'un corps prussien qui était hier dans la plaine de Deutmansdorf et sur les hauteurs d'Hirschberg, s'est retiré par Gräditzberg.

Ce qu'il y a de surprenant, c'est que Blücher a couché à Pilgramsdorf avec Langeron, dont le corps s'est rabattu de ce côté. Je n'entends rien à ce chassé-croisé des deux généraux prussiens, à moins que le premier ne soit venu seulement de sa personne à ce village.

Je prendrai position demain avec le Ve corps sur les routes de Liegnitz et de Jauer en attendant les ordres de l'Empereur, et je ferai suivre par une avant-garde les dispositions qu'il aura prises.

J'ai lu un billet du prince de la Moskowa au général Lauriston daté de Giersdorf, et auquel j'ai répondu en l'informant de la marche des Ve et XIe corps. On n'a rien entendu de son côté.

Un major saxon envoyé par votre altesse vient d'arriver, il lui porte les mêmes renseignements que j'ai recueillis, je ne les répète point.

Votre altesse n'a pas répondu à la demande que je lui ai faite d'être autorisé à rappeler la 31e division. Je retiens le colonel Bongars qui lui portera demain les nouveaux renseignements que je pourrai me procurer.

Lauriston à Berthier.

Sur les hauteurs de Flensberg, 23 août, 4 heures soir (A. G.).

Lord du départ de S. E. M. le maréchal duc de Tarente, nous présumions que Goldberg était évacué, l'ennemi ayant paru abandonner la veille ses positions au-dessus de Goldberg. Les reconnaissances du matin ayant rapporté que l'ennemi occupait encore Goldberg, j'ai examiné sa position avant de donner aucun ordre. Les hauteurs au-dessus de Goldberg, le Flensberg et les bois environnants étaient garnis d'infanterie, cavalerie et artillerie russe; ils paraissaient être le même nombre qu'à Zobten. Le corps prussien paraissait être vers Röchlitz, dans la ville et une forte colonne se portait à Liegnitz. Je donnai de suite l'ordre aux divisions Puthod et Rochambeau, du Ve corps, de se porter entre le Wolfsberg et le bois, afin de tourner le Wolfsberg que l'ennemi occupait. Ces troupes partaient de Steinberg. Je donnai l'ordre au général Gérard, du XIe corps, de se porter du Grimmenberg où il était, sur Niederau afin d'attaquer Röchlitz et couper la retraite à l'ennemi ou le forcer à une prompte retraite. Je tenais la division Maison en réserve à Steinberg pour observer Falckenhayn et la route de Schönau et y pousser des reconnaissances; la division Charpentier tenait avec une brigade les positions de Grimmenberg, l'autre brigade gardait le défilé de Hermsdorf et attaquait les faubourg de Goldberg. La division Chastel et la brigade Montbrun suivaient le général Gérard, la brigade Dermoncourt suivait les divisions Puthod et Rochambeau.

Pendant la marche du général Gérard, une colonne très forte parut, elle venait de la route de Liegnitz. Il y avait une cavalerie considérable, de l'infanterie et de l'artillerie, sa force paraissait être de 20,000 à 25,000 hommes, tous Prussiens. Le général Gérard attaqua cette colonne dont la tête était déjà arrivée aux baraques du camp de Niederau. L'infanterie marcha la baïonnette en avant et tua un grand nombre de Prussiens dans les baraques. L'ennemi voulut opposer des masses et les fit marcher au pas de charge sur notre infanterie qui les attendit à bout portant, en fit un grand massacre. Notre cavalerie chargea et enfonça trois carrés, repoussa les charges de cavalerie et se couvrit de gloire. Les premiers rapports portent le nombre des Prussiens morts de 4,000 à 5,000 hommes.

De l'autre côté, les généraux Puthod et Rochambeau, après avoir passé des défilés, parvinrent à Wolfsdorf, passèrent le ravin malgré la résistance de l'ennemi et marchèrent au Wolfsberg qui était garni de Russes. Cette attaque fut difficile, l'ennemi avait une artillerie nombreuse qui soutenait cette position; notre infanterie prit les hauteurs et les perdit plusieurs fois, enfin le 135e régiment y marcha avec un courage extraordinaire, l'emporta et garda la position; il fallait déboucher ensuite; l'ennemi avait des positions successives et entre autres le Flensberg, qui était farci d'infanterie et d'artillerie, après une vive résistance et après que le succès eût été balancé pendant trois heures, les positions furent enlevées, l'ennemi battit en retraite avec précipitation. Le champ de bataille présente six Russes pour un Français; on peut évaluer leur perte de 800 à 1,000 hommes de tués et plus de 3,000 blessés; notre perte est considérable, mais en blessés. Lorsque j'ai vu la résistance aussi forte, j'ai envoyé l'ordre au général Maison de se porter sur la lisière des bois de droite; les positions étaient déjà enlevées, mais ce général trouva encore le moyen de faire du mal à l'ennemi dans sa retraite. Le général Gérard s'est couvert de gloire; les généraux Puthod et Rochambeau ont montré de l'audace et de la persévérance; le général Vachot a été tué; le colonel Obert, du 148e, blessé, ainsi que le colonel Labédoyère, du 112e, et le major Ferrand, du 6e de ligne. Je ne connais pas encore le nombre des prisonniers. Les troupes ont combattu avec une constance et une fermeté admirables; toutes les charges de cavalerie ont été repoussées à bout portant. Je m'empresserai de transmettre à votre altesse, dans de plus grands détails, les traits de bravoure qui honorent les soldats de Sa Majesté.

P.-S. — Il y avait, d'après le dire des prisonniers, 50,000 hommes d'infanterie et 10,000 de cavalerie russe au-dessus de Goldberg avec 6,000 landwehrs, et contre le général Gérard, 25,000 hommes d'infanterie et 6,000 de cavalerie prussienne.

Ney à Berthier.

Rothkirch, 24 août, 6 heures matin (A. M.).

Prince, j'ai reçu, ce matin, par l'intermédiaire du duc de Tarente, l'avis de me porter sur Görlitz.

J'ai de suite prescrit au général Sébastiani d'être rendu le 25 au soir à Görlitz et d'échelonner des escadrons de Waldau à Buntzlau, de manière à pouvoir lui faire parvenir de nouveaux ordres.

Les divisions d'infanterie du IIIe corps seront échelonnés pour aujourd'hui depuis Haynau jusqu'à Buntzlau; demain 25, je serai vers Naumbourg et Siegersdorf derrière la Queiss; en cas d'événement extraordinaire, je pousserais jusqu'à Görlitz.

J'aurai mon quartier général aujourd'hui à Wolfshayn, demain à Siegersdorf.

Je prie V. A. S. de me faire connaître les nouveaux ordres de Sa Majesté.

Le corps de Sacken a quitté la position Hochkirch sur la droite de la Katzbach, se repliant sur Jauer.

Ney à Souham.

Wolfshayn, 24 août (A. M.).

Je vous préviens, mon cher général, que l'Empereur m'appelle auprès de sa personne, et qu'il me donne l'ordre de vous remettre le commandement du IIIe corps d'armée.

Ce corps d'armée va faire partie de l'armée du Bober commandée par le maréchal duc de Tarente, et composée, indépendamment de votre corps, des Ve et XIe et du 2e corps de cavalerie.

Le duc de Tarente désire que vous occupiez la position que vous avez quittée ce matin ; il vous en adressera sans doute l'ordre ainsi qu'au général Sébastiani.

Le général Tarayre adresse à ce maréchal l'état de l'emplacement des troupes.

Je vous conseille de vous faire remplacer dans le commandement de la 8e division par le général Brayer.

Macdonald à Berthier.

Goldberg, 24 août, 11 h. 30 matin (A. G.).

Ma dépêche à Sa Majesté et celle du général Lauriston à votre altesse, me revient, un parti ayant été aperçu. Je vous la réexpédie par estafette, en y joignant un billet chiffré qu'un paysan a apporté de Glogau ; j'y ajoute deux dépêches du prince de la Moskowa qui, avec le général Sébastiani, est à Rothkirch. Ils ont Sacken devant eux.

Les reconnaissances ne sont pas rentrées.

J'ai expédié cette nuit l'ordre au général Ornano de partir à marches forcées, sans attendre qu'il soit remplacé ; il laisse les deux bataillons du Ve corps en position,

Je vais organiser l'armée et la remettre en mouvement.

Macdonald à Berthier.

Goldberg, 24 août, midi (A. G.).

Le prince de la Moskowa m'accuse réception de la copie par triplicata de la lettre que m'a écrite M. Gourgaud par ordre et sous la dictée de l'Empereur. Ce prince, n'ayant pas reçu les ordres de votre altesse qui l'appellent de sa personne au quartier général de Sa Majesté, s'est attaché à la lettre de M. Gourgaud, et s'est mis en marche avec son corps et celui du général Sébastiani pour se porter sur Buntzlau.

Cette cruelle méprise nous découvre ; aussi j'expédie en toute hâte au prince et au général Sébastiani pour arrêter les deux corps et leur faire reprendre leurs positions. Le général Chastel qui devait rester plusieurs jours avec moi, reçoit de son côté l'ordre impératif du général Latour-Maubourg de se rendre à marches forcées sur Dresde ; connaissant toute l'importance de ce mouvement, je lui ai envoyé l'autorisation nécessaire pour l'exécuter de suite.

Si mes lettres ne parviennent pas ou n'ont aucun effet sur le prince de la Moskowa et le général Sébastiani, je me replierai sur Löwenberg pour débrouiller cette fusée.

Je joins ici une lettre du prince de la Moskowa qui contient sans doute l'avis de son mouvement rétrograde.

Poniatowski à Berthier.

Gabel, 24 août.

S. E. le maréchal duc de Bellune m'a fait connaître ce matin que, les ordres de Sa Majesté l'Empereur lui prescrivant de se porter sur Dresde, je demeurais seul chargé de la défense du débouché de Gabel. Il m'a fait part en même temps qu'il n'était point douteux que M. le général comte Vandamme n'eût reçu l'ordre de prendre la même direction. Abandonné ainsi à mes propres forces, je n'ai pas perdu un moment pour reconnaître avec soin les contrées à droite et à gauche de la position que j'occupe, et je m'empresse de mettre sous les yeux de votre altesse sérénissime une note contenant le résultat de ces reconnaissances.

Elle verra par là qu'il existe des deux côtés du débouché de Gabel, plusieurs autres qui, quoique moins considérables, n'en sont pas moins praticables pour l'artillerie, et, dès lors, il faut s'attendre que, dans le cas où l'ennemi aurait le projet de déboucher de ce côté, il prendrait immanquablement, au lieu de venir attaquer la position de Gabel, le parti plus facile et plus court de la tourner sur ses flancs et de nous forcer ainsi à l'abandonner, en nous menaçant d'arriver avant nous à Zittau. Dans cet état des choses, il est indispensable non seulement de faire observer avec soin les points de Zwickau et de Reichenberg, mais même de les occuper assez en force pour qu'à l'aide des obstacles qu'on pourrait y faire par des abatis, coupures, etc., on puisse arrêter l'ennemi assez longtemps pour porter secours au point qui serait reconnu être le vrai point d'attaque. C'est ce que je ne suis nullement en état de faire, et la force des troupes sous mes ordres me permettant à peine de placer à la distance de Zwickau et de Reichenberg des postes d'observation assez forts pour ne pas être enlevés, me donne encore moins la possibilité de songer à les défendre.

Je n'ai pas besoin de dire à votre altesse sérénissime, que, quoique pour ne point laisser soupçonner à l'ennemi toute ma faiblesse et éviter d'être resserré, je continue encore, tant que je le pourrai, à tenir toute la position que j'occupais jusqu'ici ; je dois, dans le cas d'une attaque sérieuse, me restreindre à la défense même du débouché, sans songer à conserver ni Gabel, ni le terrain entre cette ville et les montagnes.

C'est d'après ces considérations fondées, que j'oserai prier votre altesse sérénissime de représenter à S. M. l'Empereur le besoin de me renforcer au moins d'une brigade d'infanterie, qui me donnerait le moyen d'assurer mieux mes flancs et de couvrir les débouchés qui s'y trouvent ; laissés au hasard, ils compromettent évidemment et rendent inutile ma position.

Votre altesse sérénissime trouvera ci-joint les renseignements et rapports qui me sont parvenus. M. le comte de Valmy me fait connaître que, d'après ceux qu'il a de son côté, les Autrichiens attendent de l'infanterie russe pour s'avancer vers nous.

P.-S. — La lettre ci-jointe en copie que je reçois à l'instant de M. le général baron Gobrecht (1), commandant la cavalerie légère du Ier corps, convaincra votre altesse sérénissime du besoin où je me trouve d'être renforcé. Je n'ai pu envoyer qu'un régiment de cavalerie et quelque peu d'infanterie pour occuper le poste de Rorhsdorf.

Notes sur les communications à droite et à gauche de la route entre Zittau et Gabel.

La route de Zittau à Gabel est très belle, à l'exception d'une partie à une demi-lieue avant d'arriver à Gabel; là, c'est un chemin ordinaire, cependant l'artillerie peut y passer.

De Gabel, part un chemin qui va à Panckratz; à ce point, il y a plusieurs chemins pour les voitures. L'un se dirige sur Krottau et Zittau; le deuxième va à Kratzau et Reichenberg; le troisième se dirige sur Olschwitz.

Entre le chemin de Panckratz à Krottau et la route de Zittau à Gabel, il y a des chemins parallèles à la route, qui vont aboutir dans la plaine devant Zittau; il y a en outre quantité de chemins pour les voitures qui traversent en différents sens le pays compris entre la route de Gabel et la communication de Gabel à Panckratz et à Krottau.

De Gabel, va un chemin pour les voitures qui va à Zwickau; là, il se divise en plusieurs parties; entre autres, il y a un chemin qui va à Zittau directement. Entre ce chemin et celui de Gabel, il y en a un assez difficile dans quelques endroits pour les voitures, qui va directement à Oybiti ; de là au village d'Olbersdorf et Zittau. Plusieurs chemins traversent celui de Gabel à celui de Zwickau à Zittau ; sur la droite

(1) Voir *Journal de campagne du prince Eugène de Wurtemberg.* — Documents. Page 218.

et la gauche du village de Petersdorf, il y a différents chemins qui y aboutissent.

Quoique le pays soit montagneux dans cette partie, les montagnes ne sont pas assez élevées et escarpées pour forcer l'ennemi à déboucher dans la Lusace par un seul endroit. Il y a une foule de communications qu'il est important d'occuper, afin d'empêcher l'ennemi de tourner les positions que nous occupons sur la route de Gabel.

Il y a à craindre, en occupant seulement la position devant Pétersdorf, que l'ennemi ne manœuvre sur nos flancs et parvienne à Zittau avant nous. Il semble que la vraie position, vu la force du corps d'armée, est à Lieckendorf; la position est beaucoup plus concentrée; mais cette disposition m'empêcherait pas d'occuper la position que nous tenons, et de la défendre, si l'ennemi se présentait avec des forces par trop supérieures. Deux points importants sur nos flancs sont Zwickau et Panckratz; il convient de les occuper, et que les commandants soient bien attentifs à tout ce qui se passe autour d'eux. Dans le cas que l'un de ces points serait forcé, il faudrait se réunir à Lückendorf, comme point central, et, de là, aller sur l'ennemi dans la partie où il tenterait de tourner la position.

S'il fallait défendre la position avantageuse entre Gabel à Petersdorf, il faudrait beaucoup plus de monde que nous n'en avons, et il faudrait sur les points de Zwickau et Panckratz deux brigades pour éclairer les mouvements que l'ennemi pourrait tenter sur nos flancs.

Poniatowski à Berthier.

Gabel, 24 août, 8 heures soir (A. G.).

J'ai reçu la lettre que votre altesse sérénissime m'a fait l'honneur de m'adresser aujourd'hui, à 9 h. 30 du matin pour me prescrire de garder avec soin les débouchés de Gabel et de Georgenthal Je prie votre altesse sérénissime d'être bien convaincue que je ne négligerai rien pour remplir à cet égard les intentions de Sa Majesté l'Empereur ; mais je ne puis du reste que me référer à ce que j'ai eu l'honneur de lui exposer dans mon rapport d'aujourd'hui. Je pense, comme votre altesse sérénissime, que les forces ennemies que j'ai devant moi ne sont point assez considérables pour me donner de l'inquiétude. Mais il est également certain que, si je me divisais pour garder à la fois trois débouchés, l'ennemi, prenant l'initiative, pourrait assez facilement pénétrer sur un de ces points, d'autant plus qu'il ne tentera certainement une opération de cette nature qu'autant qu'il aura des troupes pour la soutenir et en tirer quelque avantage, en donnant au moins de l'inquiétude. D'après ces considérations, j'ai pris le parti de ne rien changer à mes dispositions, et je continuerai, si votre altesse sérénissime le trouve bon, à occuper le col de Gabel en observant fortement les deux autres débouchés, de manière à pouvoir me porter rapidement à celui qui serait menacé, et en m'éclairant avec soin pour ne perdre aucun des mouvements de l'ennemi. Ces mesures pourraient être beaucoup mieux assises et consolidées si j'avais à ma disposition une brigade d'infanterie de plus.

Je fais mon possible pour dérober à l'ennemi le mouvement de S. E. le maréchal duc de Bellune, et les feux sont allumés cette nuit sur les positions qu'il occupait, comme s'il ne les avait pas quittées.

Macdonald à l'Empereur.

Goldberg, 25 août, 2 heures soir (G. A.).

Je reçois seulement la lettre que Votre Majesté a daigné m'écrire hier matin de Görlitz. Je la remercie des bonnes nouvelles dont elle me fait part, et je la félicite de ses heureux débuts sur tous les points qui ne peuvent manquer d'être couronnés par de grands résultats.

J'ai presque la certitude que le courrier que j'ai expédié hier à Votre Majesté pourra l'atteindre aujourd'hui ; du moins j'ai eu nouvelle qu'il avait dépassé Lauban, malgré les partis qui l'ont poursuivi.

J'informais Votre Majesté du malheureux contretemps qui a fait rétrograder hier le IIIe corps et le 2e de cavalerie. Le premier ordre de Votre Majesté expédié par le major général n'était point parvenu au prince de la Moskowa, lorsqu'il a reçu le second, que j'ai été chargé de lui transmettre pour presser son départ. Le prince, en m'accusant réception, m'a fait dire qu'il partait à l'instant même avec toutes les troupes sous ses ordres. Jugeant alors qu'il n'avait pas connaissance des dispositions arrêtées par Votre Majesté le 23, je me suis hâté de lui expédier des partis sur toutes les directions. J'écrivais en même temps aux généraux Souham et Sébastiani ; le premier a été rencontré hier à 4 heures après midi, avec l'arrière-garde à Haynau, d'où l'officier est reparti immédiatement pour suivre le prince de la Moskowa, qui probablement devait pousser jusqu'à Kreybau. Mais, à l'heure qu'il est, j'ignore encore si mes instances et les détails historiques dans lesquels je suis entré auront suffi pour déterminer le prince de la Moskowa à remettre le commandement au général Souham, et à lui prescrire de se reporter immédiatement en avant avec le général Sébastiani pour se lier avec moi et recevoir mes ordres.

Aucun de mes partis n'est rentré, et ceux envoyé ce matin n'ont pu passer, attendu que le prince de la Moskowa a été suivi par les troupes de Sacken. On a entendu quelques coups de canon ce matin sur ma gauche, ce qui donne à penser que le IIIe corps se reporte en avant, on croit même voir des troupes s'avancer. L'ennemi qui devait supposer que les deux autres corps se seraient aussi retirés, a fait une reconnaissance sur ma ligne avec beaucoup de cavalerie. Nous ayant trouvés disposés à bien le recevoir ou à marcher à lui, il s'est retiré.

Je ne comprends pas que, le IIIe corps se reportant en avant, l'on ne m'ait point envoyé d'avis de Haynau, avec une escorte de quelques mille chevaux, cela était assez important.

Cette malheureuse circonstance nous fait perdre ainsi tout le fruit de nos espérances à la suite de la glorieuse action de Goldberg. J'avais déjà donné des ordres pour marcher en avant, lorsque j'appris le mouvement rétrograde du prince de la Moskowa. Il a fallu les suspendre pour ne pas se compromettre entre Sacken, Blücher et Langeron.

Devant supposer que le prince de la Moskowa avait reçu son premier ordre du 23, et connaissant toute l'importance du mouvement du général Chastel appelé par les ordres de Votre Majesté à marches forcées sur Dresde, je n'ai pas fait difficulté de laisser partir ce général. Je lui ai même prescrit d'accélérer sa marche. Je suis ainsi resté sans cavalerie, sauf les brigades de service aux Ve et XIe corps. Le général Ornano a également reçu l'ordre dans la nuit de se diriger sur Dresde.

J'ignore aussi si le général Marchand a reçu l'ordre de se porter sur la ligne de la Queiss.

Cette situation incertaine m'a déterminé à laisser le général Ledru dans son ancienne position, et je viens de lui prescrire d'envoyer en toute hâte un bon bataillon à Lauban, en attendant l'arrivée du général Marchand.

J'apprends que le duc de Raguse a été suivi par de nombreux partis de cosaques qui se sont déjà répandus entre Görlitz, Buntzlau et Lauban. Le major général m'informe aussi que d'autres se sont glissés entre Görlitz et Bautzen. L'arrivée du général Chastel donnera à Votre Majesté la faculté d'organiser des colonnes mobiles entre la Queiss et l'Elbe.

Comme il est urgent d'assurer les communications, je ferai demain une démonstration sur Jauer, si le IIIe corps arrive, pour revenir ensuite occuper la ligne déterminée par Votre Majesté. Dans le cas contraire, je marcherai demain pour l'occuper immédiatement, sauf à me reporter en avant lorsque l'organisation sera terminée. Je me flatte que je n'aurai que de bonnes nouvelles à annoncer à Votre Majesté et, sans présomption, si j'eusse pu être de retour avant 4 heures du soir à Goldberg, nous eussions obtenu de plus grands et beaux résultats. Le général Yorck était précisément opposé aux divisions du XIe corps.

Macdonald à l'Empereur.

Goldberg, 25 août, 4 heures soir (A. G.).

Je m'empresse d'informer Votre Majesté qu'à l'instant je reçois la certitude que le IIIe corps et le 2e de cavalerie sont en marche pour venir reprendre les positions qu'ils ont quittées hier matin. Je vais préparer un mouvement offensif sur Jauer. A l'instant aussi un officier d'état-major me remet, avec la lettre que Votre Majesté a daigné m'écrire hier de Görlitz, l'état du corps de Sacken. Le général Landskoi s'est probablement retrouvé, car le général Souham m'informe que c'est lui qui commande la cavalerie du corps de Sacken. Quelles que soient les forces qui me sont opposées, j'en ferai peu de cas et je marcherai à elles sans hésiter.

Macdonald à Berthier.

Goldberg, 25 août, 4 heures soir (A. G.).

Je reçois la lettre que votre altesse m'a fait l'honneur de m'écrire hier de Bautzen à 7 heures du soir. Je fais donner l'ordre au général Marchand d'envoyer deux bons bataillons et trois pièces de canon pour relever à Görlitz pareil nombre que le duc de Raguse y a laissé.

J'ai déjà informé votre altesse que les généraux Ornano et Chastel avec leurs divisions sont partis hier matin pour se rendre à marches forcées sur Dresde. Sa Majesté destine cette dernière division à former des colonnes mobiles pour éloigner les partis ennemis et assurer les communications entre Dresde, Zittau et moi. Il serait à propos que votre altesse fît provisoirement désigner des limites afin d'avoir un point central; par exemple, au général Chastel la Neisse ou la Sprée et l'Elbe, et le général Marchand entre le général Chastel et le Bober. Mais ce général n'a point de cavalerie, le général Chastel pourrait lui en envoyer en échange des deux bataillons qui sont à Görlitz.

Je rends compte à Sa Majesté que le IIIe corps et le 2e de cavalerie ont rebroussé chemin ce matin et reviennent ce soir reprendre les positions qu'ils ont quittées hier matin. J'organise l'armée et je présenterai ensuite le combat à l'ennemi, mais je doute qu'il l'accepte.

Notes de Liegnitz.

25 août (A. G.).

600 cosaques, dont l'avant-garde était forte de 102 chevaux, sont entrés dans la ville et rapportent que le quartier général du général

Sacken est établi à Malitsch (à 2 lieues de Liegnitz, route de Jauer).

Un pulk de cosaques venant de Steinau s'est dirigé par Kotzenau (sur la droite de la route de Haynau à Bunztlau) où il doit rester en observation.

Le 24, à 11 heures du matin, on a vu à Liegnitz les premières troupes ennemies depuis l'évacuation.

Les landwehrs se sont retirés du côté de Jauer où l'on présume qu'il y aura une bataille.

D'après le dire des officiers russes, le général Sacken n'a que 13,000 hommes. Le 23, il avait son quartier général à Baben; il présumait qu'on lui livrerait bataille entre Striegau et Jauer.

L'armée ennemie est divisée en trois corps. Aile droite, général Sacken; centre, général Langeron; aile gauche, général Yorck.

Comme il a été défendu par le gouvernement prussien de communiquer avec les villes dans le cas d'être occupées par les troupes françaises, on n'a aucune nouvelle de la capitale. On ne connaît que le bulletin qui a été envoyé.

Tous les bruits se rapportent que l'armée russe-prussienne prend la gauche de l'armée autrichienne, filant par le Bohême pour déboucher par la Bavière et tomber sur nos derrières.

1er *Bulletin.*

Jauer, 18 août.

Le but de l'armistice est rempli. L'armée est complétée (*ergänzt*). L'infanterie doublée par les régiments de réserve et la landwehr de toutes les provinces est dans les rangs des vieux soldats. La Prusse orientale a fourni un superbe et totalement complet régiment de cavalerie nationale, les autres provinces ont suivi cet exemple.

Pleines de courage et d'amour pour la Patrie, les troupes vont au-devant d'un ennemi qui a refusé toutes les propositions d'une paix durable.

Les armées russes, aussi nombreuses qu'elles furent jamais sur la rive gauche de la Vistule, richement pourvues de tout, sont à nos côtés.

L'Autriche, convaincue de la justice de notre cause, s'est jointe à nous avec des armées superbes et nombreuses.

La Suède a achevé ses préparatifs. Le Prince royal commande une armée superbe, composée des troupes des puissances du Nord.

L'Angleterre a ses armées en Espagne, mais malgré cela elle soutient ses alliés, en fournissant tout ce qu'il faut pour la guerre.

Le 10 août, on dénonça l'armistice aux ennemis ; d'après les conventions du 4 juin, les hostilités ne commenceraient que le 17.

Puisque malgré cela l'ennemi poussa des patrouilles jusqu'à Jauer, Schönau et autres lieux, et s'y permit des réquisitions, conséquemment insulta la neutralité du territoire, le général Blücher, commandant l'armée de Silésie, fit entrer ses troupes sur le territoire neutre, pour borner l'ennemi aux limites de la Katzbach et prévenir le pillage du territoire neutre.

Le 17, il fut reconnu dans ses positions sur la Katzbach pour l'attaquer le 18.

Mais dans la nuit du 17 au 18, il a évacué Liegnitz et Goldberg. L'armée est déjà en marche pour le poursuivre.

Kellermann (jeune) à Poniatowski.

Gabel, 25 août (A. G.).

J'ai l'honneur de vous envoyer les rapports des reconnaissances d'hier, celle de Böhmisch-Aicha, rencontre toujours l'ennemi à Metzdorf ou à Krassa.

Celle de Niemes a trouvé une reconnaissance de l'ennemi non loin de nos avant-postes et l'a chassée jusqu'à Niemes, sans atteindre aucun homme.

Celle de Böhmisch-Leypa a perdu 7 hommes en donnant dans une embuscade.

Les plus grandes précautions ont cependant été recommandées, et je les ai renouvelées en défendant de pousser aussi loin.

Rapport des patrouilles envoyées le 24 août 1813.

L'officier envoyé à Kratzau rapporte qu'il y a trouvé le général Uminski dont il tient les renseignements suivants.

Le chemin de Raubnitz doit être observé du côté de Schönbach et Christdorf, vu que l'ennemi opère tous ses mouvements par les points indiqués. Qu'à Reichenberg, l'ennemi vient de placer trois bataillons de chasseurs à pied et trois régiments de cavalerie.

La patrouille envoyée en reconnaissance sur Böhmich-Leypa a été attaquée par un escadron de hussards qui l'avait attirée dans une embuscade.

Rapport du général Uminski en date du 25 août.

Les patrouilles envoyées vers Christdorf et Schönbach annoncent qu'il y a dans le premier endroit 400 chasseurs à pied et autant de hussards, ainsi qu'une pièce d'artillerie.

Je me mets dans l'instant en marche pour me porter sur Reichenberg.

Déposition d'un hussard du régiment de Lichtenstein fait prisonnier le 25 août.

Il y a à Neuschloss trois escadrons de hussards et un détachement de croates, commandé le tout par le lieutenant-colonel Gornige. Le déposant a entendu dire qu'il doit arriver aujourd'hui ou demain quatre à cinq régiments d'infanterie pour renforcer ce détachement.

Rapport du général Folinski, le 25 août.

Niemes est occupé par trois escadrons de hussards du régiment de Lichtenstein. L'ennemi doit être en force à Leitmeritz et Theresienstadt. Les reconnaissances envoyées de Mertzdorf rapportent que l'ennemi a replié ses postes vers Krassa. Le maire du village de Seiffersdorf a déclaré que dans une forêt appelée Hahn, entre Draussendorf et Mertzdorf, il se trouvait des chasseurs à pied et de l'infanterie hongroise. On assure qu'au delà de Mertzdorf, près du village de Kessel, il y avait un camp.

Extrait d'un rapport du général Uminski, le 25 août à 11 heures du matin.

J'ai occupé Reichenberg après avoir chassé plusieurs escadrons de hussards et une cinquantaine de chasseurs qui gardaient cette ville. Il paraît qu'il est arrivé vis-à-vis de nous de la cavalerie russe puisqu'il y avait hier ici une patrouille composée de dragons, de 14 cosaques et de 2 hussards autrichiens.

Macdonald à Berthier.

Goldberg, 27 août (A. G.).

C'est avec un vif chagrin que j'annonce à votre altesse que notre marche sur Jauer n'a pas eu les résultats que je m'en étais promis, et je crains que l'ennemi n'ait remporté de grands avantages à ma gauche, qui pourraient avoir des conséquences pour les opérations de l'Empereur. Les mouvements s'exécutaient très bien, la division Ledru marchait sur Hirschberg en balayant tout le bassin jusqu'aux montagnes des Géants. Les divisions Gérard et Charpentier avec le Ve corps opéraient entre Schönau, Seichau et Crayn. C'est sur le plateau de ce dernier lieu que devait s'opérer la réunion du IIIe corps et du 2e de cavalerie. Le premier devait venir par la route de Liegnitz à Jauer, le second par celle de Buntzlau à Jauer; pour favoriser le passage du général Sébastiani dans le défilé du village de Crayn et monter sur le plateau, j'avais formé un détachement de trois bataillons, armés d'artillerie, tirés de la division Charpentier. Le canon du général Sébastiani fit hâter cette marche et, l'ennemi qui lui était apposé, nous prenant pour des amis, nous a laissé approcher. Le premier coup de mitraille l'ayant tiré de son erreur, les huit escadrons et les deux bataillons qui se trouvaient là se débandèrent en passant sous notre feu; l'éclaircie du bois dont cette côte est couverte les favorisait. Ils gagnèrent les hauteurs du village de Crayn. L'ennemi démasqua alors six pièces d'artillerie, je fis attaquer et emporter le village et les hauteurs. L'ennemi, triplant son feu, m'obligea par là de lui en opposer un plus fort et de gros calibre pour répondre au sien. Il n'y tint point.

Pendant cette canonnade, le général Charpentier crut nécessaire de faire monter trois bataillons de plus, pour mieux protéger la cavalerie du général Sébastiani qui ne pouvait passer que très lentement le défilé.

J'attendais de moment à autre que le IIIe corps débouchât; j'étais près de la route de Liegnitz à Jauer. Mais par une fatalité qui cependant n'a tenu qu'au zèle mal entendu du général Souham, au lieu de prendre la route de Liegnitz que je lui avais indiquée, ce général suivit celle du général Sébastiani, parce que, le pont de la première étant rompu, il lui eût fallu trois ou quatre heures pour le réparer, et qu'il a trouvé plus prompt de suivre la seconde en supposant que le général Sébastiani avait déjà débouché. Mais malheureusement ce dernier n'avait encore qu'un ou deux régiments en position.

Pendant ce temps les généraux Lauriston et Gérard s'étaient fortement engagés. En me portant sur ce point, je rencontrai le général Souham qui m'annonçait l'arrivée du IIIe corps, mais à la suite du 2e de cavalerie. Je l'engageai à porter une division sur la hauteur, et à la tourner par les deux autres, tandis que la 4e serait en réserve.

Les généraux Lauriston et Gérard gagnaient toujours du terrain, et même ce dernier se rendit maître d'un plateau important. Je voulais connaître le point où l'ennemi avait ses forces principales, attendu qu'elles étaient masquées par des hauteurs ou des replis de terrain. Mais l'ennemi n'ayant vu que peu de troupes sur le plateau de Crayn, se présenta de nouveau. Il était 6 heures. Je me proposais de prendre position, lorsqu'on entendit sur la gauche une vive canonnade. La pluie, le vent et la grêle qui n'ont pas cessé un seul instant depuis 4 heures du matin, ne permettaient pas de distinguer les mouvements. Un aide de camp, que j'envoyai sur les lieux me rapporta la désagréable nouvelle qu'après plusieurs charges heureuses des deux divisions de cavalerie légère, et quoique soutenues par des carrés d'infanterie, elles avaient été culbutées et rejetées du plateau. Quelques bataillons seulement de la division Charpentier tinrent ferme, les autres abandonnèrent aussi le plateau que ces braves bataillons ne purent tenir longtemps. Le temps était affreux, il n'y avait pas dix fusils par bataillon prenant feu. Les chevaux harassés de fatigue pour avoir traîné les canons dans les terres détrempées par un déluge continuel n'ont pu, me dit-on, ramener les pièces. Bon nombre seront restées au pouvoir de l'ennemi, mais je n'en ai pas la certitude. Le général Sébastiani ne m'a rien écrit à ce sujet et je n'ai pas revu le général Charpentier depuis ce funeste événement, parce que l'ennemi m'avait séparé de lui et des IIIe et 2e corps. Les avis ne sont que des ouï-dire, je les suppose exagérés.

Les généraux Sébastiani et Souham viennent de me donner de leurs nouvelles. Le premier s'était retiré à Neudorf sans être suivi, il ne me parle pas de l'action d'hier, ni de ses pertes. Le second n'avait point encore reçu d'avis sur la position des deux divisions qui avaient dû tourner le plateau, ni de sa propre division dont j'ai ramassé l'artillerie avec le 10e de hussards.

J'apprends que partie de cette division est réunie au général Sébastiani et que l'autre est conduite par le général Tarayre.

Pendant ces événements, j'étais avec les généraux Gérard et Lauriston. Je sentis l'importance de ne pas aller plus avant et je fis faire halte jusqu'à ce que je fusse plus amplement éclairci. Je retournai de nouveau sur les lieux, mais sans pouvoir les reconnaître à cause de l'obscurité de la nuit. Durant cette courte absence, un parti de cavalerie chargea le général Montbrun qui formait la gauche du général Gérard. Quoique soutenu par un ou deux bataillons, il ne put résister, attendu que les armes à feu sont inutiles par ce mauvais temps. Ce nouvel événement ébranla la constance d'une partie de la division Gérard et de quelques troupes du Ve corps. Néanmoins nous sommes restés en position pendant la nuit, tandis que l'on faisait filer l'excédent du matériel et les bagages.

Les généraux Lauriston et Gérard n'ont fait aucune perte de matériel.

L'armée est retirée. Ce matin elle avait déjà fait beaucoup de chemin sans être inquiétée.

On me rapporte tant de on-dit que j'attends les détails pour en informer votre altesse d'une manière précise.

L'armée marchera demain pour prendre sur le Bober la position prescrite par Sa Majesté, excepté toutefois le poste d'Hirschberg que, dans les circonstances présentes, je n'occuperai point, sauf à y revenir lorsque l'armée sera remise de la situation fâcheuse où elle se trouve par ces tristes événements et par le temps affreux qui ne discontinue point, et qui fait plus de mal aux troupes de Sa Majesté que les armes de son ennemi.

Sébastiani à Macdonald.

Rapport sur la journée du 26 août (A. G.).

En conséquence des ordres de votre excellence, je suis parti de Brockendorf le 26 à 7 heures du matin, pour marcher sur Jauer par la route de Kroitsch. Je me suis formé à 9 heures en avant de Giersdorf, et j'ai marché à l'ennemi, ayant la division Roussel en colonne par escadron à la droite de la route, la division Exelmans dans le même ordre à la gauche et la division de cuirassiers en arrière, au centre des deux divisions de cavalerie légère. Le général Roussel avait ordre d'être toujours en communication par des partis avec le XIe corps d'armée et le général Exelmans avec le IIIe. L'ennemi s'est retiré devant moi jusqu'à Kroitsch, sans opposer aucune résistance. Parvenu à ce village, j'y ai trouvé environ 1,000 hommes de cavalerie prussienne ou cosaque et deux ou trois bataillons de chasseurs à pied qui étaient en position derrière les haies et les bois, qui couvrent le pont de la Katzbach. Le village de Kroitsch est très long et offre un défilé difficile, je fis mitrailler cette infanterie qui se retira par les bois et les marais pour gagner les hauteurs de Nieder-Weinberg. Pendant que je canonnais le village de Kroitsch, votre excellence déboucha sur les derrières de l'ennemi, et j'aperçus en même temps et le canon de votre excellence sur la hauteur qui domine à portée de fusil le chemin de Kroitsch à Weinberg et la fuite précipitée en désordre des troupes russes et prussiennes. Je passai de suite la Katzbach et je me trouvai réuni à votre excellence qui me donna l'ordre de me former en avant de Kroitsch et de passer avec toutes mes troupes le défilé de Weinberg, aussitôt que le général Charpentier l'aurait forcé et aurait couronné le plateau avec son artillerie et son infanterie. Je me conformai à cet ordre, et la division Roussel commença à passer aussitôt que le général Charpentier eut informé votre excellence qu'il était sur le plateau. Ce défilé qui est un escarpement boisé de la longueur d'environ 400 toises, obligeait à marcher par deux et par un et fut très long à passer. A mesure qu'un escadron avait débouché et était formé, il venait se placer à la gauche et sur l'alignement du général Charpentier qui faisait face au plateau de Brechelshof ayant son artillerie sur le mamelon qui est entre Bellwitzhof et Triebelwitz et son infanterie à droite à une portée de fusil des bois de Bellwitzhof. Le général Charpentier canonnait vivement la cavalerie ennemie qui se retira derrière le grand plateau qui est entre les villages de Malitsch et Brechelshof. Pendant ce temps se formait sur trois lignes la division Roussel dont la première était composée des 11e et 12e de chasseurs et 2e de lanciers, la 2e du 4e de lanciers et 5e hussards et la 3e du 9e hussards. L'ennemi menaçant le flanc gauche du général Roussel et ses derrières, il fit mettre en potence sa seconde ligne pour faire feu aux villages d'Eichholz et Gros-Jänowitz. L'ennemi ayant en même temps couvert le sommet et le penchant du plateau qu'il occupait d'une très nombreuse artillerie, les 24 bouches à feu du 2e corps de cavalerie furent placées par le colonel Colin, qui les commandait, entre le général Roussel et le général Charpentier. Vers 4 heures, l'infanterie et la cavalerie ennemies débouchèrent sur nous sur tout notre front, mais se tenaient en masse et marchaient lentement. Pendant ce temps-là la brigade Wathier, de la division Exelmans, avait passé le défilé et s'était formée en colonne par escadron à distance entière à la tête du défilé et la brigade Maurin la suivait. A 5 heures, l'ennemi déboucha de Brechelshof avec 15 escadrons et passant en colonne entre le bois et la droite du général Charpentier, vint pour charger la brigade Wathier, qui alla à sa rencontre, l'enfonça, le poursuivit jusqu'au delà de Bellwitzhof et lui prit 9 pièces de canon. Le 23e et 24e de chasseurs et le 11e hussards qui exécutèrent cette charge, firent plus de 200 prisonniers et laissèrent le champ de bataille couvert de morts. Le général Exelmans, après cette charge, forma de suite sa division sur trois lignes, faisant face à Bellwitzhof. L'ennemi revint avec 30 escadrons sur cette division, avec plus de 40 sur la division Roussel, 20 escadrons débouchèrent par Gros-Jänowitz et nous fûmes obligés de charger l'ennemi dans trois directions différentes, nous étions entourés. Il fut culbuté deux fois, mais à 6 h. 15 plus de 12,000 hommes de cavalerie de ligne, et 2,000 ou 3,000 cosaques arrivèrent sur nous, avec 30,000 hommes d'infanterie et une artillerie formidable. Je me retirai à la gauche de la division d'infanterie du IIIe corps qui commençait à être formée en avant du défilé où j'avais dirigé toute mon artillerie. Cette 8e division d'infanterie voulut soutenir le choc de toute cette masse, mais une pluie horrible qui durait depuis dix-huit heures, rendit ses efforts inutiles et paralysa son courage. Les armes étaient dans un tel état qu'il ne partait pas vingt coups de fusil par carré. Nous fûmes forcés de descendre dans le ravin.

Dans la position où je me trouvais, j'avais senti que toute retraite était impossible et j'ai tenu six heures sous une canonnade horrible et devant des forces sans aucune espèce de proportion avec les miennes. Nous avons toujours chargé au cri répété de Vive l'Empereur ! et nous avons fait beaucoup du mal à l'ennemi. Un parti de cosaques avait passé le ravin fort au-dessous de nous et est venu attaquer la division de cuirassiers du général Saint-Germain, qui les fit charger par deux escadrons qui en tuèrent beaucoup. Notre perte est très considérable ; notre artillerie est restée enfoncée dans les terres. Les 11e et 12e de chasseurs et 2e de lanciers ont perdu par le canon environ

80 hommes chacun et une centaine de chevaux, sans faire un pas rétrograde.

MM. les généraux Exelmans et Roussel se sont distingués autant par leur courage que par leurs bonnes dispositions. MM. les généraux Maurin, Gérard, Dommanget et Wathier se sont distingués sous tous les rapports également. Le général Roussel est blessé d'un coup de sabre à la tête. Je devrais citer tous les chefs, tous les officiers, tous l'ont mérité. Les colonels Marbot, Schneidt et Liégard sont blessés, les deux premiers sont encore à la tête de leurs troupes. Le major Duvivier est blessé. Je ferai connaître nominativement dans un rapport particulier, tous ceux qui ont acquis des droits aux bontés de Sa Majesté; je donnerai l'état de nos pertes.

Lauriston à Macdonald.

Rapport sur l'affaire du 26 et jours suivants (A. G.).

Conformément aux ordres de votre excellence, je suis parti des positions qu'occupait le Ve corps le 26, à 7 heures du matin, avec deux divisions et la brigade Dermoncourt. La division Maison tenait la position de Prausnitz, la division Rochambeau celle entre Prausnitz et le Flensberg. Une troisième division, celle du général Puthod, avait été placée la veille à Wolfsdorf pour remplir, le 26, la mission que lui avait tracée votre excellence.

Lorsque je parvins au village de Weischau, les tirailleurs trouvèrent une ligne de cosaques qu'ils chassèrent. Je poussai l'ennemi jusque sur les hauteurs de Seichau; il tira quelques coups de canon, mais, cela ne produisant aucun effet, nous fîmes passer à l'ennemi le ravin profond qui sépare Seichau de Hennersdorf. Je m'arrêtai dans cette position, tant pour faire mes dispositions du passage du ravin, que pour attendre les divisions du XIe corps, dont l'attaque devait se faire en même temps. L'ennemi montrait, sur les hauteurs d'Hennersdorf, beaucoup d'artillerie et de cavalerie, mais peu d'infanterie. En cavalerie, je n'avais que la brigade Dermoncourt qui ne présentait pas plus de 600 chevaux.

Lorsque j'entendis les premiers coups de canon du XIe corps, je commençai l'attaque pour le passage du ravin. J'avais fait placer une batterie de 6 pièces de 12 et de 2 obusiers de 6 pouces, qui prit en écharpe les batteries ennemies. J'établis aussi d'autres batteries dans des positions avantageuses. Le général Maison fit avancer des troupes avec sa vigueur ordinaire, en les faisant descendre à couvert du canon et en tournant la gauche de l'ennemi (on eût perdu beaucoup de monde en l'attaquant de front; d'ailleurs je n'eus pas trouvé des positions au centre favorables pour mon artillerie). Le feu devint très vif en ce moment; nous fîmes taire et éloigner les batteries ennemies. Nos troupes chassèrent l'infanterie établie dans le fond du ravin et parvinrent sur la hauteur de l'autre côté. Le passage était difficile, je le fis reconnaître pour l'artillerie, on en trouva un. Cependant, mes batteries ayant aussi forcé celles du centre de l'ennemi à s'éloigner, je fis passer la division Rochambeau par la route de Seichau à Hennersdorf. L'ennemi parut plusieurs fois indécis dans cette journée, il faisait venir des troupes pour renforcer sa gauche; il m'eut fallu de la cavalerie pour précipiter sa retraite. Lorsque les troupes du général Maison furent toutes parvenues sur les hauteurs, ce général forma son attaque de manière à déborder l'ennemi; il fallut longer des bois, dans lesquels l'ennemi avait jeté beaucoup d'infanterie, il avait aussi quelques pièces de canon, et même de la cavalerie dans des clairières du bois. Ces pièces tiraient à mitraille sur notre infanterie lorsqu'elle voulait avancer. La position néanmoins eût été enlevée facilement, si le feu de notre infanterie n'eût pas, en quelque sorte, été éteint par la pluie qui, dès le matin, n'avait pas discontinué. La cavalerie ennemie s'apercevant de l'extinction de notre feu, chargea plusieurs fois notre infanterie qui ne put tenir. Elle revint dix fois en avant; à la fin, par un dernier effort, secondée par l'attaque que je fis faire dans le centre par une brigade du général Rochambeau, nous parvînmes à chasser l'ennemi de ce côté, à le pousser, et même à le déborder. Nos soldats poursuivirent trois pièces de canon, passèrent à la baïonnette plusieurs canonniers ennemis, mais ne purent atteindre les pièces, la cavalerie ne fit rien. Notre position, à la chute du jour, était très belle; nous étions maîtres des hauteurs et pouvions y rester. Les événements de la gauche déterminèrent votre excellence à ordonner la retraite sur nos anciennes positions de Prausnitz. Malheureusement la nuit vint avant de pouvoir communiquer les ordres; il était difficile, par une nuit aussi obscure, de reconnaître les emplacements. Cependant, vers 10 ou 11 heures, je me portai de nouveau sur le champ de bataille; je fus assez heureux pour trouver la division Rochambeau, et j'eus l'assurance que mon ordre avait été reçu par le général Maison. Le mouvement rétrograde se fit, mais la confusion régnait à Seichau, où s'étaient jetés les ambulances, les parcs des IIIe, V^{e} et XIe corps. On eut beau faire partir sur-le-champ tout le matériel, je trouvai encore à 4 heures du matin les batteries et réserves des divisions autour de Seichau. Ce village était encombré de soldats ou blessés ou cherchant un abri contre la pluie. Je réunis les divisions Maison et Rochambeau, je les fis marcher très lentement, et nous parvînmes jusqu'au delà de Weischau, sans apercevoir aucune troupe ennemie. Je me rendis alors à Goldberg pour prendre les ordres de votre excellence. Je ne l'y trouvai pas, elle était à

Hermsdorf. Je reçus l'ordre de mouvement pour mon corps d'armée sur Löwenberg, par Steinberg. Je fis évacuer de Goldberg tous les embarras, je disposai la défense de la ville pour empêcher l'ennemi d'y entrer avant le retour de mes deux divisions. Pendant trois heures, je reçus de mes deux divisions l'avis que l'on n'apercevait aucun ennemi. Enfin des fuyards se jetèrent dans la ville, et un officier d'état-major que j'avais envoyé revint blessé, et m'apprit, qu'au moment où la division Maison prenait la position de Prausnitz, la cavalerie ennemie, qui s'était coulée le long du bois, se jeta sur nos carrés; ceux-ci y firent bonne contenance, mais pas un fusil ne partit. L'artillerie à cheval avait fait feu, l'ennemi se jeta dessus, sabra les canonniers et prit trois pièces. Cependant les carrés étant toujours en ordre, l'ennemi se retira. Jusque-là je n'avais fait aucune perte en matériel, ce mouvement de l'ennemi sépara le 154e régiment. Comme le colonel avait déjà été prévenu de la retraite par Steinberg, et que deux jours avant, il avait suivi la même route, il la prit, ne se doutant pas des obstacles qu'apporterait la crue des eaux. Lorsque je m'aperçus que l'ennemi était au pied de la ville, que les hauteurs de l'ancien camp de Niederau étaient évacuées et occupées par l'ennemi, il fallut songer à évacuer Goldberg. Les divisions Maison et Rochambeau ne pouvaient passer que par cette ville. Je leur donnai l'ordre de commencer le mouvement; il se fit avec beaucoup d'ordre. La division Maison tourna la ville et la division Rochambeau y entra. Elles aboutirent au pont d'Obermuhl, au bas de la ville; il n'y avait que ce passage sur la Katzbach, tous les autres ponts étaient emportés. Les deux divisions prirent la route de Hermsdorf, où l'on pouvait encore prendre celle de Steinberg. J'appris alors la séparation du 154e régiment avec lequel on n'avait pas pu communiquer. Arrivé à Steinberg, je sus que ce régiment avait suivi jusqu'à Neukirch la même route que le jour de l'affaire du 23, et qu'il ne pouvait passer la Katzbach à Neukirch. Je lui envoyai un détachement de cavalerie pour lui porter l'ordre de remonter la Katzbach et de se rendre à Löwenberg par Armenruh.

A Steinberg, je ne pus passer pour me rendre à Harpersdorf, Armenruh, etc. Tout était inondé. Je me rabattis sur Pilgramsdorf. Le chemin était très fangeux; cependant, sauf quelques fourgons de vivres, tout le matériel d'artillerie atteignit au défilé. Malheureusement, les hauteurs de Grimmenberg avaient été évacuées par le XIe corps, il ne restait que de la cavalerie de ce côté. Je précipitai la marche de l'infanterie pour lui faire prendre une position, mais l'ennemi fit avancer de l'artillerie sur les hauteurs. Après quelques coups de canon, la cavalerie se précipita de l'autre côté du défilé de Pilgramsdorf. L'ennemi voulut s'emparer des ponts, notre infanterie arrivait, elle se jeta sur l'ennemi à la baïonnette et, sans pouvoir faire feu, elle reprit les ponts; les braves passèrent, les autres se jetèrent dans l'eau, et beaucoup se noyèrent. Dans cette marche, nous perdîmes de l'artillerie, qui fut embourbée et que l'on ne put retirer; cette perte peut se monter à 24 bouches à feu. Après être resté quelque temps en position derrière Pilgramsdorf, une brigade du XIe corps défendant le passage du pont, je portai les deux divisions de mon corps à l'entrée du bois. Le lendemain 28, je me rendis à Plagwitz, échelonnant les régiments à Lauterseiffen, à la croix des routes de Buntzlau et de Goldberg, et, avec le reste, je couronnai les hauteurs à droite et à gauche de Plagwitz. Je n'avais reçu aucune nouvelle du général Puthod. Les instructions de votre excellence portaient que ce général devait se rendre à Schönau le 26, envoyer un détachement prendre le 134e régiment qui était resté à Lahn, et partager sa division en deux, une brigade devant marcher à Jaüer et faire sa jonction avec nous par les hauteurs de Jägendorf, l'autre brigade devant, le 27, marcher sur Hirchsberg et coopérer à l'attaque de cette ville, avec une partie de la division Ledru. Notre attaque n'ayant pas réussi, cette division devait se trouver dans le plus grand embarras. J'espérais néanmoins qu'elle passerait le Bober à Hirchsberg, ou se rendrait de bonne heure à Lövenberg par Zobten, d'après l'ordre que lui avait envoyé votre excellence, par un de ses aides de camp. Des hauteurs à droite de Plagwitz, on découvre le bassin de Zobten. J'envoyai un officier en reconnaissance, avec ordre de se rapprocher de Zobten et de voir si l'on ne découvrait aucun feu. L'on me rapporta qu'il y avait de ce côté 400 chevaux ennemis et que l'on n'apercevait autre chose.

Ce rapport se termine le 28, à 3 heures après midi.

Souham à Berthier.

Rapport adressé à son altesse sérénissime le prince major général (A. G.).

Lorsque j'ai reçu l'ordre de prendre le commandement du IIIe corps, il était en mouvement pour se porter de Liegnitz sur Buntzlau, et la division qui fermait la marche arrivait à Haynau, lorsque M. le maréchal duc de Tarente, qui prenait le commandement de l'armée du Bober, a ordonné que l'on y reprît immédiatement les positions sur la rive gauche de la Katzbach que l'on avait abandonnées le matin. J'ai expédié sur-le-champ les ordres nécessaires aux divisions qui étaient sur la route de Haynau à Buntzlau, et dont l'une d'elles était déjà arrivée dans cette dernière ville. Le IIIe corps s'est mis en mouvement le 25, à 4 heures du matin, et est arrivé le soir sur les hauteurs qui bordent la Katzbach depuis Liegnitz jusqu'à Rothkirch. M. le maréchal m'a envoyé le même jour, à 11 heures du soir, l'ordre de mouvement pour le 26. Cet ordre portait que le IIIe corps se mettrait en marche à 7 heures du matin pour se diriger sur Jauer où l'ennemi paraissait s'être retiré. L'officier qui en était porteur n'est arrivé à Rothkirch, où était mon quartier général, qu'à 9 h. 30 du matin, et le corps d'armée n'a pu se mettre par conséquent en mouvement qu'à 11 h. 30. J'ai pris sur les débouchés de la Katzbach tous les renseignements que j'ai pu me procurer dans ce court intervalle de temps, qui ne permettait pas de faire faire de reconnaissance. J'ai appris que les ponts de Liegnitz avaient tous été rompus et que le seul qui existait vis-à-vis la position était à Kroitsch. M. le maréchal me recommandant de me lier de suite avec le corps de cavalerie de M. le général Sébastiani, j'ai cru devoir diriger la droite de l'armée sur ce village pour remplir ce but, et en même temps, pour ne pas agir isolément et n'être pas engagé séparément dans une affaire, ce que M. le maréchal voulait que chaque corps évitât. J'avais ordonné qu'on réparât le pont sur la route de Liégnitz à Jauer, afin que la communication fût promptement assurée entre l'armée et cette première ville dans laquelle je laissais une garnison. Le corps d'armée marchant la droite en tête, la 8e division est arrivée à Kroitsh au moment où le 2e corps de cavalerie achevait de passer la Katzbach. L'affaire était déjà fortement engagée, les trois autres divisions s'étaient mises en position sur la rive gauche pour pouvoir se porter sur la droite de l'ennemi ou partout où M. le maréchal l'aurait jugé nécessaire.

La 8e division s'était formée au pied du plateau sur lequel avait lieu l'engagement; M. le Maréchal m'a donné l'ordre de la porter en avant pour soutenir la cavalerie légère qui était pressée fortement par la cavalerie russe et prussienne bien supérieure en nombre à celle que l'on pouvait lui opposer. Les autres divisions ont reçu également l'ordre de se porter rapidement par la gauche sur la rive droite de la Katzbach pour prendre en flanc l'ennemi et le forcer d'abandonner ses positions. Ces mouvements s'exécutaient avec précision, et déjà la 8e division se formait sur la crête, lorsque la cavalerie russe fit sur la nôtre une charge qui l'ébranla et la força de se replier derrière l'infanterie. Celle-ci, après avoir formé ses carrés, soutint sans s'ébranler les efforts de l'ennemi et, si elle eût pu faire ce soir usage de ses armes, la victoire était assurée par les sages dispositions que venait de faire M. le maréchal. Mais la pluie violente qui tombait par torrents depuis le matin avait mis momentanément les armes hors de service, et dans des carrés entiers quelques fusils seuls faisaient feu. Dans ce moment, la cavalerie légère avait cédé aux efforts de l'ennemi dont le nombre allait toujours croissant. Il a fallu dès lors céder à la nécessité et se dérober au feu de batteries qui tiraient à mitraille sur les masses d'infanterie. La 8e division a opéré sa retraite en repoussant toujours avec ordre et fermeté les tentatives que faisait l'ennemi pour l'entamer et mettre le désordre dans nos rangs. La nuit a mis fin au combat.

J'étais alors avec les autres divisions du III° corps qui manœuvraient sur la gauche pour déborder la droite de l'ennemi; elles ont arrêté leurs mouvements. Lorsque j'ai été certain que le centre de l'armée se repliait, ces divisions ont repassé la Katzbach dans le plus grand ordre. J'ai fait occuper le village de Kroitsch toute la nuit par la 9° division qui était soutenue par les cuirassiers et carabiniers commandés par M. le général Sébastiani, et le lendemain, à 7 heures, j'ai fait continuer le mouvement de retraite sur Rothkirch en me rapprochant de Liegnitz dont je voulais faciliter l'évacuation, ce qui a eu lieu quelques heures après. Le III° corps a quitté Rothkirch et a marché sur Haynau avec la division de cavalerie du général Saint-Germain et y est arrivé le 27 au soir.

Le 28, il a continué son mouvement sur Buntzlau, où la 8° division, qui s'était retirée avec la cavalerie légère sur Goldberg, s'est réunie au III° corps.

L'ennemi n'a pas osé nous attaquer dans notre marche, les cosaques ont voltigé sur les flancs de la colonne sans oser l'approcher.

Voilà, monseigneur, les renseignements que je puis donner à votre altesse sérénissime; je joins ici également la situation du personnel et du matériel du III° corps d'armée.

Gérard à Macdonald.

Rapport des opérations du XI° corps depuis le 26 août jusqu'au 31 du même mois (A. G.).

Conformément aux ordres de votre excellence, les 35° et 36° divisions ainsi que la cavalerie du XI° corps quittèrent leurs positions en avant de Goldberg le 26 à 6 heures du matin pour se rendre à Jauer en passant par Röchlitz et Seichau. A notre arrivée à Laasnig, on entendit le canon sur la gauche dans la direction de Kroitsch; je me portai de suite au point d'où partait la canonnade, j'aperçus dans la vallée qui vient de Kroitsch à Crayn une douzaine d'escadrons prussiens qui faisaient face à la cavalerie du général Sébastiani. Je fis avancer trois bataillons de la 36° avec deux pièces d'artillerie, et je vins moi-même les placer à demi-portée de fusil derrière la ligne de l'ennemi sans qu'il s'aperçût de ce mouvement. Aussitôt que les troupes furent disposées, elles firent feu, mais la pluie qui tombait abondamment empêcha les fusils de partir, il n'y eut pas 40 coups de tirés, et le mauvais temps nous fit perdre une occasion certaine de détruire toute la cavalerie ennemie qui se trouvait là. Aux premiers coups de fusil, elle se débanda et se jeta à toute bride dans le défilé de Weinberg. Votre excellence jugea convenable de faire attaquer le plateau au-dessus de ce village. Le général comte Charpentier y fit monter de suite trois de ses bataillons, ils furent bientôt maîtres de la hauteur. Ce mouvement fut appuyé par le reste de la brigade Meunier, par son artillerie et par la batterie de 12 de la 36e division. Toutes ces troupes se formèrent au fur et à mesure qu'elles arrivèrent sur le plateau; elles furent suivies par le 2e corps de cavalerie qui vint se mettre en bataille à leur gauche. Notre position était couverte par deux ou trois mamelons où se trouvait placée l'artillerie du général Charpentier. L'ennemi avait toujours continué son mouvement rétrograde, et on le croyait tout à fait en pleine retraite, lorsqu'on aperçut des colonnes vers notre gauche qu'on prit d'abord pour le IIIe corps qui devait déboucher dans cette direction. Un instant après, on vit reparaître en face de nous, de l'artillerie et de l'infanterie. L'ennemi rétablit sa ligne et commença une canonnade des plus vives qui dura pendant plus de cinq heures. Alors il engagea une charge sur la cavalerie du général Sébastiani en même temps qu'il dirigeait sur les bataillons du général Charpentier des colonnes d'infanterie soutenues de deux lignes de cavalerie et d'artillerie. Le corps du général Sébastiani fit un mouvement rétrograde, l'ennemi en profita pour faire filer beaucoup de cavalerie sur la gauche et sur les derrières de l'infanterie; il enveloppa nos carrés qui ne purent faire feu à cause de la trop grande pluie qui avait mis les armes hors d'état de servir. Les carrés présentèrent la baïonnette et cette attitude en imposa à l'ennemi qui n'osa rien entreprendre. L'infanterie russe avait suivi de près leur cavalerie, elle marcha sur un carré du 14e et engagea un combat à la baïonnette. Les soldats de ce bataillon firent la plus vigoureuse résistance, ils ne se laissèrent point enfoncer, ils repoussèrent cette attaque en conservant leurs rangs et le plus grand ordre. Les charges de cavalerie s'étaient succédée de part et d'autre; le général Sébastiani, malgré les plus grands efforts, ne pouvant résister à l'ennemi, fit son mouvement en arrière. Dès lors, l'infanterie du général Charpentier n'ayant plus d'appui se retira jusqu'aux bois dans le plus grand ordre; il traversa le bois et le ravin près d'Ober-Crayn; il vint se reformer sur les hauteurs voisines où une division du général Souham s'était mise en position, il continua sa retraite avec cette division. La seule route de retraite étant encombrée par les équipages du 2e corps de cavalerie, aucune des pièces de la brigade Meunier, ni de la batterie de 12 n'ont pu passer. J'ai puisé tous ces détails dans le rapport du général Charpentier; je vous l'envoie en original, afin que votre excellence soit à même de juger des faits.

Pendant que tout ceci se passait à la gauche, la 35e division, le reste de la 36e et la cavalerie avaient continué leur route sur Seichau. L'ennemi jusque-là fit peu de résistance, mais nous le trouvâmes en position et en forces sur les hauteurs en arrière de Hennersdorf, occupant fortement ce village. Votre excellence me donna l'ordre de l'attaquer, le général d'Henin avec sa première brigade se porta au pas de charge sur le village de Hennersdorf, pendant que deux bataillons du 22e se dirigeaient sur les hauteurs de gauche. Partout l'ennemi fut culbuté, on s'empara non seulement du village, mais on chassa l'ennemi d'un mamelon en avant qui fut emporté à la baïonnette. Ce mouvement n'étant pas secondé par les troupes qui étaient à notre droite, et qui restaient dans la même position, je jugeai de ne pas le laisser continuer ; nous restâmes en présence jusqu'à la nuit tombée.

Le lendemain 27, à 3 heures du matin, je me mis en route pour me retirer sur Goldberg et occuper le camp de Niederau, ma marche se fit fort tranquillement. La brigade Zucchi qui faisait l'arrière garde, eut quelques légers engagements avec la cavalerie ennemie. Après avoir fait reposer les troupes au camp de Niederau, je continuai mon mouvement sur la route de Löwenberg, je vins prendre position au défilé derrière Pilgramsdorf, j'occupai ce village toute la nuit.

Le 28, au matin, j'avais réuni toute la 35e et deux bataillons du 22e pour défendre la tête du bois en arrière de Pilgramsdorf. Les régiments étaient fort réduits, d'abord à cause de la perte éprouvée dans les différents combats, mais bien plus encore par l'extrême mauvais temps et par les pluies continuelles et abondantes qu'il n'a cessé de tomber pendant trois jours. L'ennemi se présenta devant moi vers les 9 heures du matin avec du canon et une nuée de cavalerie. Je ne tins aucun compte de son attaque ; quelques temps après je fus abordé par de l'infanterie. Je ne pus pas trop juger de son nombre à cause des plis de terrain qui me dérobaient ses mouvements. Je tins aussi longtemps que je le crus nécessaire pour ne pas être entamé, alors je fis ma retraite très lentement et en défendant toutes les positions qui me paraissaient tenables. Arrivé au debouché des bois, je pris une ligne en avant de Lauterseiffen ; l'ennemi ne m'y attaqua point, j'y restai toute la journée et j'en partis le soir pour venir, selon vos ordres à Gros-Plagwitz.

Le 29, je continuai mon mouvement sur Buntzlau et je vins m'établir à Ottendorf.

Le 30, je vins prendre les positions que vous m'aviez indiquées derrière Löwenberg ; l'ennemi occupait par ses camps toutes les hauteurs sur la rive droite du Bober. Dans une reconnaissance que je fis sur toute ma ligne, je découvris que l'ennemi avait voulu jeter un pont un peu plus bas que Zobten, il avait encore près de la rivière son équipage de pont sur une grande quantité de voitures. Je fis venir sur-le-champ deux bouches à feu ; quelques obus et boulets tombés dans ces voitures y mirent le plus grand désordre, elles furent abandonnées par l'escorte et par les charretiers.

Le même jour, je quittai Löwenberg à 5 heures du soir pour venir prendre position à Seifferdorf ; aujourd'hui 31 août, j'ai passé la Queiss à Lauban, je suis établi à cheval sur la route de Lauban à Görlitz.

J'ai l'honneur de joindre à mon rapport l'état des pertes éprouvées par le 1er corps depuis le 26 inclus jusqu'au 31, ainsi que le rapport du général Ledru sur ce qui s'est passé dans sa division pendant ce même temps.

Poniatowski à Berthier.

Gabel, 26 août (A. G.).

J'ai l'honneur de porter à la connaissance de V. A. S. que le poste intermédiaire établi à Kratzau, pour assurer mes communications avec le général de brigade Uminski qui est à Reichenberg, a été attaqué ce matin par deux escadrons de hussards et trois compagnies d'infanterie. La vigoureuse résistance de la compagnie d'infanterie qui l'occupait a donné le temps de venir à son secours et de le dégager. Nous avons perdu dans cette affaire 9 hommes et 1 officier. J'ai envoyé dans la journée deux autres compagnies d'infanterie pour renforcer ce point essentiel ; mais malgré cette mesure, je ne puis m'empêcher d'avoir de l'inquiétude pour ce côté sur lequel l'ennemi paraît avoir des desseins plus prononcés.

S. E. le maréchal duc de Tarente m'ayant fait connaître que, pour assurer nos communications, il faisait porter une division sur Buntzlau, Görlitz et Lauban, je l'ai prié d'envoyer à Friedland un régiment pour assurer ce débouché, puisque je ne suis à même de le faire, étant obligé en même temps de couvrir celui de Georgenthal.

M. le général comte de Valmy me fait connaître dans ce moment que les vedettes autrichiennes qui étaient jusqu'à présent à une lieue de distance, sont venues ce soir s'établir à vue des nôtres. Cette circonstance donne lieu à supposer que l'ennemi a été renforcé et qu'il tentera demain quelque entreprise sur un des détachements qui couvrent les débouchés de Friedland et de Georgenthal.

P.-S. — D'après les rapports que je reçois à l'instant, l'ennemi a aussi paru sur le point de Zwickau.

Macdonald à l'Empereur.

Goldberg, 27 août, 11 heures du matin (A. N.).

J'ai reçu hier, sur le champ de bataille, la lettre que Votre Majesté a daigné m'écrire le 25. J'espérais n'avoir que de bonnes nouvelles à lui annoncer; les débuts avaient été heureux, mais la suite n'y a pas répondu. Le Major général mettra sous ses yeux le premier aperçu que je lui donne de ces événements; aucun rapport officiel ne m'est encore parvenu.

Macdonald à Berthier.

Sur les hauteurs du Hirschberg, 28 août, 5 heures soir (A. G.).

J'ai rendu compte à votre altesse de tous les événements du 26 et d'hier. Dans la journée, les eaux n'ont cessé de croître. J'étais sans communication; un nageur envoyé à Löwenberg n'est pas revenu, un autre qui m'est expédié de cette ville m'apporte la lettre du Grand-Ecuyer; les bonnes nouvelles qu'elle contient augmentent notre courage à supporter les malheurs que le mauvais temps nous a fait éprouver.

J'apprends que la communication de Buntzlau est libre, le IIIe corps et le 2e de cavalerie s'y réunissent. Les Ve et XIe sont ici, ils ne forment pas 5,000 hommes; encore on ne tient pas; aucun fusil ne fait feu. Nous ne savons ce qu'est devenue la division Puthod, qui, je l'espère, a gagné Hirschberg, où n'a pu se rendre la division Ledru arrêtée par le débordement des eaux de la Kemnitz. Je me retire sur Buntzlau; j'aurai l'honneur de vous écrire plus en détail ce soir.

Lhéritier à Berthier.

Grossenhayn, 28 août (A. G.).

J'ai l'honneur de vous rendre compte que je n'ai pu exécuter l'ordre de Sa Majesté qui me prescrit de placer un bataillon à Meissen. Il était occupé hier par l'ennemi. Un directeur des vivres était à Meissen au moment où l'ennemi y est entré, le 26, et a été caché par les soins des habitants ; à 10 heures du soir il a passé sur cette rive. Après l'avoir bien questionné, il m'a assuré avoir vu environ 12,000 hommes d'infanterie, 3 pièces de canon et 300 hussards de Wurmser. J'ai donc laissé vis-à-vis de Meissen un poste d'observation, et l'officier qui le commande me rend compte qu'hier, après midi, il a vu une colonne d'environ 600 hommes sortir de Meissen et prendre la route de Leipzig. J'ai reçu hier des nouvelles du général wurtembergeois qui est à Hoyerswerda avec 500 chevaux, un bataillon et demi d'infanterie et 3 pièces de canon ; il me prévient que le 25 il a vu un détachement de Cosaques qui s'est porté vers midi sur Spremberg, où il y avait environ 500 hommes qui en sont partis pour Triebel.

P.-S. — Ce matin, j'ai fait partir un escadron pour Torgau, j'espère demain pouvoir vous en donner des nouvelles.

Macdonald à Berthier.

Bunzlau, 29 août, 6 heures matin (A. G.).

On me rend compte de Löwenberg que les reconnaissances de la nuit et les guetteurs n'ont vu ni feux, ni entendu aucun bruit, ce qui nous confirme dans l'opinion que le général Puthod est à Hirschberg, mais que le débordement des eaux l'empêche de communiquer.

Le seul pont qui nous restât menaçait d'être emporté cette nuit, mais les eaux baissent et nous le sauverons.

La retraite des généraux Lauriston et Gérard s'est opérée de nuit, sans être inquiétée.

8 heures du matin.

Le général Sébastiani m'annonce que l'ennemi débouche par Loschwitz. Le général Souham a l'ordre de s'y porter. L'ennemi couvre la plaine de cavalerie et se montre par tous les débouchés.

Les généraux Gérard et Lauriston arrivent et repassent le pont.

Point de nouvelles du général Puthod ; on n'entend rien.

10 heures du matin.

Les tirailleurs s'engagent. Jusqu'à présent, l'ennemi ne montre pas d'infanterie. Nos troupes sont dans un état pitoyable, percées de la pluie pendant quatre-vingts heures consécutives, marchant dans la boue jusqu'à mi-jambe et traversant des torrents débordés. Dans cet état, les généraux en chef ne peuvent empêcher que le soldat ne cherche un abri, son fusil lui étant inutile.

Point de nouvelles du général Puthod.

Midi.

La cavalerie ennemie est toujours en présence, elle ne paraît pas vouloir rien entreprendre pour le moment. Le soleil s'est montré, j'espère que le temps se soutiendra. Il faut deux fois vingt-quatre heures aux troupes pour se sécher et remettre les armes en état : toutes les munitions des gibernes sont avariées ; mon grand parc avait repassé le Bober avant la rupture des ponts ; toutes les munitions étaient consommées.

Point de nouvelles du général Puthod.

1 heure.

Je reçois l'avis que le général Puthod paraît sur les hauteurs de Zobten, descendant le fleuve, je ne balance pas à faire un mouvement offensif. Le général Lauriston va d'abord marcher avec 15,000 hommes des IIIe et V^e corps et du 2e de cavalerie. Des batteries se dirigent sur Löwenberg pour le protéger. Les eaux baissent. Par une nouvelle fatalité, l'équipage de pont qui devait être réuni à Löwenberg, a été dirigé sur Bunztlau. On le fait rétrograder ; on travaille avec activité.

3 heures.

Le général Puthod s'annonce ; on espère qu'il passera cette nuit s'il peut tenir ; on ne me dit pas s'il a beaucoup de forces contre lui.

Le mouvement offensif vient d'être révoqué sur les observations des généraux Lauriston, Sébastiani et Souham. On ne serait pas à temps et les troupes sont hors d'état de marcher ; d'ailleurs, l'ennemi paraît nous menacer sérieusement dans cette plaine : on risquerait de perdre tout. Je suis navré de douleur d'une semblable situation et de tels résultats.

Macdonald à Berthier.

Buntzlau, 29 août, 3 heures du matin (A. G.).

Je m'étais flatté de pouvoir rendre un compte succinct des opérations de l'armée depuis le 23. Mais je n'ai point encore reçu les rapports particuliers des commandants des corps. J'ai seulement entendu les généraux Souham et Sébastiani ; ce dernier m'a dit que ses deux divisions avaient fait des prodiges de courage et de constance. Le début de l'action faisait présager d'heureux résultats, mais le mauvais temps a trompé notre attente.

Je n'ai point encore de nouvelles du général Puthod, j'espère qu'il se sera retiré sur Hirschberg.

Dans cette opinion, je fais repasser le Bober aux Ve et XIe corps. Ils se dirigeront sur Löwenberg où ils arriveront après-demain. Le IIe corps a deux divisions sur la gauche, le IIIe est en position autour de Buntzlau. Les uns et les autres ont besoin de quelques jours de repos pour rallier tous les traînards et fuyards, et se procurer quelques ressources en subsistances, reposer les chevaux qui sont excédés comme les troupes.

Je n'ai négligé aucune mesure pour avoir des nouvelles du général Puthod ; s'il descend le Bober par la droite de ce fleuve, j'essaierai un mouvement offensif sur le flanc de l'ennemi pour favoriser son arrivée ; mais s'il repasse la Kemnitz, il est hors de tout danger.

Notre situation présente ne permet pas que je fasse un détachement sur Hoyerswerda, encore moins que je puisse fournir un régiment au prince Poniatowski qui le sollicite avec instance. Plus de la moitié des corps étant débandée, j'envoi après eux pour les rallier.

Un officier prisonnier a déclaré au général Sébastiani que Bennigsen, avec un renfort de 20,000 hommes, avait passé l'Oder il y a trois jours à Wolau, pour se réunir à Sacken et Langeron.

L'ennemi n'a poursuivi que faiblement, mais sa cavalerie légère, l'épouvantail des fuyards, s'est montrée partout, avec du canon.

Le général Gérard faisant l'arrière-garde a été attaqué au-dessus de Lauterseiffen, mais il a repoussé l'ennemi quoique avec de faibles moyens.

Dans l'état actuel des choses, ce serait compromettre l'armée de lui faire rien entreprendre, avant d'être ralliée, reposée et ses armes en état. Elle pourra prendre encore une bonne revanche, si elle n'a pas à combattre de nouveau un pareil temps, que ces soixante-douze heures de pluie.

Macdonald à Berthier.

Buntzlau, 29 août, minuit (A. G.)

J'ai la douleur d'informer votre altesse que les pluies ont occasionné une succession de désastres qui me navrent le cœur. La division Puthod n'est plus. Ses restes ont été culbutés ce soir dans les inondations de Löwenberg, sans qu'il ait été possible d'établir un passage pour les hommes.

Mon aide de camp, qui avait porté au général Puthod l'ordre de se retirer sur Hirschberg pour se joindre au général Ledru que j'y supposais arrivé, l'a joint à Schönau. Il s'est porté sur Hirschberg, mais le débordement des eaux ne lui a pas permis d'entrer dans cette ville. Il s'est rabattu sur Zobten, mais si lentement qu'il a donné le temps à l'ennemi d'arriver en même temps que lui vis-à-vis Löwenberg. D'après les calculs de la marche et des distances, il pouvait y être rendu hier matin ; il ne partait qu'à 7 heures le matin et s'arrêtait à 5 heures le soir, attendu, disait-il, la multitude de traînards qu'il voulait rallier, mais sans succès. Il n'a ramené que 2,000 à 2,500 hommes qui n'ont pas tenu et se sont débandés. Tel est le rapport que me fait mon aide de camp qui a suivi la marche et est venu m'en rendre compte avant cette funeste catastrophe.

L'armée ennemie a la majeure partie de ses forces devant Löwenberg. Je tâcherai de tenir demain la ligne du Bober, mais je ne puis me réunir que derrière la Queiss, où je choisirai une position pour livrer bataille, si toutefois les généraux parviennent à rallier leur multitude de traînards. Beaucoup ont repassé la Queiss sans qu'il ait été possible de les arrêter. J'ai donné l'ordre au général Marchand d'établir de nouvelles barrières sur la Neisse et la Sprée.

J'aurai l'honneur d'adresser demain à votre altesse copie des dispositions pour attaquer l'ennemi devant Jauer. Je les soumets à Sa Majesté pour qu'elle juge ma conduite. Elle connaît les circonstances qui en ont été le résultat. Je n'ai pu prévoir ni maîtriser les éléments; ils sont cause de tous nos malheurs, car l'échec essuyé par la cavalerie était peu considérable en proportion de la force de l'armée, et eût été très réparable sans un déluge continuel de trois jours et autant de nuits.

Je n'ai encore reçu que le rapport du général Sébastiani que je joins ici en original.

Dans la situation présente de l'armée, je ne puis assurer positivement la tournure que prendront les affaires. Je ferai plus que le possible. En cas d'événement fâcheux, je me replierai successivement sur la Neisse, la Sprée et l'Elbe.

Je donne avis de cette situation de choses au prince Poniatowski, afin qu'il prenne des mesures pour sa sûreté, si l'infortune continuait à nous accabler.

Il ne m'a pas été possible de connaître encore l'état de nos pertes et le nombre des combattants qui me reste.

Macdonald à Poniatowski.

Buntzlau, 29 août, minuit (A. G.).

J'ai eu l'honneur d'informer votre altesse de la situation malheureuse dans laquelle nous nous sommes trouvés par suite des éléments; ces malheurs viennent d'être augmentés par la défaite d'une division dont les débris ont été culbutés ce soir dans les inondations de Löwenberg.

La majeure partie des forces de l'ennemi se trouve sur le Bober; ne pouvant plus tenir cette ligne par le motif qu'elle est trop étendue et que nos traînards et fuyards ne sont pas encore ralliés, je vais passer la Queiss, et choisir une position pour livrer bataille à l'ennemi si toutefois nos forces peuvent se balancer. Dans le cas contraire, je repasserai successivement la Neisse, la Sprée et l'Elbe, mais le plus lentement possible, pour donner le temps à l'Empereur de prendre telles mesures que Sa Majesté jugera à propos d'adopter. Je ne manquerai pas de prévenir votre altesse de tous les événements et je la prie de me faire savoir, si, dans la supposition où je repasserais les fleuves dont je viens de parler, elle a la possibilité de se retirer sur l'Elbe par la Bohème, ce que je crois, puisqu'une route de Dresde conduit à Zittau et à Gabel par Neustadt; car un mouvement en arrière de Zittau pourrait compromettre les troupes si j'étais un peu pressé.

Schmitz à Berthier.

Löwenberg, 29 août, 8 heures du soir (A. G.).

La division Puthod arriva ce matin vers les 9 heures sur les hauteurs de Plagwitz et ne tarda pas à être engagée avec l'ennemi. M. le général Lageon n'a pu venir au secours de cette division, séparée de nous par les eaux du Bober; vu la grande distance, notre canon placé sur la rive gauche n'a pas fait grands effets sur l'ennemi. Cette division, après s'être battue en héros, a succombé sous le nombre et a été obligée de battre en retraite sur le Bober, qui est encore très haut. Enhardie par ce succès, la cavalerie ennemie voulait tenter le passage, mais ayant été bien reçue par la brigade Lageon, ils ont rebroussé et nous ont laissés tranquilles.

M. le général Ledru vient d'arriver à notre secours avec ses deux autres brigades et M. le maréchal nous a fait avertir qu'il tiendra à Buntzlau jusqu'à la dernière extrémité.

Monseigneur, au premier coup de canon qui est tombé dans la ville (nous en avons reçu très peu), l'ennemi tirant sur le camp placé sur les hauteurs, le directeur de l'hôpital, ses employés, les chirurgiens, pharmaciens, etc., se sont sauvés tous, sans en excepter un, et m'ont abandonné 300 grièvement blessés que je suis obligé de faire soigner maintenant par les soldats de la garnison et les habitants du pays. J'appelle la sévérité de votre altesse sur ces lâches, qui paraissent n'avoir embrassé ce métier que pour se soustraire à la réquisition et au service militaire.

Löwenberg, 29 août (A. G.).

M. Domet, officier payeur du 146e régiment, qui a réussi à passer à la nage et à se rendre à Löwenberg, déclare que le 26 la division Puthod partit de Steinberg vers 9 heures du matin et, qu'après avoir marché toute la journée par une pluie continuelle et des chemins très difficiles jusqu'à 9 heures du soir, ils prirent position à hauteur de Schönau.

Le 27, le général Puthod mit sa première brigade en mouvement à la pointe du jour et la dirigea sur Hirschberg sous le commandement de M. le colonel baron de Falcon, commandant par intérim cette brigade. Le général de division marcha de sa personne avec la seconde brigade par un autre chemin à gauche, où il rencontra l'ennemi; quelques volées de canon suffirent pour l'éloigner. La première brigade avait pris position devant Hirschberg à 1 heure après midi, en même temps que le 134e régiment qui arriva par une autre route; déjà la rivière était débordée à plus d'un quart de lieue. Cependant le colonel de Falcon envoya sonder le passage du pont par un détachement de chasseurs à cheval et une compagnie de voltigeurs du 134e régiment. La crue des eaux augmentait à chaque instant d'une manière effrayante. Les voltigeurs trouvèrent, en repassant sur la grande route, de l'eau jusqu'aux aisselles; aux abords du pont, le courant était déjà si rapide que deux chasseurs à cheval et un voltigeur se noyèrent. A 6 heures du soir environ, le général se trouva réuni avec toute sa division et, ne pouvant entrer dans Hirschberg, parce que les eaux étaient crues encore de près de 2 pieds, prit position devant cette ville. Cette division ayant beaucoup de traîneurs, le général Puthod resta dans sa position jusqu'au lendemain 28, et, vers 9 heures, elle s'ébranla pour se remettre en marche; les terres étaient tellement détrempées qu'on eut beaucoup de peine à tirer l'artillerie du champ où on l'avait parquée. Le général Puthod se dirigea sur Zobten, où il rencontra deux régiments de Cosaques qui furent facilement éloignés par le canon; il prit position en avant de ce village vers 5 heures du soir, sans être inquiété; la nuit se passa fort tranquillement. Ce matin, au point du jour, la division prit les armes et manœuvra sur la crête des hauteurs pour se rapprocher de Löwenberg; ce ne fut qu'à une lieue environ de la position qu'elle venait de quitter, que la division Puthod commença à être sérieusement attaquée par la cavalerie ennemie (sans artillerie); pendant ce temps une colonne russe qui filait par la route de Goldberg à Löwenberg, vint déboucher à Plagwitz, et occupa immédiatement les hauteurs à droite de ce village où elle mit en position une vingtaine de pièces de canon; en même temps la cavalerie tournait la division Puthod avec du canon qu'elle mit en batterie sur ses derrières; plusieurs charges de cavalerie que l'ennemi fit avec succès sur nos carrés en mirent quelques-uns en désordre, et dès lors la division fut perdue.

On doit attribuer ce malheur aux pluies qui sont tombées pendant trois jours avec une telle abondance que toutes les rivières étaient débordées à une grande distance et ont rompu ou rendu les ponts nuls, à la prise d'un officier porteur de dépêches adressées à M. le général en chef comte Lauriston, et à l'état d'avarie et au manque de munitions.

Les marches qui ont eu lieu pendant trois jours par cette pluie continuelle, avaient tellement affaibli la division qu'elle était à peine de 3,000 hommes au moment où elle a été prise par l'ennemi. Les troupes qui étaient réunies se sont battues avec beaucoup de valeur jusqu'au dernier moment.

Ducros (1) à Charbonnel.

Buntzlau, 29 août (A. G.).

Envoyé de Rothkirch le 27 août avec le 140e régiment pour escorter le parc d'artillerie du IIIe corps d'armée parti la veille pour Buntzlau, nous nous dirigeâmes sur cette ville en prenant la direction d'Adelsberg situé sur la Schwartzwasser. Arrivé à ce ruisseau sans pont pour l'artillerie et débordé, je reconnus moi-même l'impossibilité d'y faire passer l'artillerie. Ce torrent est très impétueux. A midi, il n'était plus praticable pour la cavalerie ; à 9 heures du soir, il y avait quatre ou cinq pieds d'eau de plus.

Ayant averti M. le colonel du 140e de l'impossibilité de guéer le ruisseau, je lui proposai d'aller passer à Haynau ; il s'y refusa, alléguant que M. le général de division Albert lui avait dit que la 8e division du corps d'armée se rendrait ce soir à Goldberg. Il voulut, contre mon gré, prendre la route de Goldberg. La rencontre d'une colonne ennemie nous força à rétrograder sur Adelsberg. Arrivé là, M. le colonel du 140e me dit qu'il fallait absolument tenter le passage. Je lui répondis que cette tentative serait malheureuse, et lui proposai de nouveau d'aller à Haynau. Il ne le jugea pas à propos croyant l'ennemi maître de la rive droite, le canon ayant tiré à Haynau. Il était 9 heures du soir environ, M. le colonel fut exécuter son passage plus bas sur un petit pont et je restai seul pour exécuter le mien. Je conduisis les six bouches à feu dans le torrent. Ayant moi-même été entraîné, ayant vu les chevaux du train entraînés et renversés, j'eus la malheureuse conviction que le passage était impossible. Je ne pouvais plus songer qu'à sauver mon personnel. Je fis passer mes hommes sur un petit pont en bois, les chevaux pas-

---

(1) Capitaine commandant la 1re compagnie du 3e régiment d'artillerie à cheval.

saient à la nage et tenus par la bride. Le pont rompit plusieurs fois. A la fin il devint irréparable par la crue de l'eau, l'obscurité de la nuit, et la rapidité du torrent. Partie de ce qui restait à passer a été passer sur le pont de l'infanterie. Quelques hommes et quelques chevaux ont été pris par l'ennemi.

Voilà, mon général, le récit fidèle de cette malheureuse affaire, dans laquelle je n'ai jamais perdu de vue ce que m'imposait l'honneur et mon devoir. J'ai lassé de mes représentations M. le colonel du 140e. Pourrait-on, mon général, m'objecter que je devais seul me diriger sur Haynau? Je ne le pense pas. Cet acte d'insubordination serait blâmable, même en cas de réussite.

Lhéritier à Berthier.

Grossenhayn, 29 août (A. G.).

J'ai l'honneur de rendre compte à votre altesse qu'un parti de Cosaques d'environ 600 chevaux s'est présenté hier en face du village de Mörschwitz pour passer l'Elbe. Dès que j'ai eu avis de leur passage, je me suis porté sur ce point avec un fort détachement et deux pièces de canon. 150 étaient déjà sur cette rive. Prévenus de ma marche, ils sont partis en toute hâte. J'ai fait tirer quelques coups de canon sur les 450 qui restaient sur la rive gauche afin de les éloigner et de me donner la facilité d'envoyer chercher les barques qui étaient de leur côté. Une compagnie de voltigeurs que j'ai fait porter sur le bord de la rivière a en bientôt éloigné leurs tirailleurs qui étaient sur l'autre rive. Déjà quelques voltigeurs, auxquels j'avais promis une récompense, se disposaient à passer à la nage, lorsqu'on a aperçu dans les barques des paysans qui s'y étaient cachés, et auxquels on a crié de les amener; aussitôt qu'elles ont été de notre côté, je les ai fait brûler. Ces barques sont celles qui transportaient à Dresde les instruments d'anatomie et la bibliothèque de l'Université de Wittenberg; ne pouvant arriver jusqu'à leur destination, tous ces objets ont été déposés au village de Seidewitz. C'est en face de ce dernier endroit que les Cosaques se sont présentés d'abord et ont fait arriver à eux ces barques, en menaçant les paysans qui les conduisaient. Dès qu'elles ont été en leur pouvoir, ils les ont fait descendre jusqu'au village de Mörschwitz, où ils ont effectué leur passage en mettant dans les barques les harnachements des chevaux, qu'ils faisaient passer à la nage. J'ai mis à la poursuite de ceux qui sont passés un détachement de 400 chevaux, mais d'après la manière dont ils se sont sauvés, je doute qu'on puisse les atteindre. Le colonel qui commande le détachement qui les poursuit m'a déjà rendu compte qu'en passant à Gorisch-haus, ils ont pris six officiers polonais qui étaient dans une voiture; ils les ont dirigés sur Spansberg et, à ce village, on a perdu leurs traces.

Les barques dont les Cosaques se sont servis pour effectuer leur passage, étaient escortées par un caporal et quatre hommes de troupe saxonne qui ne se sont nullement opposés à leur enlèvement.

Rapport du 29.

Le 27, le général Tchérnitchef était à Belzig avec six régiments de Cosaques, forts d'environ 500 chevaux. Il avait détaché le colonel Barankanskow Pawlonik avec 300 chevaux au village de Marzkane, route de Wittenberg à Treuenbrietzen, et, d'après le rapport, ce colonel paraît avoir l'intention de passer l'Elbe à Elster près Wittenberg pour se porter sur la rive gauche. Il avait aussi détaché sur Seyda, à 4 lieues de Wittenberg, le colonel Krusse avec 500 à 600 chevaux. Le colonel a poussé un parti jusqu'à Dahme, où il a pris un convoi de vivres de dix fourgons et dix voitures de paysans avec la femme d'un colonel français dont on n'a pu me donner le nom. Le tout a été dirigé sur Seyda et, de là, à Niemeck, où le convoi passa la nuit, en partit le lendemain à 8 heures pour se rendre à Belzig où était le général Tchernitchef.

Le 28, le colonel Brendel, avec environ 600 Cosaques, était à Schweinitz ayant des postes jusque près de Iessen.

Tous les colonels de Cosaques ont près d'eux un ou deux officiers prussiens pour les diriger dans leur marche. D'après le rapport, le général Tchernitchef a ordinairement avec ses Cosaques deux régiments de hussards et 12 pièces de canon. Il a sous ses ordres le général Diewitch et un colonel, dont il n'est pas parlé dans le rapport ci-dessous, qui se nomme Benkendorf.

Le centre de leur ligne est à Elsterwerda et se prolonge sur leur droite par Dobrilugk, Herzberg, Dahme, Schönwald, Schweinitz, Seyda, Niemeck, Belzig et Brück; c'est toujours par ce dernier endroit qu'ils débouchent et parcourent tout le pays entre les villages ci-dessus denommés, qui est couvert de forêts considérables. Leur gauche partant d'Elsterwerda passe par Rühland, Senftenberg, Spremberg et Triebel.

Une lettre écrite par le commandant d'armes de Luckau du 27 annonce que, d'après des renseignements certains, les corps aux ordres du duc de Reggio ont effectué leur retraite sur Wittenberg. Le VIIe corps a couché le 26 à Zinna et le lendemain s'est retiré par Jüterbogk, et que les XIIe et IVe corps devaient être le même jour à Treuenbrietzen et que les trois corps devaient faire leur jonction à Wittenberg.

Macdonald à Berthier.

Ottendorf, 30 août, 11 heures du matin (A. G.).

Le IIIe corps va terminer son passage du Bober; j'entends une assez vive canonnade, je serais déjà averti s'il se passait quelque chose de sérieux. Je garde aujourd'hui la ligne du Bober et demain je passerai la Queiss.

Dans la situation morale actuelle, je ne dois pas dissimuler à votre altesse qu'un corps d'armée frais rétablirait immédiatement le bon esprit qui animait les troupes il y a quelques jours.

Il paraît que les forces principales de l'ennemi se sont dirigées sur Löwenberg. J'apprends que depuis trois heures que j'ai quitté Buntzlau, d'assez fortes masses se présentent avec du gros canon.

Poniatowski à Macdonald.

Gabel, 30 août (A. G.).

J'ai reçu la lettre que votre excellence m'a fait l'honneur de m'adresser le 29, et je la prie de croire que je prends autant de part à ce que les éléments lui ont fait éprouver de fâcheux, que persuadé que ses talents et son expérience lui feront retrouver en peu de temps les avantages que des obstacles aussi insurmontables pouvaient seuls lui arracher.

Je remercie infiniment votre excellence de ce qu'elle veut bien me dire sur ses projets ultérieurs. Mon extrême gauche soutenant son extrême droite, et les instructions que j'ai reçues de S. A. S. le prince major général me prescrivant de garder les débouchés que j'occupe, autant que cela sera possible; c'est par suite de ces motifs que je continue à occuper Kratzau, et que je ne quitterai la position de Gabel que lorsqu'il me sera impossible de faire autrement. D'après ces considérations, je prie votre excellence de vouloir bien me faire connaître si, en parlant de repasser successivement la Neisse, la Sprée et l'Elbe, elle prévoit d'avance la nécessité dans laquelle elle se trouvera de faire ce mouvement rétrograde, ou, si elle a l'espérance de pouvoir opposer à l'ennemi assez de résistance pour n'être point obligée d'en venir là, au moins de quelque temps. Dans le cas où elle se verrait obligée de rétrograder, ce mouvement entraînerait nécessairement le mien; mais, dans cette hypothèse, la route que je suivrais ne croiserait point la direction de ses colonnes, et les forces ennemies que j'ai devant moi, ne me paraissent pas en état de changer quelque chose à cette détermination.

Je prie en conséquence votre excellence de vouloir bien me faire part, dès à présent, de toutes les probabilités qu'elle croit voir relativement à ses desseins ultérieurs, pour me mettre à même de prendre d'avance mes mesures en conséquences, et de me prévenir de ses mouvements assez à temps pour que je puisse les suivre sans donner prise sur moi. La célérité et la fréquence des communications ne pouvant qu'être très avantageuses dans de semblables circonstances, votre excellence m'obligerait infiniment de me faire part, de douze en douze heures, de ce qui se passera chez elle, et de ce qu'elle croira nécessaire de me faire savoir pour ma direction.

Poniatowski à Berthier.

Gabel, 30 août (A. G.).

Venant de recevoir de S. E. le maréchal duc de Tarente la lettre ci-jointe en copie (1), je m'empresse de la mettre sous les yeux de votre altesse sérénissime, ainsi que la réponse que j'y ai faite, en l'assurant que ce ne sera qu'à la dernière extrémité que je quitterai la position que j'occupe.

D'après les renseignements qui me sont parvenus dans la journée, il paraît que l'ennemi a porté vers notre droite la plus grande partie des troupes qu'il avait devant nous et qu'elles se dirigent sur Tetschen et l'Elbe. Il est probable cependant que ces troupes ont été remplacées par d'autres, venues, soit de l'intérieur de la Bohême, soit de l'armée qui agit contre le maréchal duc de Tarente, car mes postes de gauche ont été continuellement attaqués et l'on a cru distinguer des Kalmouks ou Baschkirs. En combinant ces circonstances, il ne serait pas impossible que l'ennemi, profitant de ses avantages momentanés, cherchât à tourner la droite du maréchal duc de Tarente et à se rendre maître des débouchés de Friedland. Je ne négligerai rien pour découvrir les projets de l'ennemi. En attendant, j'ai renforcé les postes menacés en y envoyant de l'infanterie et du canon.

Lhéritier à Berthier.

Grossenhayn, 30 août (A. G.).

J'ai l'honneur de rendre compte à votre altesse que, d'après un rap-

---

(1) Voir p. 42.

port que j'ai reçu cette nuit, les troupes prussiennes se sont emparées de la ville de Lückau après avoir brûlé quinze maisons, ce qui confirme le premier rapport que j'ai eu l'honneur de vous faire hier. Conformément aux intentions de Sa Majesté, je fais partir une forte reconnaissance sur ce point et tâcherai de vous donner des renseignements positifs. Quant aux 150 Cosaques qui ont passé l'Elbe au village de Mörschwitz, des rapports que j'ai reçus hier d'Elsterwerda et de Liebenwerda m'annoncent qu'ils ne se sont point arrêtés dans ces environs et qu'ils ont suivi la route de Dobzelugk. Le détachement que j'avais envoyé à leur poursuite est rentré hier soir en remontant les bords de l'Elbe depuis Mühlberg jusqu'à Mörschwitz. L'officier qui le commandait a fait brûler ou couler à fond une dizaine de barques qu'il a trouvées sur cette rivière. De l'infanterie française placée à Strehla a fait feu sur le détachement, mais ensuite ils se sont reconnus. J'ai reçu cette nuit une lettre de M. le général Piré, datée de Meissen, qui m'annonce qu'il a ordre de passer sur cette rive et de communiquer avec moi. Si j'avais plus de troupes à ma disposition, je ferais occuper Mühlberg par un très fort détachement, qui serait forcé d'éclairer la route de Torgau depuis Burxdorf jusqu'à cette ville.

P.-S. — L'infanterie que j'ai avec moi aurait besoin de 1,000 à 1,200 paires de souliers. Peut-elle en envoyer chercher à Dresde? J'ai envoyé hier un maréchal des logis chercher au grand parc un caisson de cartouches pour l'infanterie. Je vous prie d'avoir la bonté de faire donner l'ordre pour qu'il en soit délivré un.

Macdonald à Berthier.

Lauban, 31 août, 7 heures du matin (A. G.).

Des embarras de nuit avaient retardé la marche des troupes qui repassaient le Bober à Buntzlau; l'ennemi suivit assez vivement l'arrière-garde du IIIe corps; les préparatifs pour la destruction du pont étaient peu avancés et on n'eut pas le temps de le rompre; les sapeurs résistèrent un moment, mais ils étaient insuffisants; le général Souham apprenant cette circonstance, fit retourner une division, chassa l'ennemi et détruisit une travée; mais un malentendu fit partir de nouveau le IIIe corps pour repasser la Queiss. L'ennemi, au moyen de quelques planches passait son infanterie et des chevaux à la nage; en ayant été promptement informé, j'envoyai l'ordre au IIIe corps de faire demi-tour à droite, et de marcher en avant pour rejeter l'ennemi sur la rive droite. Je me portai sur les lieux pour diriger cette opération qui a parfaitement réussi. Malgré une douzaine de pièces en batterie, nos soldats se sont portés sur les Russes auxquels ils ont fait assez de mal, sans presque souffrir, et ont ramené 60 à 80 prisonniers. C'est le corps de Sacken qui arrivait; je n'ai vu que l'avant-garde composée de quelques milliers de fantassins et du double de cavalerie.

A nuit close, l'armée s'est mise en marche, sans être inquiétée, pour passer la Queiss : elle a été précédée à Lauban par le Ve corps qui devait y prendre position.

La 31e division joindra aujourd'hui, et cette nuit je ferai mon mouvement sur Görlitz où se trouve une belle position couverte par la Neisse. Là je verrai toute l'armée réunie, j'en connaîtrai la force, et je ferai sonder ses dispositions, mais on pense qu'il est encore trop tôt pour risquer une action. Ce n'est pas mon avis, je pense, au contraire, qu'il faudrait un engagement où l'on trouverait un corps isolé, mais il serait téméraire de lutter contre une armée beaucoup plus forte, et à laquelle les éléments ont procuré des avantages marquants. D'ailleurs nous sommes sans cartouches, elles ont été consommées ou avariées, et je ne sache pas qu'il y ait de dépôts échelonnés, du moins les commandants d'artillerie des corps d'armée n'en ont pas connaissance. Cependant le général Lauriston vient de me dire qu'il y avait un dépôt de 50 caissons à Görlitz ou Bautzen ces jours derniers, mais qu'il avait rebroussé chemin sur Dresde.

Il nous est déjà rentré 7,000 à 8,000 hommes. Il faut qu'il y en ait encore plus du double jusqu'à Dresde ; ce qu'il y a de singulier, c'est qu'il n'y a ni terreur ni crainte. Le soldat cherchait des abris, en cela il imitait trop bien l'exemple de ses officiers, car le manque de subsistances ne se faisait pas sentir comme à présent, mais les pommes de terre et la viande suppléent, notre riz est très avarié ; j'espère qu'on trouvera quelques ressources à Görlitz et Bautzen, j'y ai envoyé.

J'ai fait partir ce matin la division Marchand pour occuper tous les débouchés de la Neisse. Je n'avais pas reçu de nouvelles de cette division depuis mon départ de Goldberg ; il est heureux que le général Marchand ait été arrêté par les eaux à Buntzlau, c'est lui qui, à force de travaux, a conservé ce seul pont à l'armée.

Macdonald à Berthier.

Lauban, 31 août, 7 heures du soir (A. G.).

Je reçois la lettre d'ordre que votre altesse m'a fait l'honneur de m'adresser aujourd'hui à 3 heures du matin, il sera exécuté.

L'armée se mettra en marche à minuit pour se porter sur Görlitz, j'en donne avis au prince Poniatowski.

La 31e division a été attaquée hier à Greiffenberg. Le général Fressinet a fait culbuter plusieurs bataillons et leur a tué 400 hommes. Je n'ai pas encore le rapport du général Ledru. La division vient d'arriver de Marcklissa.

Le front de ma ligne est couvert de cosaques. On me rapporte que plusieurs mille chevaux sont entre la Queiss et la Neisse.

L'ennemi paraît faire manœuvrer un gros de cavalerie et d'infanterie sur ma gauche.

Je serai en mesure demain, si un corps isolé se présente, de lui tomber dessus.

Macdonald à Berthier.

Lauban, 31 août, 6 heures du soir (A. G.).

J'ai reçu la lettre que votre altesse m'a fait l'honneur de m'écrire hier; je suis fâché de n'avoir pu donner pour l'instant plus de développement à mes rapports sur les derniers événements. Mais votre altesse jugera aisément combien dans ces circonstances j'ai d'occupations et d'embarras. Mon chef d'état-major vient seulement de revenir de Löwenberg où sa présence était nécessaire. Sa Majesté sait déjà la vérité par mes premiers aperçus, je suis incapable de la déguiser, et l'Empereur s'en convaincra lorsque votre altesse aura entendu les officiers qui se rendent en poste à Dresde.

J'ai l'honneur de joindre : no 1, l'ordre de mouvement que j'ai donné le 25 pour la marche de l'armée sur Jauer (1), c'est la clef de mes rapports; no 2, celui d'un officier du 146e régiment qui s'est sauvé à la nage (2). Je l'envoie aussi à Dresde pour être entendu sur l'événement de la division Puthod, réduite 2,000 ou 2,500 hommes sans avoir combattu.

Si votre altesse le désire, mon aide de camp Mauroy qui était porteur des ordres de retour au général Puthod pour revenir à Löwenberg par Zobten, où il aurait dû arriver un jour et demi avant moi. Mais il a cru faire mieux en prenant la direction d'Hirschberg, où il n'a pu entrer à cause des eaux. Il a passé la nuit près de cette ville, et n'en est parti pour retourner sur ses pas qu'à 9 heures du matin et s'est arrêté à 5 heures du soir. Ayant passé un jour à l'attendre, lorsqu'il devait me précéder, je ne doutai plus de sa marche sur Hirschberg qu'en effet il

---

(1) Voir texte, p. 50 (*Relation*).

(2) Voir p. 37.

avait effectuée. J'étais moi-même menacé de toutes les forces ennemies. Pressé par les généraux et dans notre situation, je ne pouvais plus rester un instant sans compromettre l'armée et le nombreux matériel, et surtout parce que les fusils étaient inutiles, et que je n'avais pas 4,000 à 5,000 hommes réunis qui encore n'auraient pas tenu. D'ailleurs, par opinion, j'étais en parfaite sécurité sur le général Puthod et le rapport, dont je viens de parler, la justifiait.

On travaille aux états de situation. Les hommes rentrent par milliers; un officier d'artillerie de chaque corps se rendra à Dresde pour les comptes à rendre du matériel.

Lauriston à Berthier.

Lauban, 31 août (A. G.).

S. E. le maréchal duc de Tarente nous ayant ordonné d'envoyer auprès de votre altesse un officier de notre état-major qui pût donner des renseignements sur les événements qui ont eu lieu, je fais partir le colonel Beauvais, qui m'a suivi partout, et qui connaît presque aussi bien que moi ce qui s'est passé.

Plusieurs causes ont occasionné nos malheurs, mais, suivant moi, la principale est le défaut de communication avec le IIIe corps et le 2e de cavalerie. Nous devions avoir beaucoup d'espoir en des forces qui égalaient celles des Ve et XIe corps réunis. Déjà, le 23 de ce mois, si, lors de l'affaire de Goldberg, le 2e corps de cavalerie eût pu donner, nous eussions eu des résultats très avantageux.

Dans la journée du 26, une fausse direction prise par le IIIe corps, et toujours faute de communication, a renversé nos espérances. La nuit même de cette affaire, on n'a pu communiquer avec ce corps qui, d'ailleurs était harassé par une suite de marches et de contremarches, c'est ce qui a forcé à une marche rétrograde. On eût pu sans cela garder la position de Goldberg, au moins jusqu'à ce que le temps eût permis d'agir; le défaut de connaissances sur les crues d'eaux a fait que l'on a donné des directions qui ont amené de graves inconvénients. On ne pouvait même dans cette saison calculer sur des débordements de cette nature qui étonnent les habitants mêmes. Excepté la grande route de Goldberg à Löwenberg, toutes les autres routes étaient devenues impraticables, et les autres routes étaient celles désignées pour le Ve corps, routes qu'il avait tenues, lors de sa marche, après l'affaire du 21. C'est pour cette raison que mon corps a éprouvé de grandes pertes en hommes, chevaux et voitures.

Quant à la division Puthod, son malheur a été occasionné aussi par les obstacles d'inondation. Ce général avait une double mission, il a voulu la remplir ou l'essayer, il a été retardé, ce retard a fait croire qu'il était à Hirschberg; on ne l'a pas attendu, parce que notre position était critique et que le lendemain, il nous eût peut-être été très difficile à nous-mêmes de nous en tirer. Le général Puthod n'avait avec lui que 2,500 hommes, le reste l'avait abandonné par la fatigue des marches. Le fusil était devenu, par la pluie, une arme inutile dans la main du soldat. Soixante-douze heures d'une pluie continuelle lui avaient fait perdre courage ; au premier rayon de soleil, il a crié : « Vive l'Empereur ! ». Je suis persuadé que si on fût resté jusqu'au lendemain devant Löwenberg, la moitié de l'armée l'aurait abandonné.

Les pertes qu'a éprouvées le Ve corps sont énormes. Le 27 au matin, 3 bouches à feu ont été prises au milieu des carrés qui ne pouvaient faire feu, 13 autres ont été noyées ou embourbées, de telle manière que tous les efforts pour les sauver ont été inutiles. Les 16 bouches à feu de la division Puthod ont été prises avec la division.

Je ne suis nullement découragé, je sais ce que vaut le soldat français, il a le sentiment de sa supériorité ; mais j'ai l'âme navrée ; nous devions ménager des succès à l'Empereur, lui conserver une armée dont la position était si intéressante pour lui. Cette armée est extrêmement réduite, il me reste à peu près 8,000 hommes et 42 bouches à feu, 2 sont hors de service. Ne pouvant remplacer nos munitions, je me suis trouvé depuis le 26 n'avoir que 3 à 4 cartouches. Si Sa Majesté veut faire marcher cette armée en avant, il est nécessaire de lui envoyer un nouveau corps. La marche seule de ce corps ramènerait à l'armée beaucoup d'hommes égarés. Avant notre marche sur Buntzlau, M. le maréchal ayant jugé que les fourgons de vivres ne pourraient suivre, a donné l'ordre de les brûler ainsi que les caissons vides. Il est vrai que notre marche de Goldberg a été extrêmement pénible et que la moitié de nos voitures y seraient restées.

Lauriston à Berthier.

Lauban, 31 août (A. G.).

Il m'est bien difficile de faire connaître l'état du Ve corps sous le rapport du personnel; chaque jour, chaque moment le varie; si les marches nous font perdre quelques hommes, nous retrouvons ceux qui s'étaient enfuis. Je ne puis donc que dire à votre altesse par aperçu que l'infanterie consiste en 6,000 hommes, la cavalerie en 300 chevaux, l'artillerie en 42 bouches à feu. Je crois que nous pourrions trouver encore 3,000 hommes de ceux qui sont partis. La perte entière de la division Puthod a entraîné celle de son artillerie. L'ennemi n'a pris que trois pièces de canon sur le champ de bataille, le lendemain de l'affaire du 26, au milieu de nos carrés qui ne pouvaient faire feu, le reste a été embourbé, noyé; la perte de l'artillerie du Ve corps se monte à 32 bouches à feu, les fourgons de vivres ont été brûlés, ainsi que les caissons vides. Le corps d'armée, le 26 au matin, présentait 18,000 hommes sous les armes, après trois affaires, celles des 19, 21 et 23, où le Ve corps a eu à soutenir contre des forces très supérieures, La division Puthod a été détachée pour une autre opération. Nous n'avons plus eu de communication avec elle depuis ce temps. Il faudrait, pour remonter l'esprit de l'armée et la confiance, que Sa Majesté pût envoyer un corps comme celui de la Jeune Garde pour se réunir à nous. Cette marche ramènerait un grand nombre de fuyards. Cependant, il n'y a pas de découragement; les troupes sentent leur supériorité sur l'ennemi dans le combat, et, si on lui en livre un avec ensemble, je suis sûr du succès.

Cette lettre ne sera envoyée à votre altesse que dans le cas où je ne pourrais lui envoyer le résultat de l'appel que je fais en ce moment.

Nansouty à l'Empereur.

Grossenhayn, 31 août, 2 h. 30 du matin (A. N.).

Sire, j'ai l'honneur de rendre compte à Votre Majesté que je suis arrivé à Grossenhayn, j'ai communiqué à M. le général Lhéritier les ordres de Votre Majesté; la force de son corps consiste en 1,850 chevaux, dragons et chasseurs, 1,200 hommes d'infanterie et trois pièces de 8. D'après les renseignements que le général Lhéritier m'a donnés, les ennemis viennent en petit nombre à Elsterwerda, mais n'y sont point à demeure. Il ne s'y est montré jusqu'à ce moment-ci que peu de Cosaques qui se promènent sur leur droite par Dobrilugk, Herzberg, Jessen, Seyda, Belzig et Brück et sur leur gauche par Ruhland, Senftenberg et Triebel. Leur poste principal est entre Wittenberg et Condorf d'où ils poussent leur différentes patrouilles. Le général Lhéritier communique avec Torgau en envoyant de forts détachements. Il m'a dit avoir reçu hier une lettre du général Piré qui était très embarrassé pour faire son passage, les barques ayant été détruites ou brûlées; j'ai écrit à ce général, je vais écrire au général Normann à Hoyerswerda, ce général a sous ses ordres 500 chevaux, un bataillon et demi d'infanterie et trois pièces de canon. Je vais envoyer une estafette du pays à Torgau et j'écrirai aussi par la rive gauche; d'après les rapports des paysans les Prussiens avaient le 27, à Luckau, 7,000 à 8,000 hommes, majeure partie landwehr, 500 chevaux et deux batteries. Le pays que l'ennemi parcourt d'Elsterwerda, du côté de Torgau, est très boisé. Je ferai partir le général Lhéritier en même temps que les chevau-légers polonais arriveront à Grossenhayn.

Correspondance échangée entre Yorck et Blücher (1).

Yorck à Blücher.

Leisersdorf, 30 août (2).

J'ai eu l'honneur de recevoir l'ordre de votre excellence du 29, aujourd'hui, à 6 heures du matin et j'ai ordonné de suite la mise en marche du corps. Si je ne suis pas parti de suite, aussitôt après le rapport du général de Horn, la cause en réside dans l'impossibilité, puisque la plus grande partie des brigades Hunerbein et Steinmetz n'étaient point encore arrivées sur les points fixés (3). Je me trouve dans la très triste nécessité de franchir des fleuves extraordinairement enflés sans ponts, puisque les généraux Langeron et Sacken opèrent sur les deux grandes routes où les ponts existent (5).

Si je dois demeurer en mouvement avec mon corps (6), sans attendre les ordres de votre excellence, il serait extrêmement nécessaire que je fusse informé, chaque fois, de la position des deux corps placés à mes ailes (7). Si j'avais encore marché hier sur Löwenberg avec une petite partie du corps à mes ordres, direction où je devais me rendre, j'aurais

---

(1) Voir p. 139.

(2) *Vie de Gneisenau*, t. III, p. 243-245.

(3) *Remarques de la main de Gneisenau :* Même si une grande partie des brigades n'était pas encore arrivée, cela n'avait pas d'importance contre un ennemi en fuite, les brigades ne devaient pas se battre, mais envoyer quelques bataillons comme soutien.

(4) L'ennemi se trouvait dans une situation encore plus malheureuse, puisqu'il était battu.

(5) Sur des ruisseaux occasionnés par les pluies (regenbäche), on peut se tirer d'affaire avec des dispositions convenables lorsqu'on le veut.

(6) Oui, car on l'avait déjà ordonné.

(7) C'était l'affaire du général-lieutenant. Il peut entretenir la communication et pas nous, puisque nous ne savons pas où les corps se trouvent maintenant.

fait une marche inutile (1) et le corps aurait été complètement dispersé (2). La brigade de Horn et la réserve de cavalerie chargées de la poursuite me devançaient, où le gros du corps devait-il suivre, était-ce sur Löwenberg ou sur Buntzlau? Les opérations des deux corps d'aile devaient en décider et j'ai cru devoir attendre (3), soit une invitation des deux commandants de corps russes, soit un ordre de votre excellence m'indiquant où je devais marcher avec le gros du corps, puisque la réunion de plusieurs corps sur un même point ne peut qu'être dangereuse (4).

J'ai rendu compte hier matin, à votre excellence, qu'une grande partie du corps n'avait pas encore atteint sur la Schnelle-Deichsel les points indiqués, par suite il était impossible de continuer la marche (5). Du reste je m'en rapporte au 26 (6) et à la marche du 28 qui dura trente-six heures et où les troupes durent franchir, à gué, des fleuves débordés, pour prouver que je fais volontiers tout ce qui est exécutable et que les troupes rendent tout ce que leurs forces leur permettent (7).

Blücher à Yorck.

Hohlstein, 31 août (8).

J'ai reçu la lettre de votre excellence en date du 30, où elle me détaille les fatigues des troupes et les difficultés qu'elles ont trouvées dans leur marche en avant.

---

(1) Opinion fausse. Certes pas inutile. Mais le corps pouvait aussi marcher contre Sirckwitz.

(2) Non. Pas dispersé, mais bien placé en colonne pour marcher plus facilement et venir entre les corps ennemis.

(3) Qui veut poursuivre avec zèle n'attend pas les ordres pour cela.

(4) Plus haut pas dispersé, ici pas réuni.

(5) Et pourquoi cela? Une partie ne pouvait-elle s'avancer, l'autre suivre?

(6) Si nous avions attendu deux fois vingt-quatre heures, comme on le réclamait, nous étions battus; maintenant, après l'événement, nous devons être reconnaissants que l'on en vint à la bataille.

(7) Si l'on avait franchi la rivière le 27, on n'aurait pas eu besoin, le 28, de passer le fleuve débordé. Si l'on ne poursuit pas l'ennemi avec énergie, on tombe dans le cas de combattre encore une fois ceux que l'on aurait pu détruire. Le sang prussien qui a alors été versé, doit être imputé à celui qui s'est effrayé devant un effort.

(8) *Vie de Gneisenau*, t. III, p. 245-246.

Quelque plaisir que j'éprouve en tout temps à être de l'avis de votre excellence, je me vois obligé de lui déclarer que, bien que satisfait de la bonne volonté et de la manière dont les troupes ont supporté toutes les fatigues, je ne trouve nullement que leurs efforts aient été poussés à l'extrême et qu'elles n'aient pu rendre encore plus.

D'après les instructions données à votre excellence dans la nuit du 26 au 27 et plus tard au général de Horn, et d'après l'ordre de marcher renouvelé à votre excellence dans la matinée, mon intention de poursuivre l'ennemi sans interruption et de le ruiner était exprimée avec la plus grande netteté.

Trois corps reçoivent des ordres de mon quartier général ; dès qu'ils sont donnés, en général, c'est l'affaire des généraux en chef de ne pas agir seulement d'après une prescription générale, mais d'observer tout ce qui en résulte.

Je ne puis entretenir la communication entre les corps ; les corps doivent l'entretenir eux-mêmes. Là où il manque un pont, on doit le construire de suite, même si l'on devait dans un moment aussi important détruire des maisons pour y trouver du bois. Les corps sont pourvus du personnel nécessaire pour cela. Dans la poursuite d'un ennemi en fuite qui s'affaiblit à chaque instant par la perte des prisonniers et des maraudeurs, il ne s'agit pas de marcher avec des brigades réunies ou même des bataillons ou des escadrons en ordre. Ce qui reste en arrière, reste en arrière, et sera ramassé ; dès que les bataillons s'affaiblissent, on *peut manquer d'officiers, et les laisser en arrière pour cette fonction* (1).

On ne doit pas considérer les plaintes de la cavalerie, car si l'on peut atteindre un but aussi élevé que la destruction de toute une armée ennemie, l'État peut bien perdre quelques centaines de chevaux qui tombent de fatigue.

Toute négligence dans l'utilisation de la victoire a pour suite immédiate que l'on doit livrer une nouvelle bataille, alors que la question pouvait être réglée avec une seule. Ceux qui se sont rendus coupables de négligence dans la poursuite de l'ennemi, sont responsables du combat d'hier à Buntzlau (2).

---

(1) Ajouté de la main de Gneisenau.

(2) A ce qu'il paraît, cette lettre fut rédigée par le colonel Rauch. On comprend, en la lisant, la haine de Yorck contre tout officier d'état-major et l'irritation que leur présence lui causait.

Macdonald à Berthier.

Görlitz, 1er septembre, 10 heures soir (A. G.).

Des obstacles et embarras ont beaucoup retardé notre marche, et c'est seulement à l'instant que je viens de repasser la Neisse avec les derniers soldats.

Les Ve et XIe corps n'ont été suivis que par des partis, mais le IIIe corps et le 2e de cavalerie l'ont été par l'avant-garde de Sacken. J'ai manœuvré toute la journée et jusqu'à nuit close pour passer la rivière. L'ennemi en présence n'a rien entrepris. Il a fallu renoncer à un pont de chevalets, celui des pontons a demandé 7 à 8 heures pour être jeté.

L'ennemi a fait filer beaucoup de troupes par Rothenbourg sur Bautzen; un détachement de cinq régiments d'infanterie, autant de cavalerie et 20 pièces de canon est parti de Marcklissa pour la même destination.

Le général Sébastiani m'a rendu compte qu'un parti de 300 à 400 chevaux venait de lui enlever une pièce de canon, ses petits dépôts et 40 à 50 canonniers à cheval qu'il avait envoyés à deux lieues en arrière de Görlitz.

J'apprends que le courrier que j'avais réexpédié de Lauban à votre altesse n'a pu passer et est revenu ici. Je crains que plusieurs des officiers qui ont reçu l'ordre pour se rendre à Dresde n'aient été pris.

L'armée s'est réunie sur les hauteurs de la rive gauche, elle continuera sa marche demain.

Le général Marchand m'a prévenu qu'il prendrait position aujourd'hui à Reichenbach et demain à Bautzen.

Je ne réexpédierai le courrier que demain matin, crainte que des partis dont mes communications sont infestées, n'interceptent ces dépêches.

Nous avons rallié ici 5,000 hommes de toute arme et de tous les corps.

Je compte en retrouver le double entre ici et Dresde, je ne puis parvenir à me faire délivrer les états de situation, je les fais demander trois fois par jour.

Je dois avoir ici par aperçu 60,000 à 70,000 hommes, beaucoup sans armes et des corps sans munitions; l'ennemi ramasse les maraudeurs qu'aucune discipline ne peut retenir, ou, pour dire plus vrai, il y a une extrême tiédeur dans tous les grades.

Macdonald à Berthier.

Görlitz, 1er septembre (A. G.).

J'ai l'honneur de transmettre à votre altesse les rapports des commandants en chef des IIIe, Ve et XIe corps sur les événements qui se sont passés depuis le 26. Le temps me manque pour les analyser et je les lui envoie en originaux, quoiqu'ils méritent d'être rectifiés sur plusieurs faits qui manquent d'exactitude.

Le rapport du 2e corps de cavalerie a été antérieurement remis à votre altesse.

Ordre de mouvement.

Görlitz, 1er septembre (A. G.).

Le général Souham avec le IIIe corps partira à 3 heures du matin pour se rendre à Weissenberg où il passera la Lobische et prendre position, passant par Gerbersdorf, Königshain et Melaun.

Si le général Souham trouve une route indépendante de celle ci-dessus et qui ne traverse point celle des autres colonnes, il est libre de la prendre ; il aura une forte arrière-garde et une avant-garde pour encadrer son corps d'armée.

Le Ve corps partira à 3 heures du matin pour se rendre à Glossen où il traversera la Lobische, à Spikel où il prendra position ; cette direction est la grande route de poste de Bautzen par Reichenbach.

Le XIe corps fera l'arrière-garde du Ve et partira à 4 heures précises du matin et prendra position à Glossen, en arrière de la Lobische.

Le général Sébastiani avec le 2e corps de cavalerie suivra la direction des IIIe et XIe corps pour les couvrir et les flanquer.

Je suivrai le Ve corps et mon quartier général sera à Gruben.

Le général Marchand se rendra à Bautzen où il prendra position ; il partira à 4 ou 5 heures du matin.

Le prince Poniatowski avec le VIIIe corps partira de Gabel et Zittau pour se rendre à Löbau au delà de la Lobische.

Poniatowski à Berthier.

Eichgraben, 1er septembre (A. G.).

Son excellence le maréchal duc de Tarente m'ayant fait connaître qu'il se retirait sur Görlitz et qu'il serait demain à Bautzen, j'ai fait, pour lier mes mouvements avec les siens et couvrir sa droite, les dispositions suivantes :

Les troupes sous mes ordres ont quitté aujourd'hui leurs positions et sont en marche pour se rendre à Rumbourg que j'occuperai cette nuit avec le VIIIe corps ainsi que Georgenthal.

Le 4e corps de cavalerie se porte sur la haute Neisse et observera de ce côté les mouvements de l'ennemi et le col de Gabel. Si d'ici à demain matin il n'arrive rien qui exige des mesures différentes, je compte me porter avec le VIIIe corps à Schluckenau et le 4e corps de cavalerie à Rumbourg et Löbau.

Je me trouverai par-là à même d'observer tous les débouchés qui sont à portée de la direction des colonnes de S. E. le maréchal duc de Tarente et de couvrir sa droite contre ce qui pourrait venir de la Bohême. Cette mesure me paraît d'autant plus nécessaire que la déposition des prisonniers autrichiens dont j'ai fait mention à votre altesse sérénissime dans mon rapport d'hier, ne laisse guère de doute sur l'arrivée d'un corps russe sur Böhmische-Leypa.

N'ayant point encore connaissance des projets ultérieurs de S. E. le maréchal duc de Tarente, je ne puis indiquer que pour ces deux jours la marche que je tiendrai.

Macdonald à Berthier.

2 septembre, 5 heures matin (A. G.).

L'armée marche en deux colonnes, le IIIe corps et moitié de la cavalerie sur Weissenberg; les Ve et XIe corps et l'autre moitié de la cavalerie suivent la grande route par Reichenbach. L'armée prendra position derrière la Lobische. Le prince Poniatowski m'a informé que le VIIIe corps serait aujourd'hui à Schluckenau et le 4e à Rumbourg et Löbau.

Les vapeurs du matin empêchent de distinguer ce que fait l'ennemi et en quel nombre il est.

Notre marche continuera demain sur Bautzen; on ne peut trop arriver à une position de repos pour réarmer les soldats qui sont sans armes et se pourvoir de cartouches, dont on manque absolument dans l'armée. Celles consommées les 21, 23 et 26 et jours suivants n'ayant pas été remplacées.

Macdonald à Berthier.

2 septembre (A. G.).

J'ai reçu, ayant déjà dépassé Reichenbach, la lettre que votre altesse m'a fait l'honneur de m'écrire le 1er. Il entrait également dans mes vues de rester en position à Görlitz, mais je dois déclarer que la tiédeur des chefs, l'indiscipline, le maraudage, le manque d'armes peut-être à 10,000 hommes et de munitions de guerre, sont autant de motifs qui doivent déterminer Sa Majesté à rapprocher d'elle son armée, à l'effet de lui donner une plus forte constitution et retremper tous les esprits. Je suis indigné du peu de zèle et d'intérêt que l'on met à la servir. J'y mets toute l'énergie, toute la force du caractère dont je suis capable, et il en a fallu dans la très pénible circonstance dans laquelle je me suis trouvé. Je ne suis ni secondé ni imité. Je prie votre altesse avec instance de solliciter de Sa Majesté un autre chef pour cette armée, et de me rendre uniquement au XIe corps. Je donnerai aux autres l'exemple de l'obéissance, du zèle et du dévouement.

J'ai eu l'honneur de mander ce matin à votre altesse que j'avais été informé par le prince Poniatowski qu'il serait aujourd'hui en ligne avec moi. Je viens d'envoyer une reconnaissance à Löbau; elle rapporte que les Polonais en sont partis ce matin pour Bautzen. Je vais m'en assurer à Bautzen, car si ce prince n'a pas fait le mouvement annoncé, il se trouvera compromis, attendu que j'ai avis qu'un second détachement, pareil à celui que j'ai annoncé ce matin à votre altesse, se portait sur Bautzen et a été vu du côté de Seidenberg. Il est préférable, dans l'état actuel des choses, de concentrer l'armée en l'établissant dans un camp de repos pour reprendre ensuite l'offensive, car, si dans ce moment elle s'expose à un échec, il y aura dissolution totale.

Gourgaud à l'Empereur.

Bautzen, 2 septembre, 1 heure soir (A. N.).

Étonné de trouver à Bautzen la division du général Marchand, je me suis rendu de suite chez ce général pour prendre connaissance de son mouvement, et il m'a communiqué l'ordre ci-joint (1) qu'il avait reçu de M. le maréchal duc de Tarente et que j'ai l'honneur d'envoyer à Votre Majesté.

Je n'ai trouvé ici que le 7e régiment de hussards, le général Piré étant resté avec ses autres régiments à Harta.

Depuis 4 heures du matin, la ville est remplie de blessés et fuyards de tous les corps et de toutes les armes.

Le général Marchand vient de prendre des mesures pour faire cesser le désordre.

---

(1) Manque.

La division Marchand occupe les débouchés de la Sprée depuis Klix jusqu'à Grabschütz où deux bataillons couvrent la route de la Bohême. Les 12 bouches à feu de cette division sont parquées en avant de la Neisse sur la route de Reichenbach. Les 9 bataillons qui composent la division forment un total de 4,500 hommes d'infanterie.

Le général Marchand pense que le désordre actuel n'est rien en comparaison de ce qu'il était le 27 et le 28; depuis ce moment la démoralisation a presque disparu. Ce général assure que tous les hommes sous les armes sont dans de bonnes dispositions.

Je pars à l'instant pour me rendre auprès de M. le maréchal duc de Tarente et continuer la mission que Votre Majesté a daigné me confier.

Macdonald à l'Empereur.

Nostitz, 2 septembre (A. G.).

Le premier officier d'ordonnance de Votre Majesté me remet la lettre qu'elle a daigné m'écrire aujourd'hui. J'ai suffisamment rendu de comptes sommaires au Major général sur tous les événements qui se sont passés depuis le 26 août, mais j'ai su hier soir que les communications entre Dresde et l'armée de Votre Majesté étaient interceptées et que les courriers avaient heureusement échappé.

A défaut d'états réguliers qui ne me sont pas entièrement parvenus malgré mes instances, M. Gourgaud prend des notes à chaque corps d'armée qui y suppléront pour le moment.

L'ennemi m'a suivi aujourd'hui avec seulement 3,000 à 4,000 chevaux. Le général Exelmans l'a chargé à la sortie d'un défilé où il a été précipité. J'ai pu voir à la chute du jour de nouvelles lignes sur les hauteurs de Reichenbach, ce qui me fait supposer qu'il a jeté des ponts sur la Neisse.

Les prisonniers disent, et même les habitants, que Benningsen a joint l'armée avec un renfort de 20,000 hommes, ce qui pourtant mérite confirmation.

Je ne sache pas que les alliés aient envoyé un nouveau détachement en Bohême. L'armée ennemie peut s'être affaiblie par les combats, le mauvais temps et les maladies qui en sont la suite, de 12,000 à 15,000 hommes.

Le renfort de Benningsen, s'il est réel, maintiendrait sa force à 80,000 hommes dont 15,000 à 16,000 de cavalerie, et nous n'avons pas la moitié de ce nombre.

Macdonald à Berthier.

Nostitz, 2 novembre, 9 heures soir (A. G.).

L'ennemi a trouvé un gué ou a passé à la nage ce matin ; à peine mon arrière-garde s'ébranlait, qu'il a paru sur les hauteurs de Görlitz. Sa cavalerie s'est successivement accrue jusqu'à 4,000 hommes ; un léger engagement a eu lieu au défilé de Sohland ; le général Exelmans a rejeté plusieurs escadrons au delà du ravin.

A la chute du jour, on apercevait des lignes de feux se former dont on ne pouvait plus distinguer l'espèce d'armes.

Je continuerai demain mon mouvement sur Bautzen.

J'ai déjà informé votre altesse que nous manquions de munitions et, par aperçu, de 10,000 fusils.

Le premier officier d'ordonnance de Sa Majesté prend des notes sur les pertes en personnel et matériel, à défaut de situations promises chaque jour sans effet.

Lauriston à l'Empereur.

2 septembre (A. G.).

J'ai l'honneur d'envoyer à Votre Majesté la lettre que j'écrivais à son altesse le prince major général par le colonel Beauvais. Cet officier a dû se rendre à Dresde. Il n'a pu passer hier à cause des Cosaques qui inceceptaient sa route et l'ont poursuivi deux lieues. Cette lettre fera connaître à Votre Majesté mon opinion sur la cause de nos malheurs. Nous ne sommes pas découragés ; un mot et surtout un regard de Votre Majesté électrisera toutes les têtes et inspirerait un courage sans bornes. Il faut donc que nous ressentions l'effet de sa présence, en nous rapprochant assez d'elle pour que l'armée paraisse se mouvoir chaque jour d'après ses ordres directs.

Les troupes de mon corps d'armée, tel qu'il est, auraient besoin de 1,500 fusils ; la chaussure est perdue ; les soldats ont usé en ces jours de pluie jusqu'à deux à trois paires de souliers. Je pense cependant qu'ils en auraient en peu de temps à cause des commandes considérables qu'ils ont faites.

L'artillerie a besoin de munitions ; on en a pour se battre une journée ; mais le lendemain on ne pourrait poursuivre ses avantages ; il serait nécessaire d'établir sur plusieurs lignes des ateliers de confection ; les cartouches surtout sont nécessaires. Il faut un fort nombre de caissons à la suite d'un parc et cela porte fort peu de cartouches en raison de l'embarras que ce nombre de voitures occasionne dans les marches.

Le IIIe corps est encore sain et vigoureux en hommes et en chevaux; la cavalerie du 2e corps est bonne; placée de la manière la plus désavantageuse, elle a fait le 26 des choses que l'on aurait à peine attendues de vieux cavaliers. Le XIe corps est encore assez fort, à cause de la 31e division qui ne s'est pas trouvée en avant. Cette divison est forte de près de 8,000 hommes. J'ai vu de beaux corps dans la 36e division; la 35e est plus faible.

Le Ve corps est le plus réduit; les journées des 19, 21, 23 lui avaient mis hors de combat près de 5,000 hommes; la journée du 26, aussi glorieuse pour lui que les autres, lui a ôté encore près de 2,000 hommes; ce qui fait 7,000 hommes hors de combat. Sur ce nombre, nous avons été assez heureux pour que le nombre des morts ne passât pas 1,000. Le 19, le Ve corps pouvait avoir 25,000 combattants; il devrait en rester 18,000. L'état n'en présente que 9,831; au premier aperçu ce serait 8.169 de pertes; cependant elle peut être calculée moindre pour le nombre d'hommes en arrière, pour le nombre d'hommes rentrés qui, dans vingt-quatre heures, a donné 917 hommes; le reste se compose d'hommes pris ou en arrière; on calcule ceux en arrière à environ 3,000; ce seraient donc 4,000 prisonniers. Tel est le calcul approximatif; on va l'établir dans chaque régiment.

Lhéritier à Berthier.

Grossenhayn, 2 septembre (A. G.).

J'ai l'honneur de rendre compte à votre altesse que, d'après les rapports de la reconnaissance que j'ai fait faire sur Elsterwerda, il existe un camp ennemi en arrière de cette ville, dont on évalue la force à 1,000 hommes de cavalerie russe, commandé par un général russe dont on n'a pu me dire le nom et 500 hommes d'infanterie prussienne commandée par le major Hiller, mais on n'a point vu d'artillerie; on assure qu'un corps d'armée fort de 30,000 hommes venant de Finsterwalde doit arriver aujourd'hui à Elsterwerda et qu'un corps d'égale force marche directement sur Dresde, sans pouvoir m'indiquer la route qu'il tient.

Il arrive ici à l'instant deux escadrons appartenant aux différents régiments de la garde ainsi que 200 hommes d'infanterie.

Lhéritier à Berthier.

Grossenhayn, 2 septembre (A. G.).

Un agent que j'avais envoyé sur Lückau m'a rendu compte hier qu'au village de Munchhausen, route de Sonnenwalde à Elsterwerda, il a vu un camp ennemi dont il estime la force à environ 6,000 hommes et que, le matin, à Elsterwerda il est entré environ 200 Cosaques qui s'y sont établis. Un second rapport d'un habitant de Sonnenwalde, qui en est parti avant-hier à 10 heures du matin, m'a assuré qu'une colonne ennemie forte de 15,000 à 16,000 hommes arrivait à cette ville au moment où il en est parti. Un gendarme du pays qui avait été envoyé à Oschatz, rive gauche de l'Elbe, m'a rendu compte qu'il avait vu dans cet endroit 25 hussards autrichiens qui ont dû se retirer sur Grimma.

Rapport du 2 septembre.

A l'instant où j'écris à votre altesse, toutes mes troupes sont sous les armes ; des Cosaques se sont présentés à mes avant-postes sur la route d'Elsterwerda. J'ai fait partir au point du jour une forte reconnaissance sur Elsterwerda ; d'après deux rapports que j'ai déjà reçus de M. le général Klicky qui la commande, il n'a encore aperçu que trois escadrons de Cosaques ; je viens de lui envoyer l'ordre de les chasser et de pousser jusqu'à Elsterwerda à moins qu'il ne rencontre des forces supérieures. Dès que cette reconnaissance sera rentrée, j'aurai l'honneur d'en rendre compte à votre altesse.

Si j'ai omis de rendre des comptes directement à votre altesse, je la prie de croire qu'il n'y a nulle intention de ma part ; mais chargé pour la première fois d'une semblable mission, j'ai pensé qu'il suffisait de rendre compte à M. le gouverneur de Dresde. Je prie votre altesse d'être bien convaincue que cela n'aura plus lieu à l'avenir.

Macdonald à Berthier.

Canitz-Christina, 3 septembre (A. G.).

L'armée a marché ce matin et est venue prendre position la droite à Hochkirch et la gauche en arrière de Würschen appuyée au coude que forme la Lobische, le centre à Dresa. J'ai reconnu cette position qui a un développement immense ; elle n'est favorable que pour l'aile droite. Je la resserrerai demain en mettant le ravin de Jenkwitz devant elle. Elle sera ainsi adossée à la Sprée sur laquelle je fais construire des ponts sur chevalets au-dessus et au-dessous de la ville.

L'ennemi, au nombre de 3,000 à 4,000 chevaux, m'a suivi, et nous a envoyé quelques coups de canon auxquels on n'a pas répondu.

L'opinion où j'étais que l'ennemi manœuvrait sur ma gauche, s'est fortifiée par le rapport du commandant de Weissenberg qui a vu hier du clocher de cette ville défiler beaucoup d'infanterie.

Tandis que l'armée prenait position, nous avons entendu de fortes détonations à quelques lieues de Bautzen.

J'ai eu le soupçon qu'un convoi de munitions avait pu être attaqué; il est malheureusement confirmé par le rapport que vient de m'adresser le général Marchand, et que j'envoie à V. A. en original.

P.-S. — Je viens d'ordonner que si les états de situation ne sont pas fournis demain, les chefs d'état-major des corps d'armée seront envoyés aux arrêts en poste à Dresde. Les mêmes états seront également envoyés en poste à leurs frais.

Marchand à Macdonald.

Bautzen, 3 septembre, 3 heures soir (A. G.).

Un maréchal des logis du train d'artillerie qui arrive dans ce moment, me rend compte qu'il était avec un convoi de 60 caissons de munitions de canon parti hier de Dresde sous l'escorte de 800 hommes d'infanterie. Ce convoi a été attaqué à deux lieues et demie d'ici. L'infanterie s'est sauvée et le convoi est tombé entre les mains de l'ennemi. Le maréchal des logis, arrivé sur une hauteur, a entendu deux fortes explosions; ce qui lui fait présumer que les Cosaques ont fait sauter les caissons; ce convoi contenait 5,000 coups de canon.

Je n'ai pas un homme de cavalerie pour envoyer à la recherche des chevaux, que je pense bien qu'on ne trouverait plus; enfin j'ai cru qu'il était de mon devoir de vous en rendre compte.

Il y avait tout au plus une heure que le général Piré venait de passer sur le terrain avec deux régiments de hussards, sans être instruit de rien.

Il est actuellement près de Königswartha, et je vais lui écrire pour l'engager à faire courir après ces Cosaques pour rattraper quelques chevaux.

Piré à Berthier.

Closter-Marienstern, 3 septembre, 10 heures soir (A. G.).

Je viens d'adresser à Dresde à votre altesse un rapport circonstanciel dont voici le résumé :

J'ai quitté ce matin Gros-Harta par vos ordres; je me suis dirigé sur Bautzen et ensuite sur la route de Hoyerswerda. A 1 heure après-midi, à une lieue de Bautzen, j'ai entendu de fortes explosions très loin derrière moi sur la route de Dresde. Je me suis douté que des partis ennemis avaient tourné ma gauche et avaient réussi à tomber sur le convoi de munitions qu'on envoyait au duc de Tarente. Je me suis dirigé à travers champ au trot et au galop, mais j'ai eu le malheur de n'arriver que pour voir sauter le dernier caisson. Quoiqu'un de mes régiments fût resté en arrière ne pouvant suivre, je n'ai pas hésité à attaquer l'ennemi fort de 1,000 à 1,200 chevaux russes et prussiens. Il s'est mis sur-le-champ en retraite, mais son arrière-garde ayant voulu tenir, le 8e de hussards l'a culbutée et je les ai menés battant pendant trois lieues. J'ai délivré tous les prisonniers faits par l'ennemi. Il paraît que le convoi marchait mal en ordre, que l'infanterie qui l'escortait n'a pas tenu, et que le chef de bataillon qui la commandait n'a pas fait son devoir et a été des premiers à se sauver. L'ennemi a laissé 10 Cosaques russes sur le champ de bataille, mes hussards étaient tellement animés qu'ils n'ont point voulu faire de quartier. Les chevaux sont dans mes rangs, les porte-manteaux ne contenaient pas de papiers importants. J'ai 3 hommes tués et 12 blessés. J'ai vu l'ennemi en emmener beaucoup, car la mêlée a été très vive. J'aurais fait plus de 100 prisonniers, si mes chevaux n'avaient pas été éreintés d'avoir fait plus de quatre lieues au galop pour les joindre. Ce parti se compose de hussards et Cosaques russes et d'un escadron de hussards prussiens, c'est un prince russe dont je n'ai pu savoir le nom, mais petit et d'un certain âge qui commande le tout.

L'ennemi a paru se retirer sur son armée par Königswartha.

Votre altesse voudra bien observer que, sachant la retraite du duc de Tarente sur Bautzen, j'avais concentré mes forces à Gros-Harta que je sentis être un point essentiel pour maintenir les communications avec Dresde, et que je n'en suis parti pour Hoyerswerda que par ordre exprès de votre altesse ; mon rapport au surplus vous fera connaître tous les détails de cette journée.

M. le général comte Walter arrive ici à l'instant et m'apprend qu'il y a un changement de direction. Je marcherai demain sur les villages qui sont entre Bautzen et Königswartha pour flanquer la gauche de l'armée.

Lhéritier à Berthier.

Grossenhayn, 3 septembre (A. G.).

J'ai l'honneur de rendre compte à votre altesse que la reconnaissance que j'ai envoyée hier sur Elsterwerda a poussé l'ennemi jusqu'en arrière de la Schwartze-Elster. Elle a aperçu derrière la ville environ 1,000 à 1,200 hommes de cavalerie et 500 à 600 hommes d'infanterie.

D'après mes rapports de ce matin, une patrouille de 8 à 10 Cosaques a passé cette nuit à Ortrand et s'est dirigée sur Ruhland. Cette même patrouille a ensuite rétrogradé par la même route et, de Ortrand, elle est rentrée à Elsterwerda par la route de Gross-Kmehlen.

M. le général comte Normann qui est en position à Hoyerswerda, me donne avis qu'il a poussé hier une forte reconnaissance sur Senftenberg, où elle a rencontré environ 200 Cosaques et un bataillon d'infanterie placé dans la ville.

D'après tous ces renseignements, l'ennemi paraît avoir établi sa première ligne en arrière de la Schwartze-Elster.

L'ordre que votre altesse m'a fait l'honneur de m'adresser pour les détachements de la Garde ne m'est parvenu qu'après 10 heures. Depuis longtemps ils étaient en route. Un ordonnance vient de partir pour les rejoindre et leur remettre l'ordre de se rendre à Königsbrück.

Normann à Berthier.

Hoyerswerda, 3 septembre (P. M.).

J'ai l'honneur de rendre compte à votre altesse que, d'après les intentions du général Lhéritier, je dois observer Ruhland, et, d'après les rapports que j'ai reçus, Senftenberg se trouvant occupé par à peu près 2,000 hommes tant infanterie que cavalerie, je me suis porté sur Schwebnitz pour pouvoir observer la route de Senftenberg sur Königsbrück et en même temps les bords de l'Elster noir, puisque, d'après tous les rapports, il se doit concentrer dans les environs de Finsterwalde et Sonnenwalde un corps ennemi assez considérable.

Poniatowski à Berthier.

Schluckenau, 3 septembre (A. G.).

J'ai l'honneur de mettre ci-joint sous les yeux de V. A. S. les rapports et renseignements qui me sont parvenus dans la journée d'aujourd'hui. Elle verra par leur contenu, ainsi que par le rapport de l'émissaire que j'envoie avec l'officier porteur de cette dépêche, qu'un corps russe s'est porté de ce côté et qu'il existe également des forces russes et autrichiennes à Zittau. S. E. le maréchal duc de Tarente ne m'ayant point écrit aujourd'hui, quoique l'officier que je lui avais envoyé hier soit revenu aujourd'hui, je me suis porté ce soir à Schluckenau, ainsi que j'en avais prévenu votre altesse sérénissime. S. E. le maréchal duc de Tarente étant arrivé aujourd'hui à Bautzen et devant, ainsi que cela m'a été rapporté, continuer son mouvement, je vais me porter demain à Neustadt avec le VIIIe corps, en laissant encore, tant que les circonstances le permettront, le 4e à Schluckenau et continuant ainsi de couvrir de ce côté l'extrême droite de S. E. le maréchal duc de Tarente. N'ayant point encore d'instruction sur ce que j'ai à faire ultérieurement, je prie votre altesse sérénissime de vouloir bien me faire connaître au plus tôt les intentions de Sa Majesté. Si S. E. le maréchal duc de Tarente jugeait nécessaire de se rapprocher de Dresde, il ne me resterait, vu les forces considérables qui se réunissent de ce côté, d'autre parti à prendre que de suivre son mouvement.

Mon aide de camp que j'avais envoyé hier en parlementaire avec la dépêche que votre altesse sérénissime m'a envoyée pour le prince de Schwarzenberg, est revenu ce matin après avoir, comme l'atteste le reçu ci-joint, remis cette lettre au major autrichien Saint-Quentin, commandant les avant-postes. Il a pénétré jusqu'à Landau, au delà de Böhmische-Leypa, sans rencontrer aucun poste ni parti autrichiens. Il n'y avait également pas de troupes à Böhmische-Leypa, où il a parlé au major Saint-Quentin. Ainsi qu'il l'apprit des habitants qui le croyaient russe, toutes les troupes qui étaient dans les environs s'étaient portées à Heida, ce qui fait supposer qu'elles ont pris leur direction sur Zittau, circonstance qui se trouve confirmée par le rapport de l'émissaire mentionné, qui a vu dans cette ville quelques bataillons et deux régiments de cavalerie. Mon aide de camp a également appris, par des travailleurs qui revenaient de Leitmeritz, qu'on continuait à y travailler à des retranchements et qu'il s'y trouvait un corps considérable. Il paraît qu'il n'y a point de troupes depuis Böhmische-Leypa jusqu'à cet endroit. On doit avoir fortifié également Tetschen et Hünerwasser.

Sokolnicki à Kellermann.

Gottmarsdorf, 3 septembre (A. G.).

En ce moment, 5 heures du soir, il vient de passer sous mes yeux en arrière de Löbau, dans la direction de Bautzen, bien du monde ; une division d'infanterie russe, formant douze bataillons, avec un train d'artillerie de 24 pièces. Le nombre de Cosaques placés par groupes vis-à-vis de ma gauche en avant de Löbau a également augmenté depuis ce matin jusqu'à environ un millier d'hommes.

Il campe sur la route de Löbau, à la sortie de Herrnhut, un régiment de cavalerie régulière. Sur les hauteurs près d'Eybau, il y a environ 500 à 600 Cosaques campés par groupe.

Au moment où j'ai l'honneur de porter ces nouvelles à votre excellence, on observe une forte colonne de cavalerie, où l'on remarque des cuirassiers en tête, qui suit le mouvement de l'infanterie.

Telles étaient les observations que je venais de faire, lorsque j'ai reçu la lettre que votre excellence m'a fait l'honneur de m'écrire, et dans laquelle elle me parle du poste de 100 hommes à Walldorf. Je vois, d'après cela, qu'elle n'avait pas encore reçu mon rapport dans lequel je lui ai fait part de la reconnaissance que j'ai fait faire par mon aide de camp, le chef d'escadron Rozycki, c'est aussi dans ce moment que sont arrivées les deux compagnies d'infanterie que votre excellence m'a annoncées; leur nombre total, y compris les officiers, se monte à 145 hommes; c'est certainement le minimum que je puisse avoir de cette arme pour me garantir contre une surprise que je regarde comme infaillible par la présence des masses que j'ai rapportées ci-dessus. Je fais prévenir le colonel du 6e de lanciers de la position dans laquelle je me trouve en l'invitant de veiller à la sûreté de ma gauche, et lequel, par la position que prend S. E. le maréchal Macdonald, se trouve hors d'atteinte. Je tiendrai mon poste à extrémité, en attendant les ordres qu'il plaira à votre excellence de me donner.

Kottmarsdorf, 3 septembre, 2 heures soir (A. G.).

Avant de recevoir votre dernier ordre par le capitaine Kastovicki, je vous ai fait un rapport qu'il était passé des colonnes considérables d'infanterie par Löbau. Je suppose que ces nouvelles vous sont déjà parvenues. Je n'ai rien de plus à ajouter, sinon qu'il est passé ensuite une colonne de grosse cavalerie avec un train d'artillerie considérable; comme il commençait à faire obscur, on n'a pu distinguer au juste la quantité et le genre de cette cavalerie, mais il n'y avait pas moins de cinq à six régiments de ligne.

Macdonald à l'Empereur.

Canitz-Christina, 4 septembre, minuit et demi (A. N.).

Sire, les officiers d'ordonnance de Votre Majesté viennent d'arriver et m'ont remis les deux lettres qu'elle a daigné m'écrire aujourd'hui et celle que m'adresse de sa part M. Gourgaud. Ayant connaissance des intentions de Votre Majesté, je n'ai à faire qu'un léger changement à mon ordre de mouvement qui lui sera communiqué par le général

Grundler, qui se rend auprès d'elle pour lui donner les renseignements qu'elle désire.

L'armée se rapproche de Bautzen pour se resserrer, mais ne passera pas le ravin de Jenkwitz.

Cet ordre de mouvement fera connaître à Votre Majesté, les dispositions d'ordre et de prévoyance que j'ai prescrites.

J'ai rendu compte au Major général, hier soir, de ma position pour cette nuit et de celle d'aujourd'hui.

L'ennemi n'a montré qu'un rideau de cavalerie de 3,000 à 4,000 chevaux et du canon. J'ignore à quelle distance peut être le gros de l'armée; mais si elle ne manœuvre pas sur ma gauche, comme j'en ai la présomption, elle ne doit pas être éloignée.

Le prince Poniatowski m'a informé aujourd'hui qu'il avait également connaissance du détachement que j'ai annoncé être parti de Marcklissa. On m'avait assuré que Winzingerode le commandait, il paraît que c'est Pahlen.

Suivant les intentions de Votre Majesté, j'écris au général Normann à Hoyerswerda, pour qu'il fasse connaître ce qu'il peut avoir appris des mouvements de l'ennemi. Je serais d'avis que la colonne qui vient de Kamenz s'arrête à Nieder-Giersdorf, dans les bois au pied du Heiligenberg, et celle par Bischofswerda sur le versant des hauteurs qu'occupait le XIe corps devant Bautzen. Il a passé la Sprée sur un pont de pierres, je crois à Grabschütz; on s'en assurera demain. Entre ce village et Bautzen il existait un gué par où j'ai fait passer la division Charpentier.

Je viens de donner l'ordre de faire reconnaître le lieu où le VIe corps a passé et d'adoucir les rampes.

Les officiers d'ordonnance de Votre Majesté m'ont confié la perte cruelle du convoi de munitions. Si j'avais été prévenu du départ de ce convoi, j'aurais envoyé à sa rencontre une brigade de la division Marchand qui est à Bautzen.

Votre Majesté trouvera son armée en bataille en avant de cette ville, elle y attendra ses ordres.

Lauriston à Berthier.

Eisenrode, 4 septembre, 10 heures soir (A. G.).

Ignorant où se trouve M. le duc de Tarente, j'ai l'honneur de rendre compte à votre altesse, qu'après avoir longé les hauteurs, le Ve corps est arrivé sur le flanc du Pitschenberg assez à temps pour prendre en écharpe les pièces de l'ennemi qui battaient la division Gérard; plusieurs coups de canon bien ajustés ont déterminé l'ennemi à retirer ses pièces et la cavalerie au galop. Les Cosaques sont restés à droite et à gauche de Löbau. La cavalerie s'avançait vers Reichenbach; ce que j'ai aperçu d'infanterie, se monte tout au plus à 6,000 hommes; en examinant de tous côtés les feux, j'aperçois une ligne assez longue dans la direction de Rumburg. Les feux commencent à Kottmarsdorf; un habitant qui reste dans ce hameau, dit que les Polonais étaient à Rumburg avant-hier. Il n'a aucune connaissance d'une armée autrichienne ou tout autre qui aurait passé par Rumburg. L'ennemi a augmenté beaucoup les feux qu'il a du côté de Reichenbach; [mais il] est facile par le temps de juger que ce sont les troupes qui ont été chassées de la montagne.

La division Gérard se trouve à ma gauche entre le Pitschenberg et moi. La division Maison est en première ligne, la division Rochambeau en seconde; la brigade Gérard de la division Roussel est autour de moi. L'ennemi a abandonné trop précipitamment les hauteurs qu'il tenait, devant mon attaque, pour que j'aie éprouvé aucune perte.

Macdonald à Berthier.

Lehna, 4 septembre, 9 heures soir (A. G.).

La 31e division, après de grands efforts de courage, est parvenue à emporter le village de Breitendorf et par suite le Wohlenberg, où le feu est devenu plus vif.

Le général Sébastiani avait très bien disposé sa cavalerie, mais la nuit a empêché que l'on ne tirât parti d'une action aussi vigoureuse; avec plus de jour, on eût obtenu de grands résultats, l'ennemi ayant à dos le défilé de la Lobische.

Je n'ai pas de nouvelles du général Lauriston que je suppose arrivé sans coup férir à Löbau.

Les forces des alliés sur ce point peuvent être évaluées à 10,000 hommes d'infanterie et 3,000 chevaux. Il n'a fait feu que de deux batteries. La 31e division couronne le Wohlenberg, les 35e et 36e et la cavalerie du général Gérard en arrière de Breitendorf. Le général Exelmans à Sarck, le général Sébastiani à Lehna, où est établi mon quartier général.

Poniatowski à Berthier.

Schluckenau, 4 septembre (A. G.).

Je n'ai reçu aujourd'hui qu'à 8 heures du matin la lettre que V. A. S. m'a fait l'honneur de m'adresser hier pour me donner connaissance des projets de S. M. l'Empereur, et il n'a par conséquent pas été possible que l'officier qu'elle me prescrit d'envoyer à Bautzen pour donner des renseignements, fût arrivé à la pointe du jour. Pour remplir cependant, autant qu'il a dépendu de moi, les intentions de S. M. l'Empereur, je fais partir de suite le colonel Mallet qui, connaissant bien notre position, est à même de donner à cet égard les détails qui seront nécessaires.

J'avais projeté, ainsi que j'en ai prévenu V. A. S., par mon rapport d'hier au soir, de me porter aujourd'hui à Neustadt. Les nouveaux ordres de S. M. l'Empereur rendant ce mouvement inutile, je reste encore à Schluckenau, et je me tiendrai prêt à agir comme cela m'est prescrit. Votre altesse sérénissime peut compter que je ferai tout ce que me permettra l'état presque impraticable des débouchés que j'ai devant moi, le peu de forces que j'ai à ma disposition et les embarras qu'occasionne, dans l'espèce de terrain sur lequel j'agis, la nombreuse artillerie que j'ai avec moi en proportion des troupes dont je peux disposer.

Poniatowski à Berthier.

Sckluckenau, 4 septembre, 8 heures soir (A. G.).

J'ai reçu aujourd'hui, à 7 heures du soir, la lettre que V. A. S. m'a fait l'honneur de m'adresser dans la journée, et j'ai fait de suite les dispositions nécessaires pour exécuter les ordres qu'elle contenait.

Une colonne, composée de deux régiments d'infanterie, d'un régiment de cavalerie et de quatre pièces d'artillerie, sous les ordres du général Malachowski, part dans ce moment, 8 heures du soir, pour occuper Neusaltze.

Le VIIIe corps et le 4e de cavalerie marcheront réunis; les chemins étant mauvais au point qu'on éprouve les plus grands embarras à y faire passer de nuit l'artillerie, elle ne pourrait se mettre en mouvement qu'à la pointe du jour. Je compte déboucher du village de Kottmarsdorf, position d'où l'on découvre Herrnhuth et même Rumburg.

Les deux corps seront flanqués sur leur droite par un fort détachement de cavalerie et d'infanterie avec du canon sous les ordres du général Uminski, qui observera en même temps la route de Schluckenau à Rumburg. Je n'ai d'autres renseignements sur les troupes que l'Autriche peut avoir fait déboucher en Bohême que ceux que j'ai transmis à V. A. S. par mon rapport d'hier, savoir que les généraux Neipperg et Seckendorf étaient entrés, il y a trois jours, à Zittau avec sept bataillons d'infanterie et de la cavalerie russe dont on ignorait la force.

Lefebvre-Desnoëttes à l'Empereur.

Wolckau, 4 septembre, 9 heures du matin (A. N.).

Sire, les 300 Cosaques qui ont attaqué, hier, le convoi sur la route de Bautzen ne venaient pas de la Bohême, mais de la gauche de la grande route par Potzchaplitz; ils étaient arrivés sur la grande route avant le convoi et ils l'y ont attendu. L'escorte était composée de 400 hommes commandés par un chef de bataillon qui marchait pour son compte et n'a fait aucune disposition. En général, les officiers se sont très mal conduits, aucune mesure n'a été prise et il n'y avait rien de si facile que de sauver ce convoi qui était composé de près de 60 caissons ; les Cosaques les ont fait sauter excepté deux qui ont été pillés par les paysans et presque tous les chevaux ont été emmenés par les Cosaques. Des troupes de la brigade du général Piré sont arrivées après cette affaire et ont poursuivi l'ennemi par la direction par où il était venu.

J'envoie des découvertes pour en savoir davantage et je continue ma marche sur Bautzen.

P.-S. — On entend le canon dans la direction de Bautzen.

Macdonald à Berthier.

Görlitz, 5 septembre, 9 heures soir (A. G.).

Le 2e corps de cavalerie, soutenu par le XIe corps d'infanterie, a suivi l'ennemi depuis ce matin jusqu'à nuit close. Sa Majesté a été témoin, sur les hauteurs de Reichenbach, des charges de cavalerie qui ont eu lieu.

Le général Sébastiani m'a fait dire qu'il avait pris 200 chevaux et 100 prisonniers. Il n'y a plus eu d'autre action jusqu'à cette ville; quoique nous ne nous soyons point arrêtés, l'ennemi a eu le temps de repasser la Neisse. En arrivant sur les hauteurs avec la brigade du général Meunier de la 36e division, S. M. le roi de Naples qui était en observation au pied du Landskrone, m'y a joint avec sa cavalerie. L'ennemi a démasqué plusieurs batteries de la rive droite, qui ont fait un feu très nourri sur tout ce qui se présentait.

J'ai dirigé trois bataillons sur la ville, qui y sont entrés sans coup férir. L'un d'eux a été envoyé sur le passage principal entre la ville et Leschwitz. On y a pris douze ou quinze voitures abandonnées chargées d'eau-de-vie. Un feu de mousqueterie a empêché d'approcher du pont auquel l'ennemi a mis immédiatement le feu. Le grand pont de la ville n'a pas été rétabli ; on l'avait seulement arrangé pour y faire passer de l'infanterie. Le roi de Naples ayant recueilli comme moi les mêmes renseignements qu'il a adressés à Sa Majesté, je ne les répète pas.

L'ennemi avait quatre points de passage : le pont de la ville, deux autres jetés au-dessus et au-dessous et celui de Leschwitz. Les habitants estiment de 50,000 à 60,000 hommes ce qu'ils ont vu passer sur les trois premiers ponts.

Nous n'avions hier et aujourd'hui devant nous que toute leur cavalerie. Le gros de cette armée, qui ne s'était point avancé, a repassé le fleuve depuis 3 heures du matin.

Le XIe corps est en position sur les hauteurs à droite de la grande route, le IIIe à gauche, le 2e corps de cavalerie a deux divisions à Pfaffendorf et Rauschwalde. Celle d'Exelmans est à Leschwitz.

J'ai donné ordre que deux bataillons y fussent envoyés. Plus de moitié de l'infanterie est éparpillée dans les villages depuis Reichenbach jusqu'ici; les six bataillons avec lesquels je suis arrivé n'en forment pas deux au complet. Il était presque nuit lorsque nous avons atteint la Neisse; on estime à 15,000 chevaux la cavalerie que nous avons devant nous. Les deux corps de cavalerie réunis pouvaient à peine suivre le développement immense que suivait l'ennemi.

Macdonald à Berthier.

Görlitz, 5 septembre, minuit (A. G.).

Je reçois la lettre d'ordre que votre altesse m'a fait l'honneur de m'écrire. Je vais envoyer l'ordre au général Sébastiani de présenter demain sa cavalerie si elle peut passer, et l'on travaillera à faire des ponts sur chevalets; on exécutera d'ailleurs les ordres de Sa Majesté.

Par la marche rétrograde du 1er corps de cavalerie, nous nous trouvons réduits de plus de moitié, et nous avons vu cependant aujourd'hui le moment où la totalité de notre cavalerie ne suffirait pas.

J'éprouve beaucoup de peine que Sa Majesté me charge de nouveau d'un fardeau que je ne suis pas en état de supporter.

Les munitions de guerre manquaient et on ne les a pas remplacées. J'ai fait connaître la véritable situation de cette armée et on n'y a pas remédié. Elle n'a ni force, ni consistance, ni organisation. Votre altesse peut néanmoins assurer l'Empereur que je ferai tout ce qui sera humainement possible avec de tels événements.

Lauriston à Berthier.

Löbau, 5 septembre (A. G.).

Je suis arrivé à Löbau à 6 heures. Il y avait autour de la ville environ 1,000 à 1,200 hommes de cavalerie, cette troupe s'est séparée ; 400 lanciers prussiens ont pris aussi la route de Reichenbach derrière le Boyenberg, 300 et plus se sont dirigés vers Rumburg et 200 sur Zittau. Il y avait des Cosaques de chaque côté, sur chaque direction. Vers Reichenbach, des Russes ou Prussiens. L'on assure dans la ville, mais sans les avoir vus, que ceux sur les routes de Zittau et Rumburg sont des Hongrois avec des Cosaques.

Il a passé par Löbau hier un corps de 26,000 à 27,000 hommes tous russes commandés par le général Langeron qui, hier, ont fait leur réunion avec le gros corps de l'armée. Toute l'armée commandée par le général Blücher a passé par Weissenberg à l'exception du corps de Langeron; des troupes de cavalerie qui devaient passer par la ville pour se porter en avant, ont eu ordre, vers 4 heures de l'après-midi, de rétrograder pour prendre la route de Reichenbach à Görlitz; d'après les différents renseignements et ce que j'ai pu découvrir sur les Autrichiens, c'est qu'il y a à Zittau un corps autrichien que l'on dit de 10,000 hommes, que ce corps aura envoyé des partis vers Löbau. Ce que je conçois dans la marche de Blücher, est qu'il doit marcher et agir avec prudence. Je n'ai pu savoir si le corps de Sacken est avec lui. Si cela est, il doit être à la droite des Prussiens; leur armée reprend la route de Görlitz; quelques-uns croient qu'ils voudraient tenir dans la position de Reichenbach.

Je viens de faire ma jonction avec le prince Poniatowski, il arrive de Neusaltze, a été flanqué par de la cavalerie russe et autrichienne. Il a été obligé d'attaquer à Neusaltze ; le général Kellermann n'est pas encore arrivé. Ce prince est sûr que les Autrichiens ont pris position à Zittau et qu'ils ont à peu près 10,000 hommes.

Normann à Berthier.

Hoyerswerda, 5 septembre (A. G.).

J'ai l'honneur de rendre compte à votre altesse que je suis parti hier de Schwebnitz ayant appris que l'ennemi avait quitté l'Elster noir, les villes Ruhland et Senftenberg, tout cela se portant sur Luckau. Informé que des partis de Cosaques avaient paru dans les environs du couvent Marienstift et de la ville Wittigenau, je me suis porté sur ces différents points en nettoyant le pays, et je suis revenu ce soir à Hoyerswerda où j'ai repris ma position. Ces partis ennemis se sont retirés par Königswartha prenant la direction de Muska.

Piré à Berthier.

Welka, 5 septembre, 2 heures matin (A. G.).

J'ai l'honneur de rendre compte à votre altesse que je viens d'acquérir la certitude que 100 hussards prussiens du régiment de Brandebourg et 50 Cosaques russes que je suppose faire partie d'un corps plus considérable, se sont dirigés hier sur Camenz, venant des environs d'Hoyerswerda. Je pars en conséquence à l'instant même me portant sur Camenz où j'espère rencontrer les traces de l'ennemi et le poursuivre avec vigueur.

Je prie votre altesse de m'envoyer ses ordres par le sous-officier porteur de cette dépêche.

Piré à Berthier.

Klein-Wolckau, 5 septembre, midi (A. G.).

J'ai l'honneur de rendre compte à Votre Altesse que je reste aujourd'hui à Wolckau d'après ses ordres, mais que je dirige un parti de 100 chevaux sur Königswartha, pour savoir ce que l'ennemi fait dans cette contrée et s'il a des coureurs sur la rive gauche de la Sprée

---

Piré à Berthier.

Klein-Wolckau, 5 septembre (A. G.).

L'ennemi paraissant poursuivre son système d'intercepter nos communications et d'enlever nos convois, Sa Majesté l'Empereur jugera sans doute nécessaire de leur opposer des partis de cavalerie de même composition qui puissent mettre un terme à leur brigandage. Ma brigade paraît destiné à ce service, mais j'oserai vous observer, monseigneur, qu'elle n'est pas assez forte pour faire des détachements, ce qui est indispensable pour surveiller les mouvements d'un ennemi actif qui se divise sur plusieurs points, tandis que je suis obligé de marcher en masse sur un seul.

Si j'ai le bonheur d'obtenir la confiance de l'Empereur, confiance que je tâcherai de mériter par le zèle le plus ardent et le plus dévoué, je supplie votre altesse d'obtenir la réunion à ma brigade du 10e régiment de hussards que je crois n'appartenir à aucune division, dont le colonel est un des officiers les plus braves, les plus actifs et les plus intelligents de l'armée ; ou de la cavalerie maintenant sous les ordres du général Normann. Je ne considérerai cette faveur de l'Empereur que comme une obligation à me sacrifier de plus en plus pour son service.

P.-S. — Je suis instruit que le colonel du 10e de hussards n'est que très légèrement blessé, et qu'il va très incessamment rentrer à son poste, s'il n'y est déjà.

Murat à l'Empereur.

Görlitz, 6 septembre, 1 h. 30 matin (A. N.).

Sire, je me suis mis ce matin à la poursuite de l'ennemi de Kottitz et de Lauske ; j'ai passé la petite rivière à Maltitz et j'ai été déboucher sur le village de Neu-Cunewitz ; l'ennemi occupait les positions de Biesitz et de Mengelsdorf ; j'ai marché à lui par ma gauche en passant le petit ruisseau au village de Porta-Reichenbach ; cette position était hérissée de canons, elle a été enlevée après plusieurs brillantes charges de cavalerie. Chassé de ses positions l'ennemi a été jeté dans le défilé de Marckersdorf ; j'ai débouché sur lui avec la plus grande rapidité, et par des charges vigoureuses il a été culbuté et abîmé par le canon ; ne voulant point le suivre dans ce défilé difficile et dangereux et persuadé que, maître du Landskrone, l'ennemi serait forcé d'évacuer les belles positions qui dominent Görlitz, j'ai changé de direction à droite par le village de Marckersdorf avec toute ma cavalerie. Ayant ordonné au général Delmas de marcher sur ma gauche et à droite de la grande route, ce mouvement a décidé celui de l'ennemi et 20 pièces de canon qui défendaient le débouché du défilé sur Görlitz ont été retirées et placées sur la rive droite de la Neisse. Du Landskrone, j'ai continué mon mouvement par le village de Biessnitz sur Görlitz et j'ai été déboucher sur les hauteurs qui dominent la Neisse de la route de Zittau où j'ai été accueilli par un feu roulant de 30 pièces de canon, au moins, qui étaient situées sur la rive droite à la tête du pont.

Beaucoup de cavalerie ennemie n'a pu passer les ponts, l'ayant poursuivie si vivement que le plus grand désordre s'est fait remarquer dans toutes les directions des ponts ; cependant le maréchal Macdonald faisait marcher par ma droite le 2e corps de cavalerie, et le 1er corps a été constamment appuyé depuis le Landskrone jusqu'à la Neisse par le général Charpentier.

L'ennemi n'a point défendu la ville, et on m'assure qu'il a été poursuivi si vivement qu'il n'a pas eu le temps de replier ses ponts de bateaux. J'ai eu constamment toute la journée devant moi de 20,000 à 25,000 hommes de cavalerie, beaucoup d'artillerie et au moins 40,000 hommes d'infanterie qui n'ont tenu nulle part. La division Chastel a exécuté plusieurs charges qui lui font le plus grand honneur.

J'adresse à Votre Majesté l'état de tous les généraux russes et prussiens qui ont logé à Görlitz ainsi que les renseignements que j'ai pu recueillir.

Le 1er corps de cavalerie et le IIIe corps d'infanterie occupent les hauteurs qui dominent Görlitz, appuyant leur droite à la route de Bautzen et leur gauche à la Neisse.

Je prie Votre Majesté de m'adresser de bonne heure les ordres pour demain. Nous sommes très fatigués de la journée d'aujourd'hui.

P.-S. — Pardonnez le peu d'ordre qui règne dans ce rapport; je suis à moitié endormi.

Extrait du Journal des opérations du 4e corps de cavalerie (A. G.).

Le 20 août, une reconnaissance fut poussée jusqu'à Niemes, et amena le maire du lieu. On obtint dans cette ville des renseignements positifs sur la marche de la grande armée ennemie, et il ne fut plus permis de douter qu'elle avait pris sa direction par Schlan et Dresde.

Une nouvelle reconnaissance fut poussée le 24 sur Niemes, et de là à gauche sur Hüner-Wasser, et à droite sur Hirchs-Wasser. On acquit de nouvelles certitudes sur la marche de l'ennemi et l'abandon presque total de la Bohême.

Pendant les quatre ou cinq premiers jours, le 4e corps n'eut devant lui que la brigade commandée par le général Neipperg.

Les reconnaissances purent aller partout, l'ennemi s'attendait à une invasion ; mais lorsqu'il s'aperçut qu'on ne dépassait point Gabel, soit qu'il reprît de la confiance, soit qu'il eût reçu, comme il est probable, des renforts, il commença à se rapprocher ; il vint faire même, quoique sans succès, une reconnaissance sur Gabel.

A dater de cette époque, on commença à être plus resserré ; différentes reconnaissances partaient plusieurs fois dans la journée, et l'ennemi ayant acquis de la supériorité numérique, enleva en diverses fois 30 à 40 hommes qui s'aventuraient avec trop d'ardeur et de courage, et il fallut diminuer le nombre des reconnaissances pour en augmenter la force.

Le 27, le prince Poniatowski ayant ordonné un mouvement rétrograde sur Lieckendorf, l'ennemi, qui s'en aperçut, vint avec de l'infanterie et de la cavalerie, à la faveur de la nuit et du brouillard, faire une petite attaque sur Gabel; mais il fut repoussé.

Le 25, la brigade Weysenhoff fut détachée à Rhorsdorf, pour couvrir le débouché de Rumbourg qui avait été découvert par la marche du général Lefebvre-Desnoëttes sur Dresde.

Le 30, le prince Poniatowski ayant replié son infanterie sur le col de Lieckendorf fit repasser le 4e corps à Zittau, la brigade Weysenhoff occupant Rumbourg.

Le 4e corps prit position le 30 à Zittau, occupant par des détachements Krottau, Lieckendorf et Hirschfeld.

Le duc de Tarente se repliait sur Bautzen et l'ennemi s'avançant par sa gauche, poussa un parti de 80 chevaux sur Hirschfeld.

Le chef d'escadron qui observait ce point avec pareil nombre de chevaux, tomba sur cette reconnaissance, la poursuivit deux heures au delà d'Hirschfeld, après avoir tué, blessé ou pris une vingtaine d'hommes parmi lesquels le capitaine commandant le détachement qui mourut peu d'heures après à Zittau.

Le 1er septembre, le 4e corps suivit sur Rumbourg le VIIIe corps d'infanterie. Une brigade prit position en avant de cette ville. Les deux autres sans s'y arrêter, furent l'une à Neusaltze, l'autre à Kottmarsdorf, village sur la route de Rumbourg à Löbau, qui couvrait cette ville et observait Herrnhuth et Löbau.

Le 2, l'ennemi commença à se montrer à Löbau et à inquiéter Kottmarsdorf.

Les Cosaques s'approchaient de Ebersbach où un détachement du 13e hussards, commandé par un maréchal des logis, emporté par sa valeur, tomba imprudemment sur un parti de 150 Cosaques et, après avoir fait des prodiges de valeur, fut accablé par le nombre et il n'en revint que 7 hommes.

Le général Sokolniki de son côté fut attaqué à Kottmarsdorf et, dans la journée du 3, il vit filer devant lui de très fortes colonnes d'infanterie et de cavalerie dans la direction d'Herrnhuth à Löbau et Bautzen.

Le prince Poniatowski s'étant décidé à quitter Rumbourg, se replia sur Schlückenau et ordonna au 4e corps de s'y rendre; en conséquence, dans la nuit du 3 au 4 le corps quitta sa position et vint se placer en avant de Schlückenau.

Le 4 et le 5 se passent dans cette position sans qu'il se présente rien de nouveau pour le 4e corps.

TABLE DES MATIÈRES

ERRATA

Pages **56**, ligne **27**, *lire* « Hertwigswalde », *au lieu de* « Herzogs-wald ».

— **64**, ligne **30**, *lire* « Riemberg », *au lieu de* « Bomberg ».

— **116**, ligne **9**, *lire* « Neudorf », *au lieu de* « Neundorf ».

— **117**, ligne **25**, *lire* « Hermsdorf », *au lieu de* « Hernsdorf ».

— **125**, ligne **12**, *lire* « Wittgendorf », *au lieu de* « Mittgendorf ».

Paris. — Imprimerie R. Chapelot et Ce, 2, rue Christine.

ÉTUDE SUR LES OPÉRATIONS DU

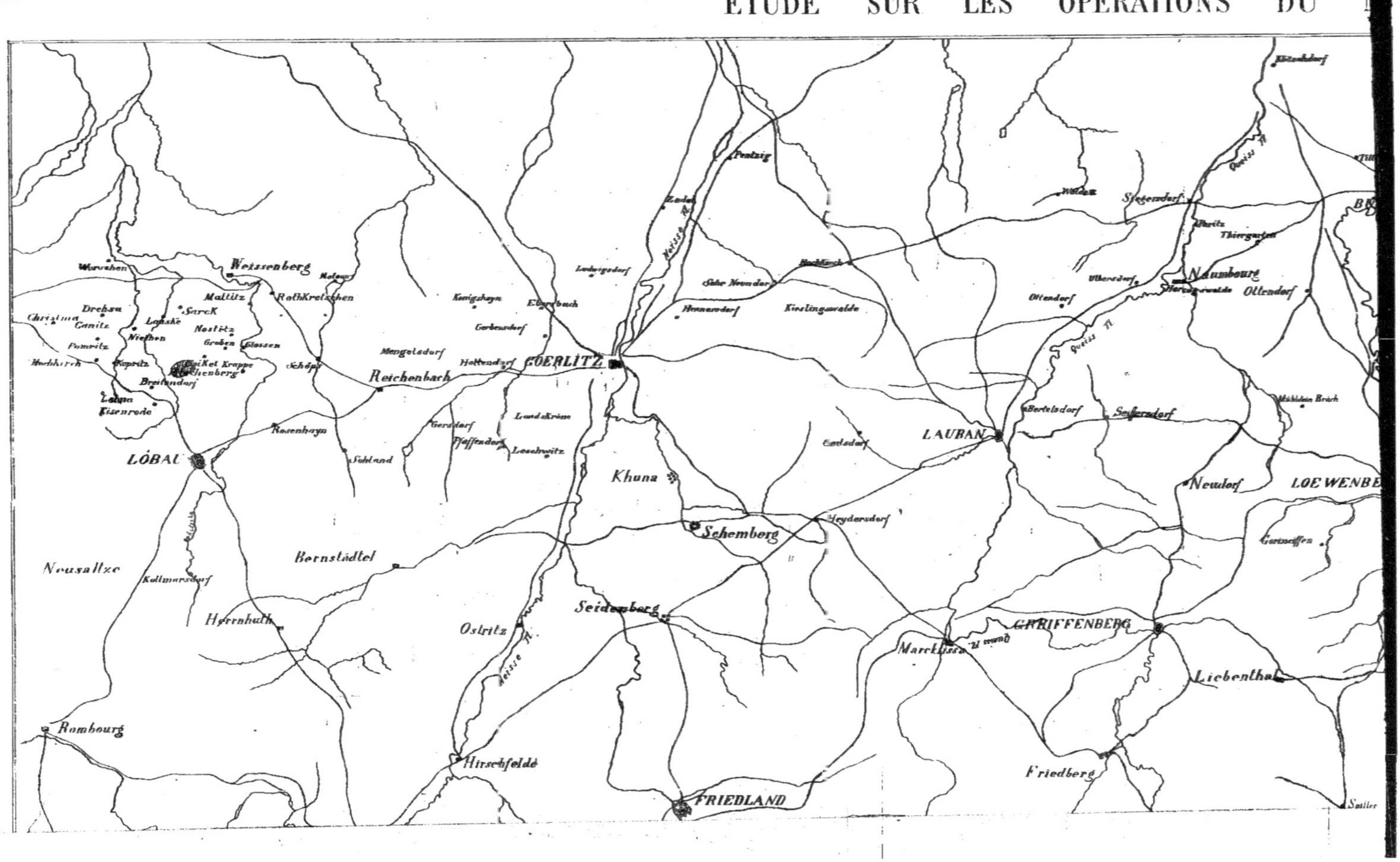

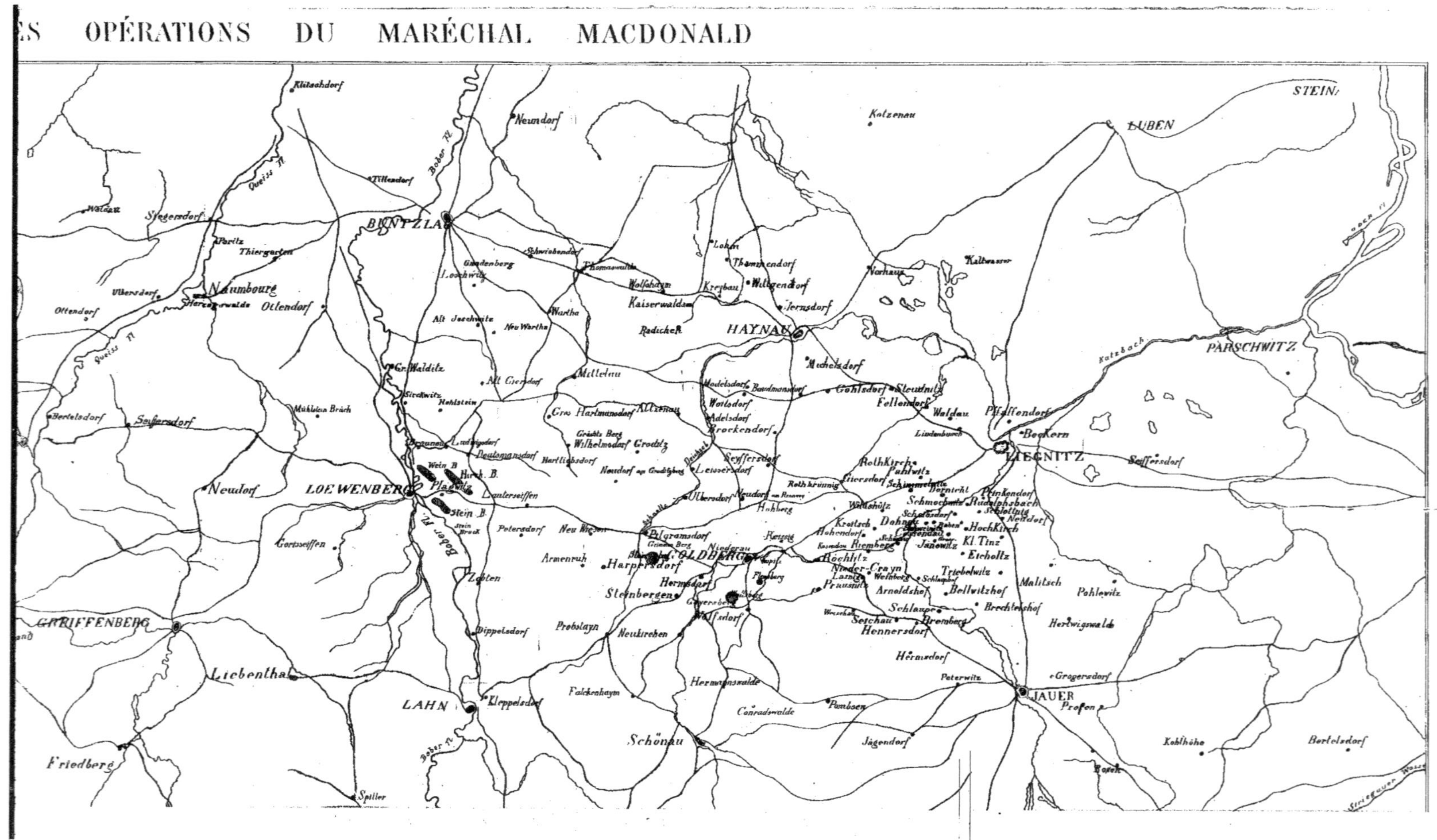
ES OPÉRATIONS DU MARÉCHAL MACDONALD
STEIN
LUBEN
PARSCHWITZ
Katzbach
LIEGNITZ
Kaltwasser
Kotzenau
HAYNAU
BUNZLAU
Bober Fl.
Neundorf
Tillendorf
Klitschdorf
Siegersdorf
Naumbourg
Thiergarten
Otlendorf
Ottendorf
Queiss Fl.
Seifersdorf
Neudorf
LOEWENBERG
Mühlen Bräch
Gr. Waldis
Mittelau
Alzenau
Wilhelmsdorf
Grodtitz
Brockendorf
Seyffersdorf
Leisersdorf
Ulbersdorf
Pilgramsdorf
GOLDBERG
Harpersdorf
Steinbergen
Hermsdorf
Neukirchen
Probsthayn
Armenruh
Petersdorf
Lauterseiffen
Zobten
Dippelsdorf
Pombsen
Pfaffendorf
Beckern
Seiffersdorf
Waldau
Fellendorf
Lindenbusch
Rothkirch
Schmochwitz
Dohnau
Hochkirch
Kl. Tinz
Eichholtz
Janowitz
Kroitsch
Hohendorf
Riemberg
Röchlitz
Nieder-Crayn
Triebelwitz
Bellwitzhof
Malitsch
Pohlewitz
Brechtelshof
Herwigswald
Schlaupe
Setchau
Hennersdorf
Bremberg
Hermsdorf
Peterwitz
JAUER
Profen
Grogersdorf
Jägendorf
Pombsen
Conradswalde
Hermannswalde
Schönau
Falkenhayn
Kleppelsdorf
LAHN
Spiller
Liebenthal
GREIFFENBERG
Friedberg
Kohlhöhe
Bertelsdorf
Striegauer Wasser

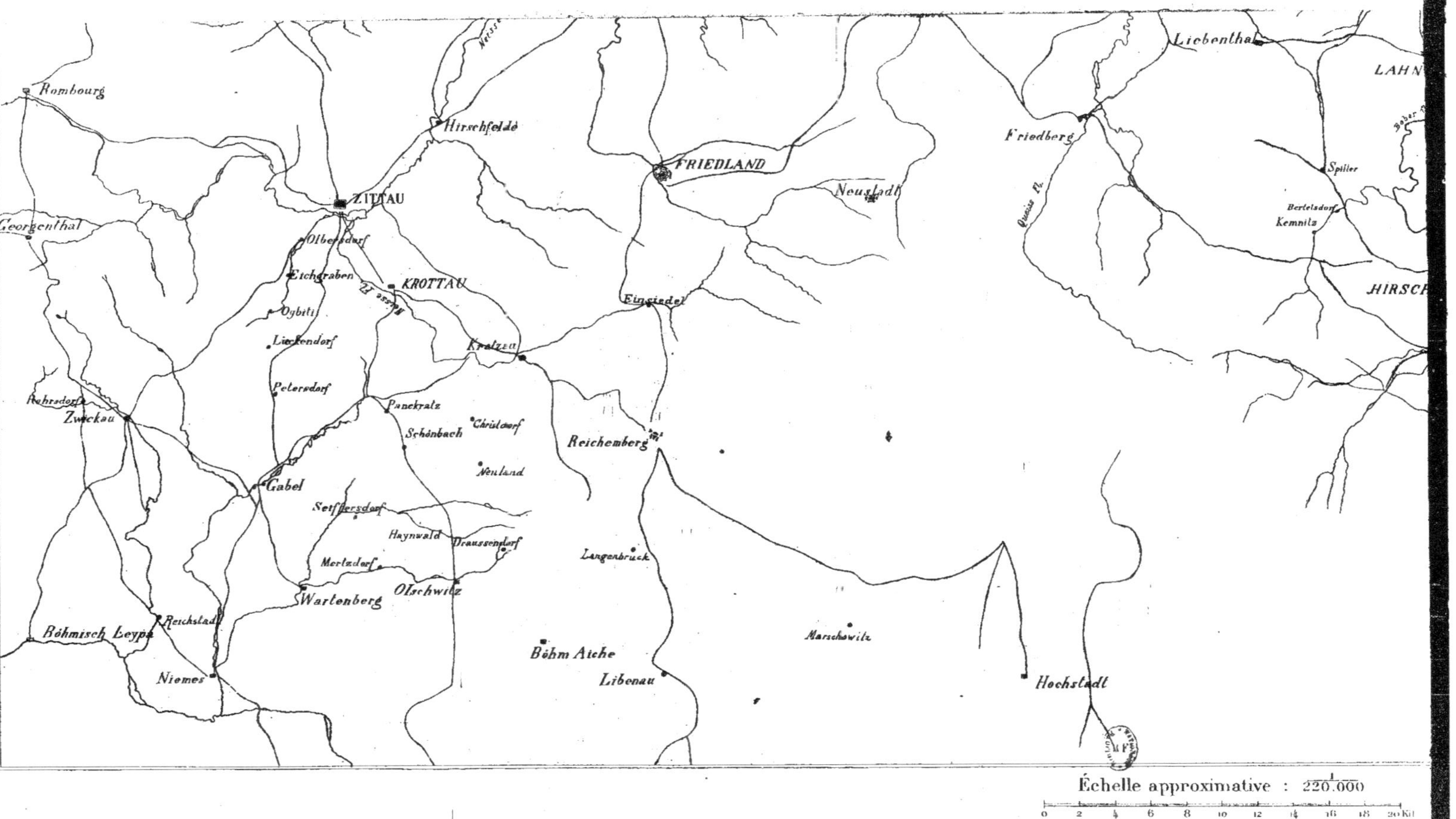
Rombourg
Hirschfelde
ZITTAU
FRIEDLAND
Neustadt
Friedberg
Liebenthal
LAHN
Spiller
Bertelsdorf
Kemnitz
HIRSCH
Quiess Fl.
Georgenthal
Olbersdorf
Eichgraben
KROTTAU
Neisse Fl.
Oybitin
Lückendorf
Petersdorf
Einsiedel
Kratzau
Rohrsdorf
Zwickau
Panckratz
Schönbach
Christdorf
Reichemberg
Neuland
Gabel
Setffersdorf
Haynwald
Draussendorf
Langenbruck
Mertzdorf
Wartenberg
Olschwitz
Reichstadt
Böhmisch Leypa
Niemes
Böhm Aiche
Libenau
Marschowitz
Hochstadt
Échelle approximative : 1/220.000
0 2 4 6 8 10 12 14 16 18 20 Kil

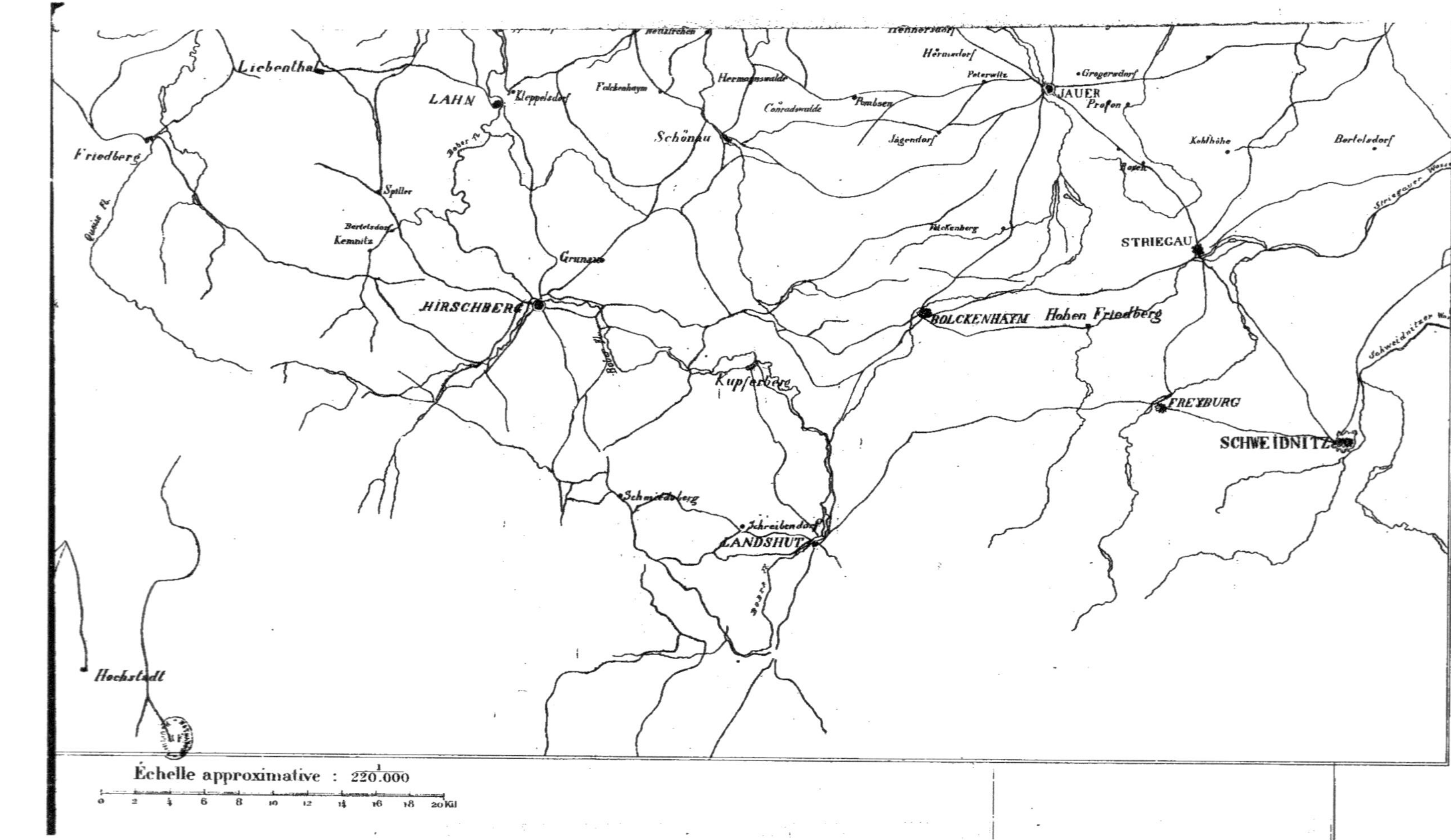

Liebenthal
LAHN
Kleppelsdorf
Falckenhayn
Hermannswalde
Conradswalde
Pombsen
Peterwitz
Hermsdorf
JAUER
Gregersdorf
Profen
Friedberg
Schönau
Jägendorf
Kohlhöhe
Bertelsdorf
Spiller
Bober Fl.
Bertelsdorf
Kemnitz
Grunau
STRIEGAU
Striegauer Wasser
HIRSCHBERG
BOLCKENHAYM
Hohen Friedberg
Kupferberg
FREYBURG
SCHWEIDNITZ
Schweidnitzer Wasser
Schmiedeberg
Schreibendorf
LANDSHUT
Bober Fl.
Hochstadt
Échelle approximative : 1/220.000
0 2 4 6 8 10 12 14 16 18 20 Kil

www.ingramcontent.com/pod-product-compliance
Ingram Content Group UK Ltd.
Pitfield, Milton Keynes, MK11 3LW, UK
UKHW021852190726
13855UKWH00001B/283

9 782013 451413